HIER SPRICHT

Warren Buffett

Weisheiten vom erfolgreichsten
Investor der Welt

JANET LOWE

Die Originalausgabe erschien unter dem Titel
Warren Buffett speaks
ISBN 978-0-470-15262-1

© Copyright der Originalausgabe 2007:
Janet Lowe. All rights reserved. This translation published under license.

© Copyright der deutschen Ausgabe 2010:
Börsenmedien AG, Kulmbach

Übersetzung: Egbert Neumüller
Gestaltung und Satz: Jürgen Hetz, denksportler Grafikmanufaktur
Gestaltung und Herstellung: Johanna Wack, Börsenbuchverlag
Lektorat: Eva Herrmann
Druck: CPI – Ebner & Spiegel, Ulm

ISBN 978-3-941493-42-1

Bibliografische Information der Deutschen Nationalbibliothek:
Die Deutsche Nationalbibliothek verzeichnet diese Publikation in der
Deutschen Nationalbibliografie; detaillierte bibliografische Daten
sind im Internet über <http://dnb.d-nb.de> abrufbar.

BÖRSEN M MEDIEN
AKTIENGESELLSCHAFT

Postfach 1449 • 95305 Kulmbach
Tel: 0 92 21-90 51-0 • Fax: 0 92 21-90 51-44 44
E-Mail: buecher@boersenmedien.de
www.boersenbuchverlag.de

Meiner geduldigen Familie
–JCL

INHALT

ÜBER DIE ARBEIT **97**

WIE MAN EIN UNTERNEHMEN FÜHRT.. **109**

ÜBER GELDANLAGE 127

Anmerkung des Verlages:
Als Besonderheit weist dieses Buch etliche Fußnoten auf,
die gesammelt am Ende des Buches aufgelistet sind.
Der Übersichtlichkeit wegen sind Anmerkungen des Übersetzers
in eckigen Klammern im laufenden Text eingefügt.

DANKSAGUNGEN

Viele großzügige Menschen haben zu diesem Buch beigetragen. Mein Dank gilt Pam Buffett, Warren Buffett, Jolene Crowley, Elizabeth Douglass, der *San Diego Union-Tribune*, Lorena Goeller, Arthur Q. Johnson, Steve Jorden, dem *Omaha World-Herald*, Irving Kahn von Kahn Brothers, Kathy Lowe, Bruce Marks, Charles T. Munger, The North Carolina Public Television Foundation und der Kenan-Flagler School of Business an der University of North Carolina in Chapel Hill, Doerthe Obert, Walter Schloss von Walter & Edwin Schloss, R. Hutchings Vernon, Kathy Welton, meinem Lektor Kevin Commins und meiner Literaturagentin Alice Fried Martell. Außerdem bin ich dankbar, dass ich noch mit Susan T. Buffett, Katharine Graham und dem Gründer des Sequoia-Fonds, William Ruane, sprechen konnte, bevor sie starben.

EINFÜHRUNG

Gibt es irgendwo jemanden, der mehr Spitznamen hat als Warren Buffett? *Vanity Fair* nannte ihn den Forrest Gump der Finanzwirtschaft.[1] Er wurde als das Orakel von Omaha bezeichnet, als einfacher Händler aus Omaha, als *corn-fed capitalist* [etwa: „mit Mais großgezogener Kapitalist"], als St. Warren (nicht gerade bewundernd gemeint) und als Will Rogers der Finanzwelt. Man könnte ihn auch als Klunkerkönig bezeichnen, weil er zwei Schmuckgeschäfte besitzt, darunter das zweitgrößte der Vereinigten Staaten, nämlich Borsheim's in Omaha.

Mehrere Bücher versuchen, die Persönlichkeit, die Philosophie und das eigentliche Wesen des erfolgreichsten Anlegers der Welt einzufangen, aber Worte können dieses einmalige Individuum nicht angemessen beschreiben ... außer vielleicht seine eigenen Worte. Niemand stellt Warren Buffett so gut dar wie Warren Buffett. Diese Erkenntnis regte mich zu der vorliegenden Sammlung seiner Aphorismen und Bemerkungen an.

Wer ist dieser moderne amerikanische Held beziehungsweise fragwürdige Heilige? Hier ist das Wesentliche über ihn. Die Einzelheiten werden sich ergeben, wenn Sie den Rest des Buches lesen ... mit seinen eigenen Worten erzählt.

Warren Edward Buffett wurde am 30. August 1930 in Omaha, Nebraska, geboren. Dort ging er auch zur Grundschule, besuchte aber dann die Highschool in Washington, D.C., wo sein Vater, Howard Homan Buffett, vier Amtszeiten als Abgeordneter im Repräsentantenhaus ableistete. Was das College betraf, so verließ Warren die Wharton School der University of Pennsylvania, weil er fand, dass er dort nichts lernte. Er schrieb sich an der University of Nebraska ein (am Campus von Lincoln), wo er im Jahr 1950 seinen Bachelor of Science machte. Anschließend bewarb er sich in Harvard, wurde aber abgelehnt. Stattdessen machte er im Jahr 1951 an der Columbia University in New York seinen Master of Science. Dort begegnete Buffett dem großartigen Investor, Professor Benjamin Graham, der bald sein Mentor und Freund wurde.

Im Jahr 1952 heirateten Buffett und Susan Thompson, eine Nachbarin aus Omaha. Das Paar zog drei Kinder groß: eine Tochter und zwei Söhne. Die Buffetts wohnten viele Jahre lang in verschiedenen Städten. Sie standen einander nahe und waren sich sehr zugetan, aber ihre Beziehung irritierte viele Menschen. Susan verstarb im Jahr 2004 nach einem Schlaganfall. (Übrigens bezieht sich „Susie" mit „s" auf Susan, die Mutter, und „Suzie" mit „z" auf Susan, die Tochter.)

Susan Buffett, der zusammen mit ihrem Mann eine Mehrheitsbeteiligung an Berkshire Hathaway gehörte, war eine temperamentvolle, mitfühlende Person, die Buffett als „Freigeist" beschreibt. Sie lebte in San Francisco und sagte mir: „Ich habe mein eigenes ruhiges Leben mit meiner Familie und mit Menschen, die ich liebe." Buffett wohnte weiterhin in Omaha. Mehrere Jahre nach Susans Tod heiratete Warren wieder.

Seit ich im Jahr 1997 „Hier spricht Warren Buffett" geschrieben habe, ist viel passiert, aber ein paar Dinge haben sich nicht geändert. Fangen wir mit den Dingen an, die gleichgeblieben sind: Damals war Warren Buffett der erstaunlichste Investor der Vereinigten Staaten und nach wie vor ist er als Firmenchef das Nonplusultra. Er gehörte damals zu den reichsten Amerikanern und noch immer ist er die Nummer 2. Berkshire Hathaway war die ungewöhnlichste (und teuerste) Aktie der Welt und das ist sie nach wie vor.

Buffett bekommt immer noch ein Jahresgehalt von 100.000 Dollar und ist damit der am schlechtesten bezahlte Vorstand der 200 größten Unternehmen des Landes.

Und jetzt zu den Veränderungen: Wie Buffett schon immer vorausgesagt hatte, häuften sich mit dem Wachstum von Berkshire Hathaway auch die Probleme, die Masse an Geld zu investieren. Während der Entwicklung von Berkshire fanden Innovation und Expansion statt, aber die dramatischsten Bewegungen gab es in Buffetts eigenem Leben.

Als ich anfing, über Buffett zu schreiben, war er zwar schon recht bekannt, aber Menschen, die nicht unmittelbar mit der Finanzwelt zu tun hatten, erkannten ihn nicht sofort. Zum ersten Mal betrat Buffett die Bühne, als er Finanzberater des kalifornischen Kandidaten für das Gouverneursamt, Arnold Schwarzenegger, wurde. Und er geriet vollends ins Rampenlicht, als er der Bill and Melinda Gates Foundation gut 30 Milliarden Dollar (ja, „iarden", keine „ionen") übertrug.

Die Zeitschrift *Vanity Fair* vermerkte, dass sowohl in seinem Finanzleben als auch in seinem Privatleben „seine größte Aufgabe inzwischen darin besteht, seinen eigenen Einfluss zu managen".[2] Dieser Einfluss hätte nicht offensichtlicher sein können als im Februar 2007, als die Aktie der New York Times Co. an einem einzigen Tag um 3,8 Prozent stieg, weil es Gerüchte gab, Warren Buffett kaufe Aktien von Zeitungsgesellschaften. Obwohl Buffett gesagt hatte, dass Zeitungen wirtschaftlich nicht mehr interessant seien, hätte die New York Times Co. für den

Value-Investor in ihm trotzdem eine Versuchung sein können, denn ihre Aktien waren von 2004 bis 2007 um 44 Prozent gefallen.

Manche geschäftlichen Ereignisse waren unkompliziert, wie die, dass Buffett seine Minderheitsbeteiligung an der Baseballmannschaft Omaha Royals verkaufte. Andere waren bedeutsam und aufreibend, wie die schweren Ausschläge des Aktienmarkts und die Schwierigkeiten beim Kauf der Versicherungsgesellschaft General Re. Der vielleicht überraschendste Fortschritt bei Berkshire war wohl der Vorstoß in Auslandsinvestitionen.

In Buffetts Privatleben gab es schmerzliche und bedeutende Wandlungen. Mehrere wichtige Menschen starben, darunter seine Frau, seine Mutter sowie seine geliebten Freunde Katharine Graham, Rose Blumkin, William Ruane und Philip Carret. Susans Tod löste weitere massive Veränderungen in seinem Privatleben aus, zum Beispiel den Umbau seiner Pläne was gemeinnützige Spenden betraf und den Beitrag zur Gates Foundation. Und Buffetts Kinder scheinen mehr zu ihrer eigenen Identität gefunden zu haben. Zumindest lernt sie die Welt besser kennen. Buffett erkannte ihre Selbstständigkeit und Reife dadurch an, dass er auch ihren wohltätigen Treuhandgesellschaften großzügige Spenden gab. Zufällig zeigen die Spenden an die Gesellschaften der Kinder auch, welch ein talentierter Anleger ihr Vater ist. Als Warren und Susie die gemeinnützigen Treuhandgesellschaften ihrer Kinder gründeten, taten sie das mit 129 Berkshire-Aktien der Klasse A und 68 Aktien der Klasse B im Gesamtwert von nur gut 2.000 Dollar. Derzeit sind die Aktien 11.353.806 Dollar wert – eine Zunahme um 11.351.614 Dollar.

Dieses Buch untersucht, was Warren Buffett unter den Milliardären der Welt zu etwas so Besonderem macht. Don Keough, der ehemalige Chef von Coca-Cola, hat einmal gesagt, Buffetts Lebensgeschichte drehe sich nicht um Geld, sondern um Werte. Das ist nach wie vor die konstanteste Tatsache über Warren Buffett.

Buffetts berufliche Bilanz spricht für sich. Seine erste Anlagegesellschaft, Buffett Partnership, bestand von 1956 bis 1969 und verzeichnete einen durchschnittlichen Jahresertrag vor Gebühren von 32 Prozent. Kurz nachdem die aus 100 Mitgliedern bestehende Gesellschaft geschlossen worden war, begann Buffett mit der Umwandlung von Berkshire Hathaway von einem Textilhersteller in eine Holdinggesellschaft beziehungsweise ein Anlagevehikel, zu dem es an der Wall Street keine exakte Parallele gibt. Als Warren Buffett seine ersten 200 Aktien von Berkshire Hathaway kaufte, kosteten sie 7,50 Dollar pro Stück zuzüglich 10 Cent Gebühren pro Aktie. Er übernahm im Jahr 1965 die Kontrolle über Berkshire Hathaway, als die Aktie zwischen 12 und 15 Dollar gehandelt wurde. Der Buchwert pro Aktie von Berkshire ist in den 42 Jahren unter der Ägide von Buffett zweimal so schnell gewachsen wie der des S & P 500 Index. Dutzende von Menschen, die bei Buffett investierten, als er mit der Geldverwaltung anfing, sind auch heute noch bei ihm – oder ihre Erben.

Trotz seines Einflusses und seines Wohlstands ist Buffett nach wie vor geradeheraus, ehrlich, optimistisch und witzig. *The Economist* beschrieb Buffett bei der Bewältigung des Skandals um US-Staatsanleihen bei Salomon Inc. als „schnell, offen und volkstümlich"[3] und auf diese Art macht er so ziemlich alles. Er hält sich an eine einfache Weisheit, aber es wäre ein Fehler, seine Intelligenz, sein Wissen oder seine Entschlossenheit zu unterschätzen. Buffett legt sehr hohe Maßstäbe an und hält sich auch daran.

Ich habe den Verdacht, dass Buffett absichtlich seine hausbackene Ausdrucksweise beibehält und die Dinge deshalb in Parabeln erklärt, damit er mit uns Normalsterblichen besser kommunizieren kann. Wenn er sein volles Vokabular und seinen Intellekt loslassen würde, wären viele von uns verloren.

Buffett ist zwar immer höflich, aber er bringt nur Zeit für Projekte, Konzepte oder Menschen auf, wenn sie ihn interessieren, wenn sie ihm lohnenswert erscheinen oder wenn sie sich auf die Bilanz auswirken. Wenn seine Geduld auf die Probe gestellt wird, kann er ungeduldig sein. So ist zwar zum Beispiel seine Kritik selten persönlich, aber er hat wenig freundliche Worte für Wissenschaftler übrig, die einer Investmenttheorie nach der anderen hinterherjagen, aber die grundlegende ökonomische Funktion der Aktien und des Aktienmarktes ignorieren. Er ist nicht zimperlich mit Anlageberatern, die Anleger in spekulative Abenteuer hineinlocken. Unzutreffender oder ungenauer Journalismus lässt ihm die Nackenhaare zu Berge stehen.

Wenn Buffett spricht oder schreibt, hören die Menschen ihm zu. Aktionäre, Familienmitglieder und alte Bekannte kommen zahlreich nach Omaha, um die Jahreshauptversammlung zu besuchen und ihn zu hören. Überall in der Stadt versammeln sich Anleger, um Buffett-Geschichten auszutauschen. Diejenigen, die Berkshire Hathaway am frühesten gekauft haben, sind dabei die Elite.

Anfang der 1980er-Jahre wurden die Aktien für rund 500 Dollar gehandelt, nur etwa 15 Personen kamen zu der Jahreshauptversammlung. Ende der 1980er-Jahre wurde die Aktie für rund 2.500 Dollar gehandelt und rund 400 Aktionäre besuchten die Jahreshauptversammlung. Im Laufe der 1990er-Jahre ging Buffett zu immer größeren Veranstaltungsorten über und die Besucherzahl stieg. Im Jahr 2006 ließen 10.000 Buffett-Fans den größten Versammlungsort Omahas, das Qwest Center, aus den Nähten platzen.

Der verstorbene William Ruane, Gründer des Sequoia-Fonds, war mit Buffett befreundet, seit sie sich in Benjamin Grahams Seminar an der Columbia University kennengelernt hatten. Ruane beschrieb Buffetts Rednerqualitäten so: „Warren ist ein Genie, aber er kann etwas so einfach und mit solcher Klarheit erklären, dass man zumindest in diesem Moment genau versteht, was er sagt."

„Warren hat die Gabe, der Menge vorauszudenken", schrieb Bill Gates, Vorstandsvorsitzender von Microsoft und Vorstandsmitglied von Berkshire einmal, „und dazu gehört mehr, als sich seine Aphorismen zu Herzen zu nehmen – auch wenn Warren voller Aphorismen steckt, die zu Herzen zu nehmen sich lohnt."[4]

Einmal bekam Buffett für seine Gewohnheit, Geschichten zu erzählen, eins auf die Finger. Er sagte als Zeuge in einer Bundesverhandlung aus und der Staatsanwalt stellte ihm eine Frage. „Und bitte, Herr Buffett", warf der Richter ein, „nicht noch eine Geschichte." Buffett wandte ein, dies sei seine Art der Kommunikation. Der Richter seufzte und ließ ihn erzählen.[5]

Ich muss Ihnen gestehen, dass ich Buffett viele Male interviewt und mich mit ihm getroffen habe, und ich muss zugeben, dass ich ihn mag. Dies könnte den Leser zu der Annahme verleiten, ich würde versuchen, Buffett in einem möglichst günstigen Licht darstellen. Das ist nicht mein Ziel. Mein Ziel ist es, seine ungewöhnliche Denkweise vorzuführen und den Lesern die Möglichkeit zu geben, ihr eigenes Urteil zu fällen. Ich habe auch Vorkommnisse aufgenommen, bei denen Buffetts Verhalten schwer zu verstehen ist, sowie Meinungen von Menschen, die ihn nicht so toll finden. Nichtsdestotrotz gebe ich zu, dass das Material in sehr freundlichem Licht präsentiert wird. Wenn ich nicht geglaubt hätte, dass Buffett etwas Nützliches zu sagen hat, hätte ich schließlich nicht so viel Zeit und Energie auf dieses Buch verwendet. Bedenkt man den enormen Druck, der jetzt seitens eines breiten Spektrums von „anderen" auf ihm lastet, gelingt es ihm vorbildlich, er selbst zu sein.

Buffetts Persönlichkeit ist von fröhlicher Laune und dem Fehlen jeglicher Bosheit geprägt. Offensichtlich haben ihm seine Eltern gesagt, wenn er über eine Person nichts Nettes sagen kann, dann soll er gar nichts über sie sagen, und er hat es geglaubt. Aber sein Verhalten ist auch von subtiler Qualität, die impliziert, dass er auch meint, was er sagt. Er ist zwar offen für Ideen, aber wenn man nichts Neues, Konstruktives und Überzeugendes zu seinen Informationen beitragen kann, lässt er sich wahrscheinlich nicht mitreißen. Manche Menschen gewinnen diese Art von Selbstbewusstsein mit dem Alter; Buffett war sich offensichtlich schon lange dessen sicher, was er denkt, und bereit, seinen Standpunkt zu erklären.

Man könnte diese Zusammenstellung von Buffett-Zitaten als *A Life's Little Lesson Book* für Anleger bezeichnen. Die Sprüche (sowie die Anekdoten von und über Buffett) sind nach breiten allgemeinen Kategorien sortiert und haben innerhalb dieser Kategorien bestimmte Überschriften. Nach den Themenüberschriften kommen ein oder mehrere Zitate, eine kleine Geschichte oder ein kurzer Bericht über ein Ereignis. Falls nötig, habe ich das Zitat in den richtigen Zusammenhang gestellt. Jedes Zitat ist ein kleiner Hinweis auf die Philosophie, nach der Buffett lebt, während er für sich und viele, viele andere ein Vermögen schafft, verwaltet und verteilt. Zudem enthält das Buch Abschnitte über bedeutende Freunde, Familienmitglieder, Kollegen und Ereignisse, darüber, was diese Menschen und Begebenheiten über Buffett sagen und darüber, was die Beteiligten über sich selbst und über ihre Rolle in der Buffett-Saga sagen.

Ich habe versucht, dem Leser durch die Auswahl, Platzierung und Behandlung der Zitate ein Gefühl für Buffetts Persönlichkeit zu vermitteln. Auch wenn die Sammlung im Gesprächston gehalten ist, bedenken Sie trotzdem, dass es eine Collage ist. Die Bemerkungen wurden nicht unbedingt in der hier gezeigten Reihenfolge und Äußerungen zu miteinander verbundenen Themen nicht unbedingt zur gleichen Zeit gemacht. Am Ende des Buches steht eine Chronologie, die einem hilft, den Überblick über Buffetts Leben zu behalten.

Buffetts mündliche Äußerungen lassen sich nicht immer perfekt in das geschriebene Wort übertragen, das muss ich leider sagen. Bis zu einem gewissen Grad ist es die Art seines Vortrags, die seine Bemerkungen so unterhaltsam macht. Buffett spricht zwar gut, aber wenn er entspannt ist und ohne Notizen spricht – also immer –, ist seine

Grammatik nicht perfekt. Aber wessen Grammatik ist das schon? Seine Äußerungen sind mit „Ähs" und „Hms" durchsetzt und er wiederholt sich. Er kann zehn Minuten sprechen, ohne einen Satz abzuschließen, wobei er alle Teile durch „und" miteinander verbindet. Wenn es mir als die beste Art erscheint, seine Absicht zu vermitteln, zitiere ich den exakten Wortlaut einschließlich der Unvollkommenheiten. Wenn möglich, hebe ich die Wörter hervor, die er betont hat.

In seltenen Fällen habe ich um der Klarheit willen und aus Platzgründen leicht lektoriert. „Hms" und „Ähs" wurden beseitigt, Verbzeiten angepasst und Subjekte und Prädikate hinsichtlich Einzahl und Mehrzahl angeglichen. In fast allen Fällen ist die Änderung in Klammern angegeben. Dies wurde mit peinlicher Sorgfalt durchgeführt, um Buffetts Absicht und Meinung zu bewahren. Buffett ist es wichtig, dass er richtig verstanden wird. Ich war einmal mit ihm in New York. Mehrere Stunden nach seinem Vortrag bekam er den Bericht einer Nachrichtenagentur über seine Bemerkungen. Der Artikel enthielt einen kleinen, aber wesentlichen Fehler. „Ich glaube nicht, dass ich das gesagt habe. Habe ich das gesagt? Nein, ich glaube nicht." Es störte ihn eindeutig, dass dieses falsche Zitat weltweit wiederholt werden, wahrscheinlich in viele Recherchedatenbanken eingehen und nach einiger Zeit wie in Stein gemeißelt sein würde.

Immer, wenn es also so aussieht, als ob ein Zitat falsch ausgelegt wurde oder falsch ausgelegt werden könnte, wird darum die Abweichung im Text besprochen.

Mir sind bei der Zusammenstellung dieses Buches ein paar faszinierende Muster aufgefallen. So hat Buffett in einem Alter angefangen, den Wert vieler Dinge – zum Beispiel den Preis des Verlobungsrings für seine Frau – im Hinblick auf sein Nettovermögen anzugeben, in dem die meisten Menschen nicht einmal wissen, wie sie ihr Vermögen berechnen sollen und wenn sie es wüssten, käme eine negative Zahl heraus. Außerdem gefällt ihm die gedankliche Vorstellung „tu so, als würdest du für (5, 10, …) Jahre verreisen". Er schreibt seine Jahresberichte an eine Schwester, die länger im Urlaub war, und empfiehlt, so zu investieren, als könnte man ein Jahrzehnt lang seine Meinung nicht ändern. Zu den gängigen Metaphern Buffetts gehören „Tickets lochen" und „Berechtigungsscheine sammeln".

Dem Leser fallen vielleicht Muster auf, die mir entgangen sind. Es war interessant zu sehen, wie andere Menschen „Hier spricht Warren Buffett" interpretieren und was sie daraus ziehen.

Fans von Willa Cather werden in Buffett sofort die unprätentiöse Intelligenz, die Ausgeglichenheit, die Tiefe und das Gefühl der Herrschaft über sich selbst wiedererkennen, die die in Nebraska aufgewachsene Romanautorin in ihren Mit-Präriebewohnern sah. Cather behauptete allerdings nicht, dass die Bewohner des Kernlands in der Mitte der Vereinigten Staaten eine einfache Psyche hätten oder charakterlich makellos wären. Nun kann jeder für sich selbst entscheiden, wer der wahre Warren Buffett ist.

——— ÜBER DAS LEBEN ———

Wenn Warren Buffett über Börsen, über Geschäftsethik oder den Maispreis in Nebraska spricht, werden auf der ganzen Welt die Ohren gespitzt. Seine Worte sind häufig über das unmittelbare Thema hinaus relevant. Sie führen zu Ausrufen wie „Aha!" oder „Natürlich!". Buffetts Bemerkungen sprechen viele Aspekte unseres Lebens an. Er gehört zwar zu den reichsten Menschen der Welt, aber sein Freund Charlie Munger sagt, dass Buffett auch einer der glücklichsten Menschen ist, die er kennt. Bevor wir lesen, was Buffett über erfolgreiche Geldanlage zu sagen hat, wollen wir sehen, was er über wichtigere Themen wie ein produktives Leben und Zufriedenheit sagt.

OMAHA? OMAWO? OMAWAS?

Warren Buffett – oder „Feuerball", wie ihn sein Vater nannte – verbrachte seine ersten Jahre an der staatlichen Schule in Omaha. Als sein Vater Howard Buffett in das Repräsentantenhaus der Vereinigten

Staaten gewählt wurde, zog die Familie in die Landeshauptstadt um. Der junge Warren sehnte sich nach Hause zurück:

> *„Ich hatte schreckliches Heimweh. Ich sagte meinen Eltern, ich könne nicht atmen, wenn ich mich hinlegte. Ich sagte ihnen, sie sollten sich keine Sorgen machen und einfach durchschlafen und ich würde die Nacht über aufbleiben."*

Schließlich bekam der zwölfjährige Warren die Erlaubnis, nach Omaha zurückzukehren und bis zum Ende des Schuljahres bei seinem Großvater zu wohnen.[1] Buffett war eindeutig der gleichen Meinung wie diejenigen, die von der „schönen Insel Omaw-hah" sprechen.

Später ging Buffett auf die Wharton School of Business an der University of Pennsylvania und auf die Columbia University. Er arbeitete in New York für die Graham-Newman Company, aber im Jahr 1956 kehrte er im Alter von 25 Jahren nach Omaha zurück, um dort zu bleiben.

> *„Ich habe in New York und in Washington gewohnt, aber die Logistik von New York verbraucht viel Zeit. Ich kann die Vorzüge von New York und Los Angeles genießen, indem ich mich in ein Flugzeug setze und drei Stunden fliege, aber ich bezahle nicht Strafe, indem ich dort wohne."[2]*

~

> *„Ich finde, das Leben ist hier gesünder. Als ich noch drüben in New York arbeitete, hatte ich das Gefühl, dass ständig Reize auf mich einströmten, und wenn man einen normalen Adrenalinspiegel hat, dann fängt man an, darauf zu reagieren. Das kann nach einer Weile zu verrücktem Verhalten führen. Hier denkt es sich leichter."[3]*

Buffetts jüngster Sohn Peter, der Musiker ist, hat einen Song namens „Nebraska" komponiert. Er spiegelt eine ähnliche Liebe zu dem amerikanischen Kernland wider: „Sie drückt aus, wie stark ich fühle, dass ich das Fundament, die Festigkeit und die spirituellen Wurzeln eines Heimatlandes habe", sagte Peter Buffett einmal über seine Komposition.

LEBE, WIE DU LEBEN WILLST

„Eines der Dinge, die mich zu der Arbeit mit Wertpapieren hingezogen haben, war die Tatsache, dass man sein eigenes Leben führen kann. Man braucht sich nicht für den Erfolg zu verkleiden", so Warren Buffett.[4]

„Ich kann mir nichts im Leben vorstellen, das ich will und das ich nicht habe."[5]

Ist Buffetts Lebensstil für ihn nur der Weg des geringsten Widerstands?

„Geld schöpfen ist leichter, als Geld ausgeben."[6]

ISS, WAS DU ESSEN WILLST

Wenn wir sind, was wir essen, ist Buffett durch und durch Amerikaner:

„Meine Vorstellungen über Essen und Ernährung waren schon recht früh unwiderruflich ausgebildet – das Produkt einer äußerst gelungenen Party zu meinem fünften Geburtstag. Zu diesem Anlass gab es Hotdogs, Hamburger, Softdrinks, Popcorn und Eis."

Buffetts Spezialität ist ein Dusty Sundae: Er gießt massenweise Hershey's Chocolate Syrup über Vanilleeis und häuft dann Malzmilchpulver darüber. Die Kalorien begründet er mathematisch:

„Die Kalorienmenge dieser Zusammenstellung ist verschwindend ge-
ring. Nehmen wir an, der Grundumsatz des Stoffwechsels beträgt 2.800
Kalorien am Tag. Eine einfache Rechnung sagt uns dann, dass wir ein biss-
chen mehr als eine Million Kalorien im Jahr verzehren können – ja sogar
müssen. In meinem Fall – bei einer Lebenserwartung von 25 Jahren – bedeu-
tet dies, dass ich gut 25 Millionen Kalorien essen muss, damit ich nicht vor-
zeitig Hungers sterbe.
    Warum nicht gleich damit anfangen?"[7]

Es gibt allerdings Momente, in denen Kalorien ihren Preis nicht wert
sind. Bei einem Abendessen wurde Buffett einmal ein kostspieliger
Wein angeboten. Er hielt die Hand über das Glas und sagte:

    „Nein danke, ich nehme lieber das Geld."[8]

HABE EIN HOBBY

Die Geldanlage ist für Buffett sowohl Sport als auch Unterhaltung.
Das Auffinden eines guten Investments vergleicht er damit, „seltene,
schnelle Elefanten zu erbeuten"[9].

Seine Freizeit verbringt er aber mit Freunden, mit der Familie und
mit Bridge. Er trifft sich zu besonderen Anlässen mit Freunden und Verwandten, zum Beispiel als der YWCA [„Young Women's Christian Association" = „Christlicher Verein Junger Frauen", CVJF] von Omaha seiner
Tochter einen Preis für ihre Arbeit am The Rose Theater verlieh oder
als Bill Gates auf der Hawaii-Insel Lanai heiratete.

Alle zwei Jahre veranstaltet er ein Treffen der Buffett Group, eine
Versammlung seiner langjährigsten und besten Freunde. Seit einer Rü-
ckenverletzung spielt er zwar kein Racquetball mehr, aber manchmal noch Golf und auf der Hauptversammlung 1996 sagte ein merk-
lich schlankerer Buffett, er habe angefangen, auf dem Laufband zu

trainieren. Dem Publikum fiel außerdem auf, dass er Cola Light trank und nicht mehr normales Cola oder Cherry Coke.

Bridge ist Buffetts große Leidenschaft und unter der Anleitung einer Expertin hat sein Kartenspiel eine neue Qualität erreicht. Ihm gefällt das Spiel so gut, dass er sagt:

> *„Wer als junger Mensch nicht mit Bridge anfängt, macht einen großen Fehler."*[10]

Buffett spielte mit dem *Forbes*-Herausgeber Malcolm Forbes am Vorabend des Tages Bridge, an dem dieser an einem Herzinfarkt starb. Das Spiel fand in der Londoner Villa von Forbes statt. Dabei traten die Corporate America's Six Honchos (CASH) gegen britische Parlamentsmitglieder an. Die CASH-Mannschaft bestand aus Buffett, Forbes, dem Bear-Stearns-Vorsitzenden Alan „Ace" Greenberg, dem CBS-Vorsitzenden Laurence Tisch und mehreren anderen Amerikanern. Es wurde am Vormittag und am Nachmittag gespielt; zuerst verlor das CASH-Team gegen Angehörige des britischen Oberhauses, dann besiegte es Mitglieder des Unterhauses.

> *„Wenn ich Bridge spiele, denke ich an nichts anderes."*[11]

~

> *„Ich habe schon immer gesagt, dass es mir nichts ausmachen würde, ins Gefängnis zu gehen, wenn ich drei Zellengenossen hätte, die Bridge spielen."*[12]

Buffetts Bridgetrainerin (er lernte die Weltmeisterschaftsspielerin Sharon Osberg über seine Bridge spielende Freundin Carol Loomis kennen) führte ihn in den Computer und ImagiNation ein, einem Netzwerk, über das er von daheim aus mit Freunden im ganzen Land Bridge spielen kann.

„Ich ging am PC vorbei und hatte Angst, er könnte mich beißen, aber als ich einmal angefangen hatte, war es ganz leicht."

Dank des Computers trägt Buffett jetzt Spiele mit seiner Schwester und ihrem Mann aus, die im kalifornischen Carmel wohnen, mit angesehenen Freunden in Washington, D.C., und sogar mit William H. Gates Sr., dem Anwalt aus Seattle, dessen berühmter Sohn Microsoft Inc. gegründet hat:

„Jetzt ist es viel leichter, ein Spiel mit den gleichen Leuten zu organisieren, mit denen ich früher gespielt habe, bloß dass wir jetzt Tausende von Meilen voneinander entfernt sind. An einem Sonntag habe ich sechs Stunden lang gespielt. Von Angesicht zu Angesicht spiele ich nicht mehr so oft."[13]

Bill Gates erklärt, was dann kam:

„Obwohl er eifrig darauf bedacht war, sich von der Technologie und Investitionen in die Technologie fernzuhalten, war er sofort süchtig, nachdem er den Computer ausprobiert hatte. Jetzt benutzt Warren seit vielen Wochen die Onlinedienste mehr als ich."[14]

SEI LEIDENSCHAFTLICH

Manchmal ist Leidenschaft mit Ausgaben verbunden, zum Beispiel als Buffett seinen Firmenjet mit Namen „The Indefensible" [die Unverzeihliche] kaufte.

Buffett dachte darüber nach, das Flugzeug „The Charles T. Munger" zu taufen – zu Ehren seines Partners, der immer noch konsequent in der Economyclass flog:

„Ich habe mich in das Flugzeug verliebt. Es soll mit mir begraben werden."[15]

Nachdem Buffett fast ein Jahr lang in New York an den Problemen von Salomon Inc. gearbeitet hatte, nannte er sein Flugzeug „The Semidefensible" [die Halbverzeihliche].[16]

Doch leider haben Liebesaffären manchmal ein Ende. Als Berkshire im Jahr 1995 NetJets Inc. kaufte, fingen Buffett und Munger an, diesen auf Beteiligungen basierenden Firmenjetdienst zu nutzen. Jetzt singt Buffett ein Loblied auf NetJets.

Buffett liebte zeitlebens Cola, erst Pepsi-Cola und dann Coca-Cola (Cherry Coke, um genau zu sein). Als die Buffetts einmal eine Party veranstalteten, stellte Susan als Eingangsdekoration einen Meter hohe Pepsi-Flaschen in die vorderen Fenster.

„Jeder, der Warren kennt, weiß, dass kein Blut durch seine Adern fließt – sondern Pepsi, er trinkt es sogar schon zum Frühstück", sagte Susie.

SETZE DIR HOHE ZIELE

Ein Aktionär fragte Warren Buffet einmal auf der Hauptversammlung, was denn nun sein nächstes Ziel sei, nachdem er schon der reichste Mann Amerikas geworden sei. „Ganz einfach", erwiderte Buffett, „der älteste Mann Amerikas zu werden."[17]

Aber er hält nichts von überzogenen Zielen:

„Ich versuche nicht, Zwei-Meter-Latten zu überspringen, ich halte nach 30-Zentimeter-Latten Ausschau, über die ich steigen kann."[18]

ZIELE GUT

Investiere genauso, wie ein Experte Eishockey spielt, sagt Buffett:

„Wie Wayne Gretzky sagt, gehe dahin, wohin der Puck geht, und nicht dahin, wo er ist."[26]

„Wenn man 100 Meter weit schwimmen will, ist es besser, sich von den Ge-
zeiten ziehen zu lassen als an seinen Schwimmbewegungen zu arbeiten." [27]

ACHTUNG ANLEGER:
WARREN BUFFETT ÜBERQUERT
DIE STRASSE

Auf der Hauptversammlung 1996 fragte ein Anleger, was
mit Berkshire Hathaway passieren würde, wenn Buffett von einem Lastwagen überfahren werden würde. Diese Frage taucht
häufiger auf als Toast beim Frühstück. „Normalerweise sage
ich dazu, dass es mir für den Lastwagen leidtut", scherzt Buffett
manchmal. Er hat im Laufe der Jahre verschiedene schlagferti-
ge Antworten probiert: [19]

1985: In einem Artikel darüber, dass sich Berkshire langfristig
bei den Unternehmen engagiert, die es übernimmt, bemerkte Buffett: „Die Manager haben eine persönliche Verpflich-
tung und daher braucht sich niemand Sorgen zu machen,
wenn meine persönliche Beteiligung an den Geschäften von
Berkshire vorzeitig (damit meine ich jedes Alter, das nicht
dreistellig ist) endet. [20]

1986: „Das ist die sprichwörtliche ‚Laster'-Frage, die mir jedes
Jahr gestellt wird. Wenn mich heute ein Lastwagen überfahren würde, dann würde Charlie [Munger] das Unternehmen leiten und es bräuchten keine Berkshire-Aktie verkauft
zu werden. Die Investments würden weitergehen." Außerdem mutmaßte Buffett, die Aktie könnte „an dem Tag, an dem

»»

ich gehe, einen viertel oder halben Punkt steigen. Wenn sie sehr steigt, bin ich enttäuscht".[21]

1991: „Unsere Geschäfte laufen so, als wäre ich gar nicht da, also dürfte der exakte Aufenthaltsort meines Körpers egal sein."[22]

1993: Sogar die Medien erinnern Buffett an seine Sterblichkeit. Ein Fernsehreporter fragte ihn einmal, wie er möchte, dass man sich an ihn erinnert: „Naja, mir würde es gefallen, wenn der Pfarrer sagen würde: ‚Mein Gott, war der alt.'"[23]

1994: „Ich habe öffentlich verkündet, dass ich vorhabe, Berkshire bis fünf oder zehn Jahre nach meinem Tod zu leiten. Aber die Leitung von Berkshire ist ja auch recht einfach."[24]

1995: „Ich überlege, ob ich Berkshire-Aktien kaufen soll", sagte jemand aus dem Publikum auf der Hauptversammlung, „aber ich habe Angst, Ihnen könnte etwas passieren. Ich kann mir kein Ereignisrisiko leisten". „Das kann ich auch nicht", entgegnete Buffett.

2000: Er möchte kein Verkehrsopfer werden, aber … „Wenn es so ist, dann wenigstens kein GEICO-versicherter Fahrer."[25]

2006: Als Buffett im Jahr 2006 die Welt mit seinem mehr als 30 Milliarden Dollar schweren Spendenplan überraschte, verstanden die Aktionäre die Botschaft: Buffett erkennt seine Sterblichkeit an und er plant voraus. Vor ein paar Jahren gab Buffett bekannt, sein Sohn Howie würde der Vorsitzende von Berkshire werden und mehrere derzeitige Manager würden den Betrieb der Gesellschaft übernehmen. Es herrschte weithin die Überzeugung, Louis Simpson, der seit 25 Jahren den Versicherungsfloat von GEICO investiert, würde einen großen Teil der Anlagen von Berkshire verwalten. In seiner Zeit bei GEICO überflügelte Simpson den S & P 500 um fast sieben

›››

Prozent jährlich, auch wenn es hier und da schwache Jahre gab. Die Auffassung, Simpson würde die Anlagen überneh-men, erübrigte sich, als Buffett im Jahresbericht 2006 schrieb, dass er für diesen Job auch Bewerbungen von jüngeren Kan-didaten annehmen würde. Auch wenn Simpson fähig ist, so ist er doch nur sechs Jahre jünger als Buffett und Buffett möchte eine Nachfolgeregelung für längere Zeit.

KONZENTRIERE DICH AUF DEINE ZIELE

„Wenn wir auf der Hauptstrecke von New York nach Chicago fahren, brauchen wir nicht in Altoona auszusteigen und eine Nebenstrecke zu neh-men."[28]

~

„Ich habe mir schon oft gedacht, dass man mehr Gewinn aus der Unter-suchung von Unternehmenspleiten als aus der Untersuchung von Unterneh-menserfolgen ziehen kann. An den Business Schools ist es üblich, sich mit ge-schäftlichen Erfolgen zu befassen. Aber mein Partner Charles Munger sagt immer, er will nur wissen, wo er einmal stirbt – dann geht er dort einfach nicht hin."[29]

BETRACHTE DAS LEBEN AUS DER RICHTIGEN PERSPEKTIVE

Buffett hatte auf seinem Schreibtisch einen Notizblock, auf dem stand:

„Im Falle eines Atomkriegs diese Nachricht bitte nicht beachten."[30]

Im Jahr 1985 sagte er als Kommentar zu Investments, die ein kumuliertes Wachstum von 22 Prozent über 20 Jahre gebracht hatten:

„Das war wie die Überwindung einer vergeudeten Jugend."[31]

Auf einer Cocktailparty kam einmal eine beschwipste Frau auf Buffett zu und krähte: „Ich sehe überall Geld an Ihnen hängen."
Buffett sagte einem Reporter:

„Ich messe mein Leben nicht an dem Geld, das ich verdiene. Andere Menschen tun das vielleicht, aber ich gewiss nicht."[32]

~

„In einem gewissen Maß erlaubt einem Geld, sich in einem interessanteren Umfeld zu bewegen. Aber es kann nichts daran ändern, wie viele Menschen einen lieben oder wie gesund man ist."[33]

~

„Erfolg heißt, dass man von Menschen geliebt wird, von denen man will, dass sie einen lieben."[34]

~

„Das irritiert mich zwar wie verrückt, aber Liebe kann man nicht kaufen."[35]

SEI EHRLICH

Buffett sagte zu seinem Sohn Howard:

„Man braucht 20 Jahre, um sich einen Ruf aufzubauen, aber nur fünf Minuten, um ihn zu ruinieren. Wenn man darüber nachdenkt, geht man anders an die Dinge heran."[42]

DIE GUTEN GEHEN ZUERST DURCHS ZIEL – MANCHMAL

„Wir haben auf der Spitze des Geldhaufens schon Ölmagnaten gesehen, Immobilienmogule, Spediteure und Räuberbarone, aber Buffett ist der erste Mensch, der einfach durch Aktienauswahl dorthin gelangt ist", schreibt der *Time*-Reporter John Rothchild.[36]

Rothchild vergaß noch zu erwähnen, dass Buffett nicht mit geerbtem Geld angefangen hat, er hat es selbst verdient. Buffetts Aufstieg in die Oberliga der reichsten Amerikaner wird zweifellos eine amerikanische Legende werden. Vergessen Sie die Horatio-Alger-Geschichten. Ab jetzt heißen Geschichten über erfolgreiche Menschen, die es selbst geschafft haben, „Warren Buffett"-Geschichten. Hier steht, wie er von 1943 an Schritt für Schritt bis in die Forbes-400-Liste der reichsten Amerikaner aufgestiegen ist:

1943: Warren sagt einem Kumpel, dass er entweder er mit 30 Jahren Millionär sein wird oder: „Ich springe vom höchsten Gebäude Omahas".[37]

1982: Warren Buffett landet mit 250 Millionen Dollar auf Platz 82. Daniel K. Ludwig belegt mit zwei Milliarden Dollar Platz 1 und Gordon Peter Getty mit 1,4 Milliarden Dollar Platz 2.

1984: Buffett liegt mit einem Besitz von 665 Millionen Dollar auf Platz 23. Platz 1 nimmt Getty mit 4,1 Milliarden Dollar ein und Zweiter ist Sam Walton mit 2,3 Milliarden Dollar.

1985: BUFFETT WIRD MIT 1,07 MILLIARDEN DOLLAR DER ERSTE MILLIARDÄR VON NEBRASKA.[38] In der Forbes-400-Liste belegt er Platz 12

>>>

und Walton mit 2,8 Milliarden Dollar den Spitzenplatz. Ross Perot liegt mit 1,8 Milliarden auf dem zweiten Platz.

Im Jahr 1986 veröffentlichte *U.S.News & World Report* eine Liste mit 100 Personen und Familien, die die größten Anteile an amerikanischen, börsennotierten Gesellschaften besitzen. Buffett ist achter und die Familie Walton belegt den Spitzenplatz. Buffett bemerkt dazu: „Haben Sie gesehen, wie genau die sein wollten? Die haben bloß die Burger übersehen, die ich gestern Abend bei Bronco's gekauft habe."[39]

1988: Buffetts Vermögen ist auf 2,2 Milliarden Dollar angewachsen, aber er ist auf den neunten Platz zurückgefallen. Walton und John Kluge führen mit 6,7 respektive 3,2 Milliarden Dollar.

1989: Buffett prescht mit 4,2 Milliarden Dollar auf Platz 2 vor. John Kluge ist mit 5,2 Milliarden Dollar Nummer 1. Weltweit führend ist der japanische Bauunternehmer Yoshiaki Tsutsumi mit einem Vermögen von 15 Milliarden Dollar.

1991: Mit Platz 4 und 4,2 Milliarden Dollar steht Buffett auf der Liste niedriger, ist aber so reich wie eh und je. Kluge belegt mit 5,9 Milliarden Dollar wieder den ersten Platz. Bill Gates übernimmt als Newcomer mit 4,8 Milliarden den zweiten Platz.

1993: **MIT 8,3 MILLIARDEN DOLLAR DIE NUMMER 1.** Bill Gates wird mit 6,16 Milliarden Dollar der zweitreichste Amerikaner.[40]

1994: Buffett fällt mit einem Vermögen, das nur auf 9,2 Milliarden Dollar angewachsen ist, wieder auf Platz zwei. Gates führt mit 9,3 Milliarden.

Der Satiriker Art Buchwald bemerkte zu dem Tauziehen zwischen Buffett und Gates um den Platz der reichsten oder zweit-

»»»

reichsten Person der Vereinigten Staaten: „Auch wenn sie in Gegenwart des anderen immer freundlich sind, muss zwischen den Männern eine gewisse Spannung bestehen. Wenn man Nummer 1 ist, blickt man immer über die Schulter, um zu schauen, wer von hinten herankommt. Wenn man hingegen Nummer 2 ist, verbringt man die ganze Zeit damit, seiner Familie zu erklären, wieso man versagt hat."[41]

Ein paar Jahre lang wechselten sich Buffett und Gates als reichster Mann der Welt ab, dann zog Gates einfach davon. Im Jahr 2006 wurde das Vermögen von Gates auf 50 Milliarden Dollar geschätzt, das von Buffett hingegen nur auf 42 Milliarden. Beide Männer lagen jedoch weit vor dem Feld. Der drittreichste Mensch war Carlos Slim Helú aus Mexiko mit 30 Milliarden Dollar. Leider wurde Slim im Jahr 2007 die Nummer 1.

„Lüge unter keinen Umständen. Schenke den Anwälten keine Aufmerksamkeit. Wenn du Anwälte in die Sache hineinlässt, sagen sie dir im Prinzip: ‚Sage gar nichts.' Du verstrickst dich niemals, wenn du einfach darlegst, wie du die Sache siehst."

Eine Unwahrheit kann unbeabsichtigt sein. So *gab es* die Nicholas-Kenner-Affäre. Buffett eröffnete die Frage- und Antwortstunde der Hauptversammlung 1990, indem er die Anfrage eines neunjährigen New Yorkers entgegennahm, der damals elf Berkshire-Aktien besaß. Der Junge fragte, wieso der Preis der Berkshire-Aktie, die damals für 6.600 Dollar gehandelt wurde, so niedrig sei. Buffett erwähnte diese

Frage in seinem jährlichen Brief an die Aktionäre. Auf der nächsten Hauptversammlung erschien Nicholas Kenner mit einer noch hartnäckigeren Frage. Er wies darauf hin, dass es im Jahresbericht geheißen habe, er sei elf Jahre alt, obwohl er erst neun sei, und fragte: „Woher weiß ich, dass die Zahlen weiter hinten [die Finanzdaten] stimmen?" Buffett versprach eine schriftliche Antwort auf diese Frage.[43]

Kleine Notlügen werden verziehen, wenn sie den Umsatz von See's Candy steigern, eines Unternehmens, das Berkshire Hathaway gehört.

> *„Wenn die Geschäfte schlecht laufen, streuen wir das Gerücht, unsere Süßigkeiten würden als Aphrodisiakum wirken. Sehr wirkungsvoll, das Gerücht meine ich, nicht die Süßigkeiten."*[44]

SAGE DIE GANZE WAHRHEIT, BITTE

Die hohen Maßstäbe, die Buffett an Journalisten anlegte, gehen auf seine Zeiten als gut organisierter Zeitungsjunge zurück. Später war Buffett an einem Enthüllungsartikel beteiligt, der im Jahr 1973 den Pulitzer-Preis gewann. Alles fing im Jahr 1969 an, als Buffett die *Sun*-Zeitungen kaufte, wöchentliche Stadtviertelzeitungen für Omaha. Er hatte Gerüchte gehört, dass Father Flannigan's Boys Town – damals eine Zuflucht für heimatlose Jungen – durch herzzerreißende Spendenaufrufe große Geldbeträge anhäufte und die Mittel aber nicht dafür ausgab, Kindern zu helfen.

Buffett erfuhr von einer neuen Vorschrift des Internal Revenue Service (IRS) [entspricht dem Finanzamt], wonach gemeinnützige Organisationen ihr Vermögen in einem Formular „Form 990" öffentlich bekannt machen mussten.

Er sprach mit Mitarbeitern der *Sun*, die eine Kopie der IRS-Meldung bekamen, die die Gerüchte bestätigte. Still und leise machten sie sich im Keller von Buffetts Wohnhaus an die Arbeit an dem Artikel, damit die achtseitige Story nicht durchsickerte, bevor sie in Druck ging. Stan Lipsey, der Herausgeber der *Sun* und spätere Herausgeber der *Buffalo News*, erklärte: „Ohne Warren hätte es keine Story und keinen Pulitzer-Preis gegeben. Es war seine Idee; er erzählte uns von „Form 990" und dann analysierte er das umfangreiche Vermögen von Boys Town, das sich auf insgesamt 219 Millionen Dollar belief."[45]

Seit damals hat Boys Town das Vertrauen der Allgemeinheit zurückgewonnen und sich zu Girls and Boys Town mit Einrichtungen an 19 Orten des Landes erweitert. Es ist nach wie vor führend in der Behandlung und Pflege missbrauchter, verlassener und verwahrloster Kinder.

Obwohl Buffett schon zeitlebens mit Zeitungen zu tun hat, sagt er auch, dass der Umgang mit Reportern riskant sein kann:

> *„Das Heftige daran ist, dass es abgesehen von Mördern praktisch niemanden gibt, der einem so viel Schaden zufügen kann wie jemand von der Presse, wenn derjenige es falsch anstellt. Es mag noch Ärzte geben, die einem genauso viel Schaden zufügen können, aber in diesem Fall fängt man das Geschäft selbst an."[46]*

Bei einem der Missverständnisse ging es um die Fernsehserie *Lifestyles of the Rich and Famous*. Buffetts Freunde waren mehr als nur ein bisschen überrascht, als er in Robin Leachs Sendung vorgestellt wurde, denn es gehört nicht zu Buffetts Gewohnheiten, seinen Wohlstand vorzuführen.

„Ich war genauso überrascht wie ihr", soll Buffett seinen Freunden gesagt haben. „Ich habe nie etwas von Robin Leach gehört; wir haben nicht einmal eine Auftrittsanfrage bekommen. Ganz plötzlich waren wir in der Sendung."

Leach bestreitet diese Version der Geschichte. „Buffett wusste absolut, dass wir das machten. Das war kein Interview, zu dem er sich hingesetzt hat, aber er genehmigte es. Deshalb haben wir die Sendung als Exklusivausgabe beworben und das war sie auch."

Anmerkung: In Wirklichkeit lud das Juweliergeschäft Borsheim's in Omaha *Lifestyles* ein, um an dem Sonntag vor der Hauptversammlung von Berkshire Hathaway eine Ausstellung von Patek Phillipe zu filmen. Buffett erklärte sich bereit, im Zusammenhang mit der Ausstellung mit Robin Leach zu sprechen. Es kam kein Fernsehteam zu ihm nach Hause und Buffett wusste nicht, dass eine Sendung über ihn geplant war.[47]

EIN BRIEF AN DAS
THE WALL STREET JOURNAL

Am 15. August 2003 veröffentlichte das *The Wall Street Journal* eine Titelstory über Buffett und seine Rolle bei der Kandidatur von Arnold Schwarzenegger als Gouverneur von Kalifornien (mehr darüber erfahren Sie auf Seite 62). In dem Artikel wurde behauptet, Buffett sei der Meinung, Kalifornien sollte eine höhere Grundsteuer haben, die eher der in Omaha entsprechen würde. Doch in Wirklichkeit versuchte Buffett die Botschaft zu vermitteln, dass die Grundsteuern in Kalifornien willkürlich und unfair seien. Die Geschichte mit der falschen Botschaft wurde in der ganzen Welt aufgegriffen und wiederholt. Buffett war darüber gar nicht glücklich:

7. Oktober 2003
The Wall Street Journal
Herr Paul E.Steiger, Managing Editor
200 Liberty Street
New York, New York 10281

Sehr geehrter Herr Steiger,

der Artikel über mich im The Wall Street Journal *vom 15. August, basierend auf einem Interview, das ich einem Ihrer Reporter über meine*

Verbindung mit Arnold Schwarzeneggers Wahlkampf gegeben habe, war auf eine Weise irreführend, die weitreichenden Widerhall gefunden hat. Aus Gründen, die ich noch erklären werde, kann ich Ihnen in dieser Sache erst jetzt schreiben.

Der Artikel, der auf der Titelseite des Journal abgedruckt wurde, trug eine Überschrift und begann mit Absätzen, die sich ausschließlich den Steuern in Kalifornien widmeten. Das ist verständlich: Die Steuern sollten in dem Wahlkampf mit Sicherheit ein bedeutendes Thema sein.

Als ich mit Ihrem Reporter Joe Hallinan sprach, bat ich ihn als Erstes, das Interview aufzuzeichnen. Er antwortete, dass sein Aufnahmegerät nicht funktioniere. Wenn Sie mit ihm abklären wollen, ob das, was ich Ihnen gleich erzählen werde, zutrifft, müssen Sie daher auf seine Notizen zurückgreifen. Ich rechne nicht damit, dass Sie Abweichungen finden werden, denn er bat mich mehrmals, die Schlüsselzahlen zu wiederholen, die ich anführte.

Was ich im Hinblick auf Grundsteuern gesagt habe, war sehr spezifisch. Ich habe ihm drei Häuser als Beispiele genannt, zwei in Laguna Beach und eins in Omaha. Das erste Haus in Laguna Beach ist ein Objekt, das ich Anfang der 1970er-Jahre gekauft habe. Es hat einen Verkehrswert von vier Millionen Dollar und aufgrund der Einschränkungen in „Proposition 13" fielen dafür im Jahr 2003 nur 2.264 Dollar Grundsteuern an; im Jahr 2002 waren es 2.241 Dollar. Das zweite Haus, das gleich hinter dem ersten steht, habe ich Mitte der 1990er-Jahre gekauft. Es hat einen Marktwert von rund zwei Millionen Dollar und nur wegen des späteren Kaufdatums fielen dafür im Jahr 2003 Grundsteuern von 12.002 Dollar an; im Jahr 2002 waren es 11.877 Dollar. Ich habe Joe darauf hingewiesen, dass diese Zahlen bedeuten, dass der Steuersatz auf das zweite Haus – gleiches Viertel, gleicher Besitzer, gleiche Zahlungsfähigkeit – ungefähr zehnmal so hoch ist wie der auf das erste Haus.

Dann habe ich auf mein Haus in Omaha Bezug genommen, von dem ich glaube, dass es etwa 500.000 Dollar wert ist (auch wenn es auf rund 690.000 Dollar geschätzt wird). Im Jahr 2003 fielen darauf 14.401 Dollar Steuern an und im Jahr 2002 waren es 12.481 Dollar.

Ich war nach unserem Gespräch überzeugt, dass Joe die beiden höchst wichtigen, wenn auch unkomplizierten Punkte verstanden hatte, die ich mit meinen Beispielen ansprach:

1. *Die Grundsteuern auf Wohnimmobilien in Kalifornien sind äußerst unberechenbar, da sie an das Kaufdatum statt an den Wert der Immobilie oder an die finanziellen Verhältnisse des Eigentümers geknüpft sind.*
2. *Im Falle von Objekten, die ein Hauseigentümer schon lange besitzt, sind die Grundsteuern auf Wohnimmobilien in Omaha weit höher als in Kalifornien.*

Dann sagte ich in dem Interview, wie in dem Artikel steht: „Dieses Beispiel mit der Grundsteuer sagt einem, man kann daraus gewisse Schlüsse ziehen." Geben Sie mir eine Sechs für den Satzbau, aber trotzdem bezog sich diese Bemerkung eindeutig auf beide Beobachtungen hinsichtlich der Grundsteuern.

Doch wurden in dem Artikel weder mein zweites Haus in Laguna noch irgendwie die Steuerungleichheiten innerhalb Kaliforniens erwähnt. Stattdessen ließen es die Überschrift, der Text und die Zitate so aussehen, als würde ich nur über die steuerlichen Unterschiede zwischen Omaha und Kalifornien sprechen.

Diese Auslassung ist schwer verständlich. Stellen Sie sich vor, ein Reporter würde einen Kandidaten nach einem steuerlichen Problem fragen und folgende Antwort bekommen: „Die Ausgaben sind um zehn Prozent gestiegen, die Steuern um zehn Prozent gesunken – daraus kann man gewisse Schlüsse ziehen." Wenn der Reporter nur den Satzteil mit der Steueränderung

zitieren und dann schreiben würde: „Daraus kann man gewisse Schlüsse zie-
hen." – Dann würde er die Leser schwer irreführen.

   Die ernsten Mängel des Artikels wurden ein paar Tage später noch ver-
größert, als das Journal im Leitartikel den Fehler beging, sich auf die Kor-
rektheit und Vollständigkeit der Berichterstattung des Journal zu verlas-
sen. Zwar hätte der Leitartikel in vielen Fällen die gleichen Aussagen ge-
troffen, wenn der Verfasser einen vollen Bericht meiner Ansichten gehabt
hätte, aber seine Analyse hätte zumindest ein wenig anders sein müssen,
wenn er beide Punkte beachtet hätte, die ich genannt hatte. Zum Beispiel
die Aussage im zweiten Absatz des Leitartikels: „Der Nichtmilliardär in
Chico weiß Herrn Buffetts Großzügigkeit hinsichtlich seiner Einkünfte
sicher zu schätzen." Das würde keinen Sinn ergeben, wenn der Schreiber be-
griffen hätte, dass ich die Ungleichheiten innerhalb Kaliforniens kriti-
siert hatte. Meine Sympathien gelten eindeutig der „Nichtmilliardär"-Fa-
milie, die sich heute in Chico ein Haus für 300.000 Dollar kauft und mit
wesentlich höheren Grundsteuern konfrontiert ist als der Milliardär, der
gar nicht dort wohnt, mit seinem Vier-Millionen-Haus in Laguna. Dank
„Proposition 13" muss sie mich subventionieren.

   Der Leitartikel des Journal war aber nicht das einzige Medium, das aus
der Story unrichtige und unvollständige Schlüsse zog. Der Vergleich zwi-
schen Omaha und Laguna schoss wie eine Rakete um die Welt und wurde
von Kommentaren begleitet, ich würde eine Erhöhung der Grundsteuer in
Kalifornien vorschlagen – ohne zu erwähnen, dass ich bloß dafür argu-
mentierte, sie müsste ausgeglichener gestaltet werden. Als ich dann dem Jour-
nal-Mitarbeiter Kevin Helliker erklärte, wie irreführend die Story gewesen
war, bekam unser Büro eine E-Mail von Joe Hallinan mit dem Vorschlag, ich
„wäre vielleicht an einem weiteren Interview mit uns interessiert, um eini-
ge seiner früheren Punkte auszubauen". Es ist schon eine Ironie, dass der
Reporter davon sprach, meine Ansichten „auszubauen", wo doch er – oder

sein Chefredakteur – es war, der meine Ansichten in derart irreführender und unfairer Art beschnitten hatte: Ein weiteres Interview hätte das Problem natürlich noch vergrößert, denn es hätte – außer das Journal hätte seinen ursprünglichen Fehler direkt eingestanden – so ausgesehen, als würde ich mich bemühen, meine Aussage zu revidieren, damit sie Arnold politisch möglichst wenig schadete. Natürlich ist dies auch der Grund, der mich davon abgehalten hat, Ihnen zu schreiben oder sonstwie über diese steuerlichen Themen zu sprechen, bevor ein Zeitpunkt erreicht war, an dem dies nicht mehr die Wahl beeinflussen würde. Da die falsche Darstellung meiner Ansichten durch das Journal eine so breite Öffentlichkeit gefunden hat, habe ich vor, diesen Brief für längere Zeit auf die Internetseite von Berkshire Hathaway zu stellen. Ich denke auch darüber nach, diesen Vorgang für die Vorträge, die ich regelmäßig vor Journalismusstudenten halte, als Fallbeispiel dafür zu verwenden, wie Journalismus misslingen kann.

Falls das Journal eine Antwort auf diesen Brief schickt, werde ich sie gern vollständig auf unserer Internetseite veröffentlichen und auch den Journalismusstudenten geben, denen ich die Story als schlechtes Beispiel vorführe. Falls das Journal diesen Brief in irgendeiner Weise verwenden will, hoffe ich, dass auch Sie ihn vollständig präsentieren und ihn in keiner Weise beschneiden werden.

Mit freundlichen Grüßen

Warren E. Buffett"

KULTIVIERE EINEN GUTEN CHARAKTER

„Die Ketten der Gewohnheit sind so leicht, dass man sie erst spürt, wenn sie zu schwer sind, um sie zu zerbrechen."[48]

Man kann den Charakter entwickeln. Stellen Sie sich einmal vor, sagt Buffett, Sie wären ein Student und könnten einen anderen Studenten aus Ihrem Kurs auswählen und hätten dann Anspruch auf zehn Prozent dessen, was er im Laufe seines Lebens verdiente. Die Sache hat aber einen Haken. Sie müssten nämlich auch noch einen Studenten auswählen, dem Sie zehn Prozent dessen gäben, was Sie im Laufe Ihres Lebens verdienten:

> *„Das Interessante ist, wenn man darüber nachdenkt, was einem durch den Kopf geht, denkt man nicht an Dinge, die man selbst unmöglich erreichen kann. Man denkt nicht daran, wer 2 Meter hoch springen kann, wer einen Football 20 Meter weit werfen kann, wer Pi bis 300 Stellen hinter dem Komma aufsagen kann oder was auch immer. Man denkt an eine Menge Charaktereigenschaften: In Wirklichkeit sind alle diese Eigenschaften erreichbar. Sie sind weitgehend eine Frage der Gewohnheit. Als mein früherer Chef Ben Graham zwölf Jahre alt war, schrieb er alle Eigenschaften auf, die er an anderen Menschen bewunderte, und alle Eigenschaften, die er beanstandete. Dann schaute er sich die Liste an und da stand nichts darüber, die 100 Meter in 9,8 Sekunden zu laufen oder im Hochsprung zwei Meter zu schaffen. Das waren alles Dinge, die davon abhingen, ob man sich entschied, diese Art von Persönlichkeit zu sein oder nicht."*[49]

~

> *„Gehe immer mit Menschen um, die besser sind als du, dann wirst du ein bisschen nach oben treiben. Gehst du mit der anderen Sorte Menschen um, dann beginnst du den Mast hinunterzurutschen."*[50]

GLAUBE AN DICH SELBST

Als der 20-jährige Buffett anfing, in der Brokerfirma seines Vaters in Omaha zu arbeiten, fragte ihn ein Freund, ob das Unternehmen jetzt Buffett & Son heißen würde. „Nein", schoss Buffett zurück, „Buffett & Father."[51]

Buffett sagt ganz sachlich:

„Ich hatte nie irgendwelche Selbstzweifel. Ich war nie entmutigt."[52]

~

„Ich wusste immer, dass ich reich werden würde. Ich glaube, dass ich das keine Minute lang bezweifelt habe."[53]

Als der 26-jährige Warren Buffett im Jahr 1956 seine erste Beteiligungsgesellschaft gründete, sagte er den Anlegern:

„Ich werde eine Gesellschaft bilden, deren Portfolio ich managen und in der ich mein Geld mit Ihrem zusammenlegen werde. Ich werde Ihnen einen Ertrag von 5 Prozent garantieren und ich werde 20 Prozent von dem Gewinn bekommen, der danach bleibt.

Ich werde Ihnen aber nicht sagen, was wir besitzen, denn das lenkt ab. Ich will nur eine Scorekarte abgeben, wenn ich vom Golfplatz komme. Ich will nicht, dass Sie mir nachlaufen und zuschauen, wie ich bei bei diesem Loch mit einem Dreier-Eisen einen Shank schlage und beim nächsten das Putten nicht schaffe."[54]

ANMERKUNG: Das Vorstehende ist offenbar die Erinnerung von jemandem an das, was Buffett gesagt hat. Buffett garantierte keine fünf Prozent Gewinn. Die Gesellschaft gab den stillen Teilhabern einen Vorzugsertrag, der kumuliert erzielt werden musste, bevor Buffett etwas verdiente.

„Ich führe eine interne Scorekarte. Wenn ich etwas mache, was anderen nicht gefällt, womit ich mich aber wohlfühle, bin ich glücklich damit. Wenn andere etwas loben, das ich gemacht habe, aber ich bin nicht zufrieden, dann fühle ich mich unglücklich."[55]

Auf die Frage, wie er so zuversichtlich sein kann, in Unternehmen zu investieren, vor denen andere zurückscheuen:

„Letztlich traue ich meinen Augen mehr als allem anderen."[56]

ABER BLEIBE NICHT ZU SEHR AN DIR SELBST HÄNGEN

Wahrscheinlich ging es den meisten Menschen so wie Buffett auf der Highschool:

„Ich war nicht der Beliebteste in der Klasse, aber auch nicht der Unbeliebteste: Ich war irgendwie nichts."[57]

Als Buffett in Columbia seinen Abschluss gemacht hatte, bat er Benjamin Graham um eine (unbezahlte) Stelle bei der Graham-Newman Co.:

„Ben machte seine gewohnheitsmäßige Wert-Preis-Berechnung und sagte nein."[58]

Jahrelang machte Buffett den ersten Wurf bei dem Spiel der Omaha Royals vor der Hauptversammlung von Berkshire Hathaway. Vor einem Spiel bat ein Kind um ein Autogramm von ihm. Nach seinem Wurf, der ein bisschen schwach war, erzählte Buffett:

„Ich schaute auf und sah, wie diese Kinder meine Unterschrift durchstrichen."[59]

Nachdem ihn ein Journalist mit der Aussage verletzt hatte, er trage billige Anzüge, erklärte er:

„Ich kaufe teure Anzüge. Die sehen an mir nur billig aus."[60]

ANMERKUNG: Nachdem Buffett jahrelang gewöhnlich Baumwollhemden, lockere Hosen und einen Blazer getragen hatte, fing er an, sich fein zu machen. Er ging zu italienischen Zegna-Anzügen über, gewöhnlich von der Stange. Ein Zegna kostet rund 2.000 Dollar. [61]

~

Als er in die Omaha Business Hall of Fame aufgenommen wurde, sagte er, er wollte eigentlich seinem Friseur, seinem Bekleidungsberater und seinem persönlichen Trainer danken, aber:

„Als sie ihr Werk betrachteten, wollten sie lieber anonym bleiben."[62]

Als der Omaha Press Club eine Karikatur von dem Künstler James Horan enthüllte, lachte Buffett:

„Fast alles ist besser als der Blick in den Spiegel."[63]

Buffett und der Gouverneur von Nebraska führten einmal zusammen einen Sketch auf, in dem der Gouverneur die Gewinnzahlen einer staatlichen Lotterie von Nebraska verkündete und Buffett mit dem Gewinnerschein auf die Bühne stürmte. Der Gouverneur fragte Buffett, was er mit diesem Segen anfangen würde. „Ich glaube, ich kaufe mir einen zweiten Anzug", stammelte der begeisterte Buffett und fügte hinzu: „Und wenn genug übrig bleibt, kaufe ich mir einen Kamm."[64]

Buffetts Geschäftspartner Charlie Munger, der sich selbst elegant kleidet, sagt: „Buffetts Garderobe sorgt in der Geschäftswelt für ein gewisses Maß an Belustigung."[65]

Als ein Aktionär Buffett fragte, ob ihm bewusst sei, wie berühmt er inzwischen war, erwiderte Buffett:

„Vielleicht sollte ich das meinem Friseur sagen und wir sollten den Schnitt aufheben."[66]

Als Buffett darauf hingewiesen wurde, dass manche Menschen ihn als Volkshelden bei jedem seiner Schritte beobachteten:

„Ich beobachte jeden meiner Schritte und bin nicht sehr beeindruckt."[67]

WÄHLE DEINE HELDEN GUT

„Man hat Glück im Leben, wenn man die richtigen Helden hat. Ich empfehle euch allen, euch soweit ihr das könnt, ein paar Helden auszusuchen. Nichts kommt an die richtigen Helden heran", sagte Buffett.

Als Helden nennt Buffett seinen Vater Howard, Senator Barack Obama, den Schriftsteller Phil Fisher, Bill Gates und seinen Mentor Ben Graham. Warum gerade diese Menschen?[68]

HOWARD HOMAN BUFFETT

„Er brachte mir bei, nichts zu tun, was man [nicht] auf die Titelseite einer Zeitung schreiben könnte. Mir ist nie ein besserer Mensch begegnet als mein Vater."[69]

Buffetts Mutter erklärte die Beziehung zwischen Vater und Sohn so: „Warren und sein Vater waren immer die besten Freunde. Papa war Warrens Held. Howard war ein wunderbarer Ehemann und Vater. Er hielt es nie für nötig, die Kinder zu bestrafen. Seine Methode waren der Einsatz von Vernunft und Überzeugung."[70]

›››

Buffett erinnert sich an ein Baseballheimspiel, kurz nachdem sein Vater im Repräsentantenhaus für eine unpopuläre beschäftigungspolitische Maßnahme gestimmt hatte. Als der Kongressabgeordnete Buffett vorgestellt wurde, buhte das Publikum ihn aus: „Er konnte solche Sachen sehr gut ertragen. Er erwartete nicht, dass sich die Welt über Nacht verändern würde."[71]

Buffetts Vater war strammer Republikaner und Mitglied der John Birch Society. Buffett Senior hatte eindeutige, unabhängige Ansichten über die Rolle der Vereinigten Staaten in der Welt. In einer Rede vor dem Repräsentantenhaus sagte Howard Buffett einmal:

> „Selbst wenn es wünschenswert wäre, so ist Amerika doch nicht stark genug, die Welt mit militärischer Macht zur Ordnung zu rufen. Wenn dies versucht wird, werden die Segnungen der Freiheit durch Tyrannei und Zwang in der Heimat ersetzt werden. Wir können unsere christlichen Ideale nicht durch Dollar und Gewehre in andere Länder exportieren. Überzeugung und Vorbild sind die Methoden, die der Zimmermann aus Nazareth lehrte, und wenn wir an das Christentum glauben, sollten wir versuchen, unsere Ideale mithilfe seiner Methoden zu befördern."[72]

Warren gab die konservative Politik irgendwann auf:

> „Ich wurde im Grunde deshalb Demokrat, weil ich Anfang der 1960er-Jahre das Gefühl hatte, die Demokraten stünden meiner Meinung über die Bürgerrechte bedeutend näher. Ich stimme nicht nach der Parteilinie ab, aber ich wähle wohl eher die Demokraten als die Republikaner."[73]

»»

„Ich bin sozusagen auf der Produktionsseite Republikaner und auf der Verteilungsseite Demokrat."[74]

SENATOR BARACK OBAMA

„Was ihn angeht, habe ich eine Überzeugung gewonnen, zu der ich nicht sehr oft gelange ... Er hat so viel Potenzial wie ich nur bei irgendjemandem gesehen habe, im Laufe seines Lebens bedeutenden Einfluss auf die Richtung zu nehmen, die Amerika einschlägt."[75]

PHIL FISHER

Fisher ist einer der großen originellen Köpfe der modernen Vermögensverwaltung und Autor von *Common Stocks and Uncommon Profits* und von *Conservative Investors Sleep Well*. Buffett beschreibt seinen eigenen Stil als 85 Prozent Ben Graham und 15 Prozent Fisher:[76]

„Von ihm [Fisher] habe ich den Wert der ‚Klatsch'-Methode gelernt: Geh hinaus, sprich mit Mitbewerbern, Zulieferern und Kunden, um herauszufinden, wie eine Branche oder ein Unternehmen wirklich funktioniert."[77]

ANMERKUNG: Fishers Sohn Kenneth schreibt eine Kolumne in der Zeitschrift *Forbes*.

BILL GATES

„Ich bin nicht kompetent, seine technischen Fähigkeiten zu beurteilen, aber ich betrachte seine Geschäftstüchtigkeit als außerordentlich. Wenn Bill einen Hotdogstand gegründet hätte, wäre er der Hotdogkönig

›››

der Welt geworden. Er wird jedes Spiel gewinnen. Er wäre in meinem Geschäft sehr gut, aber ich nicht in seinem."[78]

Was die Zukunft von Gates und Microsoft im Treibsand der Computersoftware angeht, sagt Buffett:

„Ich würde einfach auf ihn setzen. Bis jetzt hat damit noch niemand Geld verloren."[79]

ANMERKUNG: Buffett hat zweimal auf Gates gesetzt, und zwar im großen Stil. Zuerst hat er Gates in den Vorstand von Berkshire eingeladen und dann hat er den Löwenanteil seines Vermögens der Bill and Melinda Gates Foundation vermacht (mehr dazu auf Seite 221).

BENJAMIN GRAHAM

„Graham war der klügste Mensch, den ich je kannte", hat Buffett einmal gesagt.[80]

ANMERKUNG: Rose Blumkin, die Gründerin des Nebraska Furniture Marts, und alle Lehrer stehen auf Buffetts Liste weit oben. Mehr über sie später.

WEICHE DEM RUMMEL AUS

„Trauben von einem acht Morgen großen Weingut in Südfrankreich mögen ja wirklich die besten auf der ganzen Welt sein, aber ich hatte schon immer den Verdacht, dass 99 Prozent im Reden und nur 1 Prozent im Trinken liegen."[81]

In einem CNBC-Interview wurde Buffett einmal gefragt: „Sie haben rund 15 Milliarden in bar?" Buffett erwiderte: „Nun, ich habe gerade nicht alles bei mir!"[82]

TEILE DEINE WEISHEIT

Als Bill Gates Melinda French einen Heiratsantrag machte, flog er mit seiner Verlobten nach Omaha, um bei Borsheim's – einem Juweliergeschäft, das Berkshire gehört – einen Verlobungsring zu kaufen.

„Nicht dass ich dir irgendwelche guten Ratschläge geben wollte", sagte Buffett, der dafür bekannt ist, dass er schamlos für seine Unternehmen wirbt, „aber als ich im Jahr 1951 meiner Frau einen Verlobungsring gekauft habe, da habe ich sechs Prozent meines Vermögens dafür ausgegeben".[83] Gates war zu diesem Zeitpunkt zwar erst 37 Jahre alt, aber er war schon Multimilliardär. Sechs Prozent seines Vermögens wären um die 500 Millionen Dollar gewesen.

~

Buffett sagt, er habe keine politischen Ambitionen, aber er könne gewählten Volksvertretern helfen, sich bessere Ziele zu setzen. Anstatt eines Verfassungszusatzes, der einen ausgeglichenen Haushalt fordert, schlägt er eine „Drei-Prozent-Lösung" vor:[84]

> „Man setze einen Verfassungszusatz in Kraft, der verlangt, dass kein Repräsentant und kein Senator wiedergewählt werden kann, wenn das Haushaltsdefizit auch nur in einem Jahr ihrer Amtszeit mehr als drei Prozent des BIP [Bruttoinlandsprodukt] beträgt. Wenn dieser Zusatz gelten würde, dann würden sich die Interessen der Nation und die persönlichen Interessen unsere Volksvertreter sofort vereinigen."

Dieser Plan würde laut Buffett der Nation dienen, denn:

„Es sind nicht die Schulden an sich, die eine Person, ein Unternehmen oder ein Land überwältigen. Was Ärger macht, ist vielmehr eine Zunahme der Schulden im Verhältnis zum Einkommen."

Andere Maßnahmen zur Kontrolle der Staatsverschuldung sind gescheitert, weil die Wähler die Vertreter wieder hinauswerfen, die tatsächlich Programme kürzen oder Steuern erhöhen:

„Es gibt einfach nicht genug Heilige, um eine große Institution zu besetzen, die von ihren Mitgliedern verlangt, freiwillig gegen ihr eigenes Wohl zu handeln."

IGNORIERE DAS ALTER

„Pläne für den Ruhestand? So fünf bis zehn Jahre nach meinem Tod." [85]

Buffetts Einstellung zu seinem Alter gilt auch für die Menschen, mit denen er zusammenarbeitet:

„Wir machen Methusalem zu unserem Helden." [86]

Buffett vergleicht die Führungsmannschaft von Coca-Cola mit einer siegreichen Sportmannschaft:

„Wenn man die Yankees von 1927 hat, wünscht man sich nur ihre Unsterblichkeit." [87]

Als die inzwischen verstorbene Rose Blumkin 94 Jahre alt wurde, sagte Buffett, er sei gezwungen gewesen, die Richtlinie für den zwingenden Ruhestand mit 100 abzuschaffen, damit Mrs. B weiter von ihrem elektrischen Golf-Cart aus, mit dem sie überall hinfuhr, den Nebraska Furniture Mart leiten konnte, der jetzt Berkshire gehörte.

„Mein Gott! Gute Manager sind so selten, dass ich mir den Luxus nicht leisten kann, sie gehen zu lassen, bloß weil sie ein Jahr älter geworden sind."[88]

„Es fällt uns schwer, einem jungen Hund alte Tricks beizubringen. Aber wir hatten noch nie viele Probleme mit Menschen, die Jahr für Jahr den Ball über das Ziel hinausschießen. Auch wenn sie schon reich sind, lieben sie ihre Arbeit. Unseren Managern passiert nie etwas. Wir bieten ihnen Unsterblichkeit an."[89]

In den letzten Jahren lernte Buffett die Jugend neu schätzen. Er holte Bill Gates von Microsoft und Susan Decker, Chief Financial Officer von Yahoo!, in den Vorstand. Außerdem startete Buffett eine Suche nach einem loyalen jungen Genie, das beim Management der Berkshire-Investments helfen und möglicherweise Buffetts Nachfolger werden könnte.

ROSE BLUMKIN, MATRIARCHIN DES NEBRASKA FURNITURE MARTS

Für Warren Buffett war die 1,47 Meter große Rose Blumkin ein Wahrzeichen von Omaha. Er empfahl Besuchern, bei ihr vorbeizuschauen, wenn sie in der Stadt waren.

Mrs. B, wie sie genannt wurde, gründete den riesigen, modernen Nebraska Furniture Mart. Buffett führte häufig ihren gesunden Menschenverstand und ihr Arbeitsethos an, wenn er vor Studenten und anderen Menschen sprach, die sich mit Geschäftsprinzipien befassten. Mrs. B, die keinen einzigen Tag in der Schule verbrachte, wanderte mit 23 Jahren allein von

»»»

Russland in die Vereinigten Staaten ein, um dort mit ihrem Ehemann zusammenzutreffen.

Mrs. Bs Motto lautete: „Verkaufe billig und sage die Wahrheit."[90]

„Wenn sie einen Popcornstand betreiben würde, dann würde ich bei ihr einsteigen wollen", sagte Buffett einmal. Er kaufte den Nebraska Furniture Mart als Geschenk für sich selbst zum 53. Geburtstag."[91]

Mrs. B erzählte die Geschichte so: „Eines Tages kommt er [Buffett] herein und sagt zu mir: ‚Wollen Sie mir das Geschäft verkaufen?' Und ich sage: ‚Ja.' Er sagt: ‚Wie viel wollen Sie dafür?' Ich sage: ‚60 Millionen Dollar.' Er geht in sein Büro und kommt mit einem Scheck zurück. Ich sage: ‚Sie sind verrückt, wo sind denn Ihre Anwälte? Wo sind Ihre Buchhalter?' Er sagt: ‚Ihnen vertraue ich mehr.'"[92]

Als später eine Inventur durchgeführt wurde, ergab sich für das Geschäft ein Wert von 85 Millionen Dollar, aber Mrs. B erhöhte den Preis nicht. „Ich wollte nicht von meinem Wort abrücken, aber ich war überrascht. Er hat niemals auch nur eine Minute nachgedacht. Aber er prüft nach. Ich wette, er hat es gewusst."[93]

Buffett hatte erfahren, dass Mrs. B an einem Verkauf interessiert war, und darüber mit ihrem Sohn gesprochen, in der Hoffnung, dass er sie nicht beleidigte, wenn er an sie herantrat. Die Transaktion wurde über einen eine Seite umfassenden Vertrag abgewickelt, ohne Prüfung, ohne Inventur. Die Gesamtkosten für Anwaltsdienste und Buchhaltung beliefen sich auf 1.400 Dollar. Die Investition war immens erfolgreich.[94]

„Ich würde ihn als den Besten einstufen", sagte Mrs. B über Buffett.[95]

Leider brach zwischen Mrs. B und ihrer Familie eine Meinungsverschiedenheit aus. Die Fehde war in Omaha eine gefragte Neuigkeit und der *Omaha World-Herald* berichtete über jede schreckliche Einzelheit. „Am 3. Mai 1989 verließ tief beleidigt den Nebraska Furniture Mart und behauptete, ihre Enkel Ronald und Irvin Blumkin würden als Manager des Unternehmens ihre Autorität in der Teppichabteilung untergraben."[96] Die gesamte Familie war fassunglos, als Mrs. B einen ihrer Enkelsöhne „Hitler" nannte.

Das Herumsitzen zu Hause wurde Mrs. B bald langweilig und im Jahr 1989 eröffnete sie gegenüber des Nebraska Furniture Marts das 24.000 Quadratmeter große Furniture Warehouse. Sie hatte dabei keinerlei Skrupel. „Warren Buffett ist nicht mein Freund. Ich habe ihm jedes Jahr 15 Millionen Dollar eingebracht und als ich eine Meinungsverschiedenheit mit meinen Enkeln hatte, trat er nicht für mich ein." Über den Erfolg ihres neuen Geschäfts: „Ich habe dieses Geschäft nicht wegen des Geldes eröffnet, sondern aus Rache."[97]

Später schloss Mrs. B Frieden mit ihrer Familie und verzieh Buffett. Ihr neues Geschäft und das 4,5 Hektar große Grundstück verkaufte sie für 4,9 Millionen Dollar dem Nebraska Furniture Mart und kehrte damit in den Schoß der Familie zurück. Zu dem Deal gehörte es, dass sie weiterhin die Teppichabteilung des Hauses leitete.

„Vielleicht erwarte ich zu viel", sagte Mrs. B über den Familienaufruhr. Der Betrieb des Kaufhauses war anstrengend und sie verkaufte, da ihr Sohn bettelte, sie solle nicht so hart arbeiten.

„Also tat ich es. Fünf Millionen Dollar und sie zahlten in bar. Kein Kredit. Ich liebe meine Kinder", sagte sie.

»»»

„Lieber ringe ich mit Grizzlies, als mit Mrs. B und ihrer Nach-
kommenschaft zu konkurrieren", sagte Buffett einmal. [98]

Buffett gab zu, dass er aus dieser Episode eine wichtige Lehre gezogen habe. Beim zweiten Kauf bat er Mrs. B um eine lebenslange Wettbewerbsausschlussklausel und beseitigte damit
einen Mangel in dem Kaufvertrag für den Nebraska Furniture
Mart von vor zehn Jahren. „Ich war jung und unerfahren",
sagte der 62-jährige Buffett. [99]

Auf einer Veranstaltung des Omaha Press Club bezeugte
Buffett Rose Blumkin seine Achtung mit folgendem Lied – auf
die Melodie von „Battle Hymn of the Republic":

Wir dachten, wir hätten einen Fang gemacht,
Als wir ABC kauften.
Aber es ist gar nicht so leicht,
Wenn dein Sender Nummer drei ist.
Darum muss die Berkshire-Last
Jetzt von Mrs. B getragen werden.
Ihr Cart rollt weiter.

Refrain:
Glory, glory hallelujah
Die Käufer kommen weiter zu dir.
Wenn wir reich werden, dann nur durch dich,
Ihr Cart rollt weiter.

2. Strophe
Ideen platzen, Aktien sacken,
Doch nie werd ich blass.

»»

Ganz egal was ich verbocke,
Pleite gehen kann ich nicht.
Denn Mrs. B rettet mich,
Sie schmeißt einfach noch'nen Ausverkauf.
Ihr Cart rollt weiter.

3. Strophe
Forbes hält mich wohl für brillant,
Wenn sie die jährliche Liste erstellen,
Doch das Geheimnis ist, ich bin gar nicht das Rad,
Sondern nur ein Zahn davon.
Ohne den Kuss von Mrs. B,
Wäre ich immer ein Frosch.
Ihr Cart rollt weiter. [100]

Rose Blumkin starb im Jahr 1998 im Alter von 104 Jahren.

ÜBER FREUNDE

WISSE, WAS FREUNDSCHAFT IST

„Ich habe ein halbes Dutzend gute Freunde. Die Hälfte männlich, die Hälfte weiblich, so ungefähr. Ich mag sie, ich bewundere sie. Um sie herum gibt es keine harten Schalen."[1]

Wie definiert Buffett *Freundschaft?*

„Ich erinnere mich, dass ich diese Frage einer Frau gestellt habe, die Auschwitz überlebt hatte. Sie sagte, ihr Test war: ‚Würden sie mich verstecken?'"[2]

ERGREIFE FÜR DEINE FREUNDE PARTEI

„Ich habe im Omaha Club gegessen – das ist der Club in der Innenstadt – und bemerkte, dass es da keine Juden gab. Mir wurde gesagt: ‚Die haben ihren eigenen Club.' Nun gibt es jüdische Familien, die seit hundert Jahren in Omaha wohnen; sie haben die ganze Zeit etwas zu der Gemeinschaft beigesteuert,

genauso beim Aufbau von Omaha geholfen wie alle anderen. Trotzdem können sie nicht in einen Club gehen, dem John Jones, ein mittlerer Angestellter von Union Pacific beitritt, sobald er hierher versetzt wird. Das ist wohl kaum fair. Also trat ich dem jüdischen Club bei, das dauerte vier Monate. Sie waren etwas verwirrt und irritiert und ich musste Überzeugungsarbeit leisten. Dann ging ich wieder in den Omaha Club und sagte denen, dass der jüdische Club nicht mehr rein jüdisch sei. Ich brachte zwei oder drei Mitglieder des jüdischen Clubs dazu, die Mitgliedschaft im Omaha Club zu beantragen. Jetzt haben wir diese Nuss geknackt."[3]

GOUVERNEUR SCHWARZENEGGER ANLEITEN

Buffett sorgte für politischen Wirbel, als er im Jahr 2003 zum freiwilligen Finanzberater des republikanischen ehemaligen Mr. Universum und Kitsch-Schauspielers Arnold Schwarzenegger im Rahmen seiner Kandidatur zum Gouverneur von Kalifornien wurde.

Das war ein überraschender Schachzug von Buffett, der normalerweise für die Demokraten stimmt. Immerhin unterstützte er Senator John Kerry aus Massachusetts bei seinem Präsidentschaftswahlkampf im Jahr 2000.

Kalifornien hatte zu dieser Zeit ein Haushaltsdefizit von 38 Milliarden Dollar und eine Energiekrise, die zum Teil von Enrons Marktmanipulationen hervorgerufen worden war. Buffett erklärte:

"Ich kenne Arnold seit Jahren und ich weiß, dass er ein großartiger Gouverneur sein wird. Es ist für den Rest der Nation entscheidend, dass die Wirtschaftskrise in Kalifornien gelöst wird, und ich glaube, dass Arnold diese Aufgabe bewältigen kann."[4]

Dann schlug der Witzbold in Buffett durch:

„Arnold suchte ein Double. Maria [Shriver – Schwarzeneggers Frau]
kann uns nicht auseinanderhalten."[5]

„Warren hilft mit bei der Zusammenstellung eines Weltklasseteams,
das mir bei der Bewältigung der Probleme und Herausforderungen
hilft, vor denen Unternehmen, Investoren und die Anbieter von Arbeits-
plätzen in Kalifornien stehen", sagte Schwarzenegger dazu.[9]

Die Partnerschaft mit seinem alten Freund Buffett wurde als
Meisterstück begrüßt, das ihn von Präsident Bush abhob, der in Kalifornien nicht immer populär war. Doch die Allianz geriet bald genauso in Schwierigkeiten wie die irreführende Story, die in *The Wall Street
Journal* erschien (siehe die Seiten 41 bis 45).

Trotz Pannen wurde Schwarzenegger gewählt und bekam im Jahr
2006 eine zweite Amtszeit. Buffett und sein Partner Charlie Munger unterstützten Schwarzenegger unter anderem deshalb, weil er verspro-
chen hatte, die Arbeitsunfallversicherung zu reformieren. Der Miss-
brauch dieser Versicherung war seit langem der Fluch der Versicherungsbranche. Die Kosten für die Arbeitsunfallversicherung hatten
sich von 1997 bis 2003 mehr als verdreifacht. Schwarzenegger machte
die Arbeitsunfallversicherung zum Eckpfeiler der ersten sechs Monate seiner Amtszeit. Dank der Gesetze, die er durchdrückte, sanken die
Kosten der Versicherer von 2003 bis 2006 um 8,1 Milliarden Dollar. Die
Prämien der Unternehmen gingen um 47 Prozent zurück.[7]

BAUE LEBENSLANGE
FREUNDSCHAFTEN AUF

Im Jahr 1968 reisten Buffett und eine Gruppe seiner Freunde nach
Coronado in Kalifornien, wo sie bei ihrem früheren Columbia-Pro-
fessor Ben Graham Rat zum Aktienmarkt suchten. Die Buffett-Gruppe
versammelt sich immer noch jedes Jahr: „Damals waren sie relativ

wohlhabend. Jetzt sind sie alle reich. Sie haben nicht Federal Express erfunden oder so etwas. Sie haben nur einen Fuß vor den anderen gesetzt. Ben hat den Grundstein dafür gelegt. So einfach ist das."[8]

ANMERKUNG: Der sparsame Buffett schlug eigentlich vor, ein Holiday Inn zu suchen, aber die Gesellschaft übernachtete in dem eleganten Hotel del Coronado am Strand.

CHARLIE MUNGER

Charles T. Munger, 83, ist für Buffett eine Kombination aus Freund und Geschäftspartner. Munger ist wie Buffett in Omaha aufgewachsen und hat als Jugendlicher in dem Lebensmittelgeschäft von dessen Großvater Ernest gearbeitet.

„Der Laden der Familie Buffett bot eine sehr erstrebenswerte Einführung in das Geschäftsleben", so Munger. „Dort musste man viele Stunden lang hart und genau arbeiten, was viele junge Mitarbeiter einschließlich meiner (und später Ernests Enkel Warren) veranlasste, nach einer leichteren Laufbahn Ausschau zu halten und glücklich darüber zu sein, die Nachteile darin zu finden."[9]

Munger ist sieben Jahre älter als Buffett und dies ist einer der Gründe, weshalb sich die beiden erst als Erwachsene kennenlernten. Munger wurde schon als Buffetts *Doppelgänger* bezeichnet, allerdings hat diese Bezeichnung ihre Grenzen. Munger wurde auf der Harvard Law School angenommen, obwohl er keinen College-Abschluss hatte; Buffett wurde abgelehnt, als er sich an der Harvard Business School bewarb. Der Republikaner Munger spendet großzügig für gemeinnützige Zwecke, unter anderem für die britische Hilfsorganisation Oxfam.

Der Demokrat Buffett hat zwar auch gespendet, hatte aber gehofft, er könnte diese Arbeit größtenteils seiner inzwischen verstorbenen Frau Susie überlassen.

Munger ist im Gegensatz zu Buffett kein besonderer Freund der Anlagephilosophie von Benjamin Graham. Trotzdem sagt Buffett: „Ich wurde gewaltig von Charlie geprägt."[10]

Munger erklärt ihre Synergie: „Jeder, der eine komplizierte Arbeit macht, braucht Kollegen. Schon die Disziplin, dass man seine Gedanken für jemand anders ordnen muss, ist eine sehr nützliche Sache."[11]

Ein Freund der Partner sagt, dass Buffett zwar gut im Neinsagen ist, aber Munger noch besser. Buffett bezeichnet seinen Freund als den „abscheulichen Neinsager". Jedenfalls ist Munger der Meister der knappen Antworten. „Charlie wird nicht nach Worten bezahlt", erklärt Buffett.[12]

Buffett behauptet außerdem: „Charlie und ich gehen ein vierseitiges Memo am Telefon mit drei Grunzern durch."[13]

Buffett bezeichnet seinen Freund als Juniorpartner in guten Jahren und als Seniorpartner in schlechten Jahren, aber das ist nur Gerede.[14] „Charlie ist rational, sehr rational. Er lässt sein Ego nicht so von dem Geschäft aufsaugen wie ich, aber er durchschaut es perfekt. Im Prinzip hatten wir noch nie Streit, allerdings haben wir gelegentlich Meinungsverschiedenheiten."[15]

Außerdem: „Charlie hat den besten 30-Sekunden-Verstand der Welt. Er geht in einem Zug von A bis Z durch. Er sieht die Essenz von allem, bevor man selbst überhaupt den Satz gelesen hat."[16]

Buffett sagt, dass man kein Raketenwissenschaftler zu sein braucht, um erfolgreicher Anleger zu sein, obwohl Buffett nach Mungers Einschätzung mächtig schlau ist: „Sein Gehirn ist ein

»»

großartig rationaler Mechanismus. Da er sich ausdrücken kann, sieht man, wie das verdammte Gehirn arbeitet."[17]

Munger sagt, dass Buffett privat der gleiche Mensch ist wie in der Öffentlichkeit: „Einer der Gründe, weshalb Buffett so fröhlich ist, ist der, dass er sich keinen Text merken muss."[18]

Munger sagt, er kann sich nicht daran erinnern, dass Buffett jemals wütend war: „Nicht einmal als ich ihn zum Angeln mit nach Minnesota nahm, als ich das Boot umkippte und wir ans Ufer schwimmen mussten, hat er mich angeschrien."[19]

Wenn sich Munger überwindet zu sprechen, hat er einen guten Rat für Anleger: „Es hat riesige Vorteile, wenn sich eine Person in die Lage bringt, dass sie ein paar großartige Investments tätigt und sich dann einfach zurücklehnt. Dann bezahlt man den Brokern weniger. Man hört sich weniger Blödsinn an."[20]

~

Munger möchte mehr als rosige Versprechungen haben, bevor Berkshire Hathaway in ein Unternehmen investiert. Prognosen taugen nichts:

„Sie werden von Menschen zusammengestellt, die ein Interesse an einem bestimmten Ergebnis haben, die unbewusst befangen sind, und [ihre] scheinbare Genauigkeit führt zu Trugschlüssen. Sie erinnern mich an den Spruch von Mark Twain: ‚Eine Mine ist ein Loch in der Erde, das einem Lügner gehört.' Prognosen sind in Amerika häufig Lügen, zwar keine absichtlichen, aber von der übelsten Sorte, denn der Analyst glaubt sie häufig selbst."[21]

~

»»»

Haussen steigen den Anlegern laut Munger zu Kopf: „Wenn man als Ente im Teich sitzt und ein Regenschauer lässt das Wasser steigen, steigt man in der Welt auf. Aber man denkt, das wäre man selbst und nicht der Teich."[22]

Munger ist sich auch für Albernheiten nicht zu schade. Auf die Frage, ob er Klavier spielen könne: „Ich weiß nicht. Ich habe es noch nie probiert."[23]

Munger sagt, er und Buffett würden so ähnlich denken, dass es schon unheimlich wäre.[24] Manche Unterschiede zwischen ihnen sind allerdings frappierend: „Mir hat im Leben noch niemand Bescheidenheit vorgeworfen. Bescheidenheit ist zwar eine Eigenschaft, die ich bewundere, aber ich glaube, ich habe meinen Teil davon nicht abbekommen."[25]

——— ÜBER DIE FAMILIE ———

VERWÖHNE DEINE KINDER NICHT

Zunächst einmal eine Klarstellung – Warren Buffett und der Musiker Jimmy Buffett, der durch „Margaritaville" berühmt wurde, sind wahrscheinlich nicht miteinander verwandt. Wenn es eine Blutsverwandtschaft gibt, ist sie so tief in der Abstammungslinie vergraben, dass niemand sie findet. Aber eine Verbindung gibt es – Jimmy ist Berkshire-Anleger.

~

Eine der großen Veränderungen in Buffetts Leben im letzten Jahrzehnt fand in seiner Familie statt. Seine Frau Susie kämpfte gegen Mundkrebs und starb dann plötzlich an einem Herzinfarkt. Zwei Jahre später heirateten Buffett und seine Lebensgefährtin Astrid Menks. Auf scheinbar natürliche Weise hat auch jedes seiner Kinder nach und nach seine Rolle auf dieser Welt definiert und gefestigt. Es gibt jetzt ein klareres Bild davon, wie die Buffett-Nachkommen ihr Leben führen, in Anbetracht dessen, dass sie zu den privilegiertesten Menschen der Welt gehören. Man kann die jüngeren Buffetts zwar nicht in ein einfachen Begriffen zutreffend beschreiben, aber ich werde es versuchen. Suzie lässt die Herdfeuer Nebraskas brennen, Howard ist der finanzwirtschaftlich konservative internationale Umweltaktivist und Berkshire-Thronanwärter und Peter ist der musikalische, kreative Träumer.

~

Munger erklärt Buffetts Einstellung zur Familie: „Warren ist zu seiner Familie genauso hart wie zu seinen Angestellten. Er glaubt nicht, dass man jemandem, den man liebt, etwas Gutes tut, wenn man ihm etwas gibt, das ihm nicht zusteht. Das gehört zu Buffetts Persönlichkeit."[1]

> „Unsere Kinder sind großartig. Aber ich würde behaupten, wenn die Kinder sowieso alle Vorteile haben, in der Art wie sie aufwachsen und in den Chancen auf Bildung, einschließlich dessen, was sie zu Hause lernen, dass es weder richtig noch rational ist, sie mit Geld zu überschwemmen. Dynastischer Megareichtum würde das Spielfeld, das wir eigentlich versuchen sollten auszugleichen, noch weiter kippen."[2]

Buffett bezeichnet ererbtes Vermögen als die „Essensmarken der Reichen".

> „Die ganzen Leute, die meinen, Essensmarken würden schwächen und zu einem Armutszyklus führen, das sind genau die gleichen, die hingehen und ihren Kindern tonnenweise Geld hinterlassen wollen."[3]

Sein ältester Sohn Howard erklärte einmal: „Hören Sie, falls irgendjemand meinen Vater nicht für schlau hält: Sobald er uns Taschengeld gab, stellte er einen Spielautomaten auf den Dachboden; wir gingen hinauf und er gewann jeden Cent Taschengeld zurück. Ich habe es in zehn Jahren nicht geschafft, diese drei Melonen in eine Reihe zu kriegen."[4]

Gerüchte, Buffett habe seine Kinder aus dem Testament gestrichen, sind nicht korrekt:

> *„Sie bekommen die ganze Zeit Geschenke, aber sie werden nicht das Leben der Superreichen haben. Ich glaube, wahrscheinlich finden sie es ziemlich gut, wie sie aufgewachsen sind. Sie funktionieren alle gut und sie sind alle so unabhängig, dass sie sich nicht verpflichtet fühlen, in irgendeiner Weise einen Kotau vor mir zu machen."*[5]

Mary Buffett erzählte in ihrem Buch *Buffettology* (Ueberreuter 2002), dass Warren am Weihnachtsmorgen Aktien für 10.000 Dollar von Unternehmen, die er für vielversprechend hielt, in die Socken stopfte. Vater Buffett drängte die Familie, die Aktien klug für den Aufbau ihrer eigenen Investmentportfolios einzusetzen.

Nachdem er einer Gruppe von College-Studenten seine Familienphilosophie erklärt hatte, sagte Buffett zum Schluss:

> *„Meine Kinder kommen gern nächste Woche und führen den Gegenbeweis."*[6]

Suzie Buffett hatte darauf eine Antwort: „In Wirklichkeit wäre es Irrsinn, uns so viel Geld zu überlassen. Das wäre es wirklich."[7]

Buffett glaubt, dass seine Erziehungsmethoden gute Ergebnisse gebracht haben:

> *„Sie gehen alle ihren eigenen Weg und erreichen viel. Sie sind produktiv und sie erwarten nicht, einfach Kinder eines reichen Typen zu sein."*[8]

Als Buffetts Sohn Howard in Omaha als County Commissioner [Landrat] kandidierte, nahmen die Wähler aufgrund seines Nachnamens fälschlicherweise an, sein Wahlkampf wäre gut finanziert. Doch das Gegenteil war der Fall. Buffett dazu:

„Ich sagte ihm, er solle seinen Namen in Kleinbuchstaben schreiben, damit jedem klar ist, dass er der Buffett ohne Kapital ist."[9]

ANMERKUNG: Howard wurde gewählt und war von 1989 bis 1992 Douglas County Commissioner.

Warren Buffett gab Howard eine Chance, indem er ihm nach dem Abbruch der University of California-Irvine eine Stelle bei See's Candy verschaffte. Dort lernte Howie seine spätere Frau Devon kennen.

~

Folgende Kleinigkeit stand in einem Interview des *Outstanding Investor Digest* mit Buffetts Freund, dem Superanleger Walter Schloss:
„Wir wissen, dass Peter Kiewit ... einen Vater hatte, mit den gleichen Ansichten wie Buffett über die Übel ererbten Wohlstands", sagte der Interviewer.
„So weit wir uns erinnern, erhielt Peter Kiewit Jr. zu seiner Überraschung ein paar Jahre nach dem Tod seines Vaters aus heiterem Himmel ein verspätetes Erbe von ein paar Millionen Dollar. Im Vergleich zu dem, was sein Vater aufgebaut hatte und zu dem Erfolg, den er selbst erreicht hatte, waren das zwar Peanuts, aber er sagte, es wäre ihm vorgekommen, als hätte ihm sein Vater aus dem Grab Anerkennung gezollt."[10]

ANMERKUNG: Bis zu seinem Tod war Peter Kiewit der reichste und prominenteste Bürger von Omaha. Buffetts Büros sind im Kiewit Plaza.

Es ist sehr wahrscheinlich, dass Buffetts Kinder eines Tages auch etwas von ihrem Vater erben, denn seine privaten Anlagen außerhalb von Berkshire Hathaway haben sich angesammelt, auch wenn Buffetts wahres Vermögen nicht öffentlich bekannt ist.

> *„[D]amals, als ich Berkshire kaufte, hatte ich nebenher weniger als eine Million Dollar Bargeld. Nun ja, ich habe mit dem Geld in den Jahren danach ein paar ordentliche Investments getätigt – Positionen eingenommen, die für Berkshire zu klein waren, ein paar festverzinsliche Arbitragegeschäfte getätigt und meine Beteiligung an einer Bank, die aus Berkshire ausgegliedert wurde, verkauft."* [11]

DIE BUFFETT-KINDER

SUSAN A. BUFFETT (LITTLE SUZIE)

Suzie Junior war in vielerlei Hinsicht ein typisches Kind: „Als ich klein war, wiegte mich Papa jeden Abend in den Schlaf und sang ,Somewhere over the Rainbow'." [12] Sie ahnte wohl kaum, dass am Ende des Regenbogens ein echter Topf voller Gold stand.

Ihr war gewiss nicht klar, dass sie einen ungewöhnlichen Vater hatte: „Jahrelang wusste ich nicht einmal, was er arbeitete. In der Schule wurde ich gefragt, was er macht, und ich sagte, er ist *Security Analyst* [Wertpapieranalyst], und die dachten dann, er würde Alarmanlagen überprüfen." [13]

Laut Suzie blieb Buffett auch ein ganz normaler Mensch, nachdem er berühmt geworden war. „Meinen Dad macht es glücklich, zu Hause zu sein, zu lesen, Bridge zu spielen und mit uns zu reden. Er ist so normal wie man nur sein kann." [14]

Was seine Einstellung zur Geldanlage angeht: „Für ihn ist das Ganze ein großes Spiel. Die Dollar sind das Siegeszeichen. Er gibt überhaupt nichts aus. Er fährt sein Auto und trägt seine Kleider, bis sie auseinanderfallen." [15]

Suzie – 54 Jahre alt und geschiedene Mutter von zwei erwachsenen Kindern – wohnt in Omaha nur ein paar Blocks von ihrem Vater entfernt. Gewöhnlich wird sie zwar als Hausfrau beschrieben, aber sie hatte schon mit diversen kleinen Unternehmen zu tun, unter anderem mit einer Strickboutique und einer Organisation, die Bekleidung mit dem Berkshire-Logo herstellt. Sie näht, steppt und strickt gern. Sie hilft ihrem Vater oft bei Unternehmensveranstaltungen und begleitet ihn auf seinen Reisen. Trotzdem stellt sich Suzie, wenn sie in das Schmuckgeschäft Borsheim's geht, um etwas umzutauschen, in die Schlange wie alle anderen Kunden auch. So ist das eben in der Familie Buffett.

Jahrelang hat sich Suzie über den falschen Eindruck geärgert, den die Menschen von ihrem Privatvermögen hatten, vor allem wenn sie um Spenden für gute Zwecke gebeten wurde. „Die begreifen nicht, dass mein Vater einen Scheck über 20 Dollar, den ich ausstelle, auch wirklich einlöst. Wenn ich jetzt 2.000 Dollar hätte, würde ich meine Kreditkartenrechnung bezahlen."[16]

Diese Situation änderte sich nach und nach, zunächst als Buffett den Sherwood Trust einrichtete (nach Robin Hoods Wald Sherwood Forest benannt) und dort 500.000 Dollar hinterlegte, damit seine Kinder und seine Lebensgefährtin Astrid Menks selbst spenden konnten, ohne bei ihm nachzufragen. Schließlich richteten Warren und seine mittlerweile verstorbene Frau gemeinnützige Treuhandfonds für alle Kinder ein. Im Jahr 2006 vergrößerte Buffett die Stiftungen der Kinder sogar noch.

Als er den Fonds vergrößerte, schrieb der Vater an Suzie:

> *„Ich bin enorm stolz darauf, wie du die Mittel der Stiftung verwaltet hast, die Mama und ich für dich eingerichtet haben. Dein Denken ist richtig und deine Handlungen bewirken, dass denen, die weniger Glück hatten als unsere Familie, geholfen wird."*[17]

Im Vergleich zu der Gates Foundation ist Suzies Stiftung bescheiden. Die Susan A. Buffett Foundation hatte im Jahr 2006 ein Vermögen von 118 Millionen Dollar. Irgendwann wird das Treuhandvermögen weitere 50 Millionen Dollar aus dem Nachlass von Susie Senior bekommen. Dann hat Warren dem Treuhandfonds jedes Kindes 330.000 B-Aktien von Berkshire Hathaway gespendet. Bei dem Aktienpreis im Juni 2006 von 3.047 Dollar bedeutet dies, dass Suzie am Ende mehr als 1,5 Milliarden Dollar zu vergeben hat.

Als Buffett die Spenden an seine Kinder machte, erinnerte er sich an die Geschichte, wie Ted Turner zitterte, als er einen großen Teil seines Vermögens den Vereinten Nationen vermachte. Buffett sagte, er habe keine derartigen Probleme gehabt, als er Geld in die Stiftungen seiner Kinder steckte.

„Unterschreiben ist einfach. Ich unterschrieb einfach mit ‚Dad'."

Buffett war froh, dass er seinen Kindern die Entscheidung überließ, was sie mit ihrem Geld machen wollten:

„Ich glaube, ihr Urteilsvermögen über der Erde wird viel besser sein als meins zwei Meter unter der Erde." [18]

Wie wird Suzie das Geschenk einsetzen? Höchstwahrscheinlich wird sie die ehrenamtlichen Tätigkeiten fortsetzen, die sie schon immer macht. Suzie war maßgeblich am Aufbau des Rose Blumkin Theaters in der Innenstadt von Omaha beteiligt. Wie ihre Eltern unterstützt sie Organisationen für selbstbestimmte Fortpflanzung und Familienplanung wie zum Beispiel Planned Parenthood of Nebraska-Council Bluffs. Sie gehört dem Vorstand von Girls Inc. an. Ihre Aufmerksamkeit konzentriert sie hauptsächlich auf Nebraska: So finanzierte sie Deckenreparaturen im Kindergarten St. Cecilia, der

Christian Urban Education und der Countryside Community Church, die Special Olympics und Pflegeunterbringungen.

HOWARD GRAHAM BUFFETT

Buffets erster Sohn ist nach zwei wichtigen Vorbildern in Buffets Leben benannt: nach seinem Vater Howard und nach seinem Lehrer und Mentor Benjamin Graham. Howards Name signalisiert nicht nur die Zuneigung und die Wertschätzung, die Buffett für die beiden bemerkenswerten Männer empfand, sondern er bedeutet auch hohe Erwartungen.

Obwohl Howard ebenso wie sein Bruder und seine Schwester das College abgebrochen hat, kommt er einem Nachfolger Warrens noch am nächsten. Er ist der Mann, auf den die Aktionäre blicken. Howard ist das einzige der Berkshire-Kinder, das im Vorstand von Berkshire sitzt, und was noch wichtiger ist, er wurde als Vorsitzender von Berkshire für den Fall designiert, dass Warren diese Funktion nicht mehr ausüben kann. Howard hat sich eindeutig auf den Tag vorbereitet, an dem er die Fahne seines Vaters hochhält. Er war Vizepräsident und Assistent des Vorsitzenden von ConAgra Foods und gehört jetzt dem Vorstand von ConAgra an. Früher saß er im Vorstand von Archer Daniels Midland (ADM) und verließ es nach einem Preisabspracheskandal, mit dem er nichts zu tun hatte. Derzeit ist er Vorsitzender der Lindsay Manufacturing Co., eines Unternehmens mit Sitz in Omaha, das landwirtschaftliche Bewässerungssysteme, Regler und sonstige Ausrüstung herstellt. Eine Weile ersetzte er seinen Vater im Vorstand von Coca-Cola Enterprises Inc., eines Unternehmens, an dem Berkshire eine große quasipermanente Beteiligung besitzt. Inzwischen hat Howard den Vorstand von Coca-Cola wieder verlassen.

Als echter Mittelwestler wohnt Howard mit seiner Frau Devon und seinen fünf Kindern auf einer rund 350 Hektar großen Mais- und

Sojabohnenfarm in der Nähe von Decatur, Illinois. Über Howie Buffetts Behauptung, er sei Republikaner, können manche Konservative nur laut lachen. „Howard Buffett soll angeblich Republikaner sein, aber es sieht nicht so aus, als würde seine eigene Howard G. Buffett Foundation irgendwelche republikanischen oder konservativen Angelegenheiten finanzieren."[19]

Die meisten von Howards gemeinnützigen Spenden sind für die Umwelt. Wenn Howard über Naturschutz und Wildtiere spricht, wird er lebendig. Seine Naturfotografien sind schon in *National Geographic* erschienen und er hat ein halbes Dutzend Fotobände veröffentlicht. Er half beim Aufbau des Nature Conservation Trust mit Sitz in Südafrika und er sitzt im Vorstand des Cougar Fonds, der Berglöwen in den Vereinigten Staaten schützt. Howard konzentriert sich jedoch mehr auf internationale als auf heimische Projekte. Beispielsweise geht der mit 25.000 Dollar dotierte *National Geographic*-Buffett-Preis an jemanden, der das Verständnis und die Praxis des Naturschutzes im südlichen Afrika und in Ostafrika gefördert hat. Die Howard Buffett Foundation wurde im Jahr 1999 gegründet und hatte zu der Zeit, als sein Vater im Jahr 2006 mehr als eine Milliarde Dollar zusätzlich zusagte, ein Vermögen von 130 Millionen Dollar. Die Abwicklung des Fonds seiner Mutter wird die Stiftung noch weiter vergrößern. Im Jahr 2005 verteilte Howard sechs Millionen Dollar an wohltätige Organisationen und dieser Betrag könnte auf mehr als 55 Millionen Dollar jährliche Spenden explodieren.

Früher galt seine Leidenschaft der Rettung wilder Tiere wie Geparden, Weißkopfseeadler, afrikanischer Gorillas und chinesischer Pandas, aber das verschiebt sich. Seine Aufmerksamkeit wendet sich mehr der Schleusungskriminalität und den Menschen in Gebieten zu, in denen Pflanzen, Tiere und die Umwelt schwer belastet sind, einschließlich der Grenze zwischen den Vereinigten Staaten und Mexiko und der afrikanischen Region Darfur: „Ich habe schließlich erkannt, dass man im Naturschutz nichts erreichen kann, wenn man sich nicht zuerst um die Probleme der Menschen kümmert", erklärte Howard dazu. „Ein Freund von mir hat einmal gesagt: ‚Man bringt niemand dazu, für die Rettung eines Baums zu verhungern.'"[20]

PETER BUFFETT

Das jüngste und coolste der Buffett-Kinder, der 49-jährige Peter, hat das musikalische Talent seiner Mutter geerbt und weiter ausgebaut. Er ist Keyboarder und Komponist von New-Age-Musik, vor allem Filmmusiken und Werbemusik. Er produziert im Auftrag von Narada, Epic und Hollywood Records Musik, die man am besten mit energetisch, fließend und vorwärtstreibend beschreiben kann. Es wurde schon gesagt, sie habe katzenartige Eigenschaften, und Peter räumt ein, dass eine Katze durch das Studio streunt, wenn er komponiert. Er hat das Feuerlied von *Der mit dem Wolf tanzt* und Songs für *Der scharlachrote Buchstabe* geschrieben. Seine Produktion *Spirit*, die von indianischer Musik und indianischem Tanz inspiriert ist und die unter anderem von indianischen Künstlern ausgeführt wurde, wurde zu einem Spendenaufruf im Fernsehen gesendet und bei der Eröffnung des Smithsonian's Native American Museum in Washington, D.C., gespielt.

Er und seine zweite Frau Jennifer wohnten bis 2005 in Milwaukee und zogen dann nach New York. Peters erste Frau Mary hat als Koautorin (mit David Clark) die Bücher *Buffettology* (Ueberreuter 2002) und *Das Tao des Warren Buffett* (Börsenmedien 2008) geschrieben, die auf Anlagetipps basieren, die sie als Mitglied der Familie Buffett aufgeschnappt hat.

Peter begann seine wohltätigen Aktivitäten mit der Spirit Foundation, die er später in NoVo umbenannte, das lateinische Wort für „verändern, auffrischen, erfinden".

Ebenso wie die anderen Buffett-Stiftungen bekommt auch Peters NoVo 50 Millionen Dollar aus dem Nachlass seiner Mutter. Mit der 2006 versprochenen Milliarde seines Vaters könnten sich Peters Spenden fast verdoppeln, auch wenn es 20 Jahre dauern wird, bis die Stiftung das ganze Geld bekommt.

Warrens Spenden sind zwar für wohltätige Zwecke gedacht, aber Peter und Jennifer arbeiten jeweils 30 Stunden pro Woche für NoVo und bekommen dafür ein Jahresgehalt von je 40.000 Dollar. Trotz dieser Gehälter beliefen sich die Verwaltungsausgaben von NoVo im Jahr 2005 auf nur 308.498 Dollar, was für eine Stiftung dieser Größe relativ wenig ist.

Im Jahr 2006 spendeten Peter und Jennifer 10,7 Millionen Dollar an 88 verschiedene Organisationen mit dem Schwerpunkt amerikanische Ureinwohner. Eine kleine Spende verhalf einem kanadischen Indianerstamm wieder zu seinem Totempfahl, der nach Schweden geraten war. Die Stiftungen von Peter und Howard tun sich jedes Jahr zusammen, um einem verdienstvollen amerikanischen Ureinwohner den mit 25.000 Dollar dotierten Buffett Award for Indigenous Leadership zu verleihen. In der Region Milwaukee – Jennifer (Heils) stammt aus einer alten Industriellenfamilie dort – konzentriert sich das Paar auf Kinderpflegeheime, Früherziehung und Zugang zu Familienplanung für Menschen mit niedrigem Einkommen. Ebenso wie die Arbeit anderer Treuhandfonds der Buffett-Familie gefällt auch die Arbeit von NoVo nicht jedem. NoVo geriet von konservativer Seite schwer unter Beschuss, da er zur Finanzierung des Rainforest Action Networks beitrug, einer Organisation, die unter anderem Druck auf Home Depot ausübte, damit es keine Produkte mehr verkaufte, die aus Holz aus gefährdeten Wäldern bestanden.

WAS ANDERE MENSCHEN ÜBER WARREN BUFFETT SAGEN

GOUVERNEUR ARNOLD SCHWARZENEGGER

„Warren geht mit gesundem Menschenverstand und mit unerreichter Integrität an geschäftliche Dinge heran. Auf diese Art will ich auch an das Gouverneursamt herangehen. Warren sagt immer, wie es wirklich ist."[21]

„DOC" WILLIAM ANGLE

Doc Angle war einer der ersten „Buffett-Millionäre" in Omaha. Als früher Anleger platzierte er in den 1950er-Jahren gut 10.000 Dollar bei Buffett. Bis Anfang der 1990er-Jahre war diese Anlage auf mehr als 100 Millionen Dollar angewachsen. Angle ist vor ein paar Jahren gestorben, aber seine Familie besitzt immer noch Aktien.

„Warren mag locker erscheinen, aber nichts ärgert ihn mehr als Geld zu verlieren – er liebt es zu gewinnen. Er liebt das Spiel. Das Ziel ist immer das Geld – nicht das Ausgeben natürlich, sondern das Anhäufen."[27]

WALTER SCHLOSS

Buffett lernte Walter Schloss kennen, als sie beide an der Columbia University studierten. Später arbeiteten sie beide bei Graham-Newman Co. Dann kündigte Schloss und gründete seine eigene Investmentfirma. Buffett bezeichnete ihn als „Super-Investor aus Graham & Doddsville". Schloss erinnerte sich an den jungen Buffett:

>>>

„Einer der Gründe, weshalb Warren so eine attraktive Persönlichkeit ist, besteht darin, dass er einen so großartigen Sinn für Humor hat und so viele fantastische Geschichten kennt. Allerdings war er offensichtlich schüchtern, als er jung war, und wollte das überwinden. Deshalb machte er den Dale-Carnegie-Kurs …

Ich habe ihn 1961 oder 1962 in Omaha gesehen, als er sich vor den Rotary Club hinstellte und eine brillante Rede hielt, die in der Bitte um Geld gipfelte. Er war der jüngste Anwesende und es was sehr, sehr lustig. Ich wünschte, ich hätte ein Tonbandgerät dabeigehabt. Das war toll."[23]

Was den hohen Preis der Aktie von Berkshire Hathaway angeht, sagt Schloss, dass es viel schlauer ist, die Anzahl der umlaufenden Berkshire-Aktien mit dem Aktienkurs zu multiplizieren und das dann mit anderen Unternehmen zu vergleichen, die im Hinblick auf Umsatz und Vermögen eine ähnliche Größe haben.

„Die Menschen berücksichtigen nicht den Marktwert von Unternehmen, die sie kaufen. Sie schauen auf den Preis pro Aktie anstatt auf den Wert des Unternehmens."[24]

PHIL CARRET

Carret war einer der erfolgreichsten langfristigen Anleger, die John Train in *Die Formel der Erfolgreichsten 2* beschrieben hat. Bis kurz vor seinem Tod verpasste Carret nur selten eine Hauptversammlung von Berkshire. Über Buffett sagte er:

„Er ist ein Freund von mir. Er ist schlauer als ich. Das hat er bei General Foods bewiesen. Das war ein plumpes Unternehmen, vor allem Kaffee. Als Berkshire Hathaway die Aktie kaufte,

›››

sagte ich mir: ‚So, diesmal hat Warren einen Fehler gemacht.' Als ich die Transaktion bemerkte, stand die Aktie bei 60 Dollar. Sie stieg innerhalb von Monaten auf 120 Dollar ... ha ha! [Carret lachte tief und kehlig, wenn er solche Geschichten erzählte. Besonders genoss er Erzählungen über gängige Meinungen, die völlig irrig sind.]"[25] Carrets Buch *Die Kunst des Spekulierens* (Barron's 1927, FinanzBuch 1998) gilt als Klassiker.

BILL GATES, DER WELTGRÖSSTE UNTERNEHMER

Gates' Mutter lud ihn zu einem ganztägigen Picknick ein, bei dem sie ihren Sohn mit Warren Buffett bekanntmachen wollte, der mit ihm um den Platz als reichster Mensch der Vereinigten Staaten rivalisierte. Gates sperrte sich dagegen, denn er glaubte, er hätte nicht viel mit einem Mann zu reden, der den ganzen Tag nichts anderes tat, als zu investieren. Doch dann beschloss er hinzugehen, als er hörte, dass auch Katharine Graham da sein würde, die ehemalige Herausgeberin der *Washington Post*.

Als Gates und Buffett zusammentrafen, kamen sie ins Gespräch und wurden bald gute Freunde. Buffett war bei Gates' Hochzeit auf Hawaii; später gingen Warren und Susan Buffett mit Gates auf eine China-Rundreise. Gates bezeichnet ihre Gespräche zwar als „offen und überhaupt nicht auf Gegensätzen beruhend", aber sie „duellieren sich gelegentlich" in mathematischen Dingen.

Gates sagt, dass Buffett ihn einmal zu einem Würfelspiel mit vier ungewöhnlichen Würfeln aufforderte, die Kombinationen der Zahlen von 0 bis 12 trugen. Buffett schlug vor, dass sich jeder einen Würfel aussuchen solle, die beiden anderen

›››

würden sie beiseite legen. Dann würden sie darum spielen, wer am häufigsten die höchste Zahl würfle. Buffett sagte, Gates dürfe seinen Würfel zuerst aussuchen. Dieser Vorschlag weckte sofort Gates' Neugier. Er bat darum, die Würfel untersuchen zu dürfen, dann verlangte er, dass Buffett zuerst wählte.

„Es war nicht sofort offensichtlich, dass die Würfel aufgrund der schlauen Auswahl der Zahlen nicht transitiv waren", so Gates. „Das mathematische Prinzip der Transitivität – wenn A besser als B und B besser als C, dann A besser als C – galt hier nicht. Wenn man öfter würfelte, konnte jeder der vier Würfel von einem der anderen geschlagen werden: Würfel A war im Schnitt bei 11 von 17 Würfen besser als Würfel B – das sind fast zwei Drittel der Fälle. Würfel B schlug Würfel C mit der gleichen Häufigkeit. Ebenso übertraf Würfel C Würfel D in 11/17 der Fälle. Und so unwahrscheinlich das klingt, Würfel D schlug genauso oft Würfel A."[26]

JOHN TRAIN, AUTOR VON
DIE FORMEL DER ERFOLGREICHSTEN 2

Train über Buffett: „Beruflich gesehen ist er ein Geier, aber er gehört zur fröhlichen Sorte Geier."[27]

JACK BYRNE,
EHEMALIGER VORSITZENDER DER GEICO

Byrne und eine Gruppe Golfkumpanen boten Buffett bei einem Ausflug in Pebble Beach, Kalifornien, zum Spaß eine Wette an: 10 Dollar von ihm gegen 20.000 Dollar von ihnen, dass er in den nächsten drei Tagen keinen Ball mit dem ersten Schlag ins Loch befördern würde. Alle machten bei der Wette mit, außer Buffett.

›››

„Nun, wir schimpften mit ihm und wir bettelten – denn schließlich waren es ja nur zehn Dollar", erzählt Byrne, „aber er sagte, er habe darüber nachgedacht und entschieden, dass die Wette für ihn nicht gut sei. Er sagte, wenn man sich erlaube, in kleinen Dingen undiszipliniert zu sein, sei man wahrscheinlich auch in großen Dingen undiszipliniert."[28]

LALLY WEYMOUTH, SCHRIFTSTELLERIN
(UND TOCHTER VON KATHARINE GRAHAM)

„Ich glaube, sein Erfolgsgeheimnis ist seine unverminderte Neugier."[29]

CHUCK HUGGINS,
CHEF VON SEE'S CANDY

„Wenn ich mit ihm spreche, ist er immer gut gelaunt, immer positiv."[30]

DENNIS ECKART,
KONGRESSABGEORDNETER AUS OHIO

Bei einer Anhörung des Kongresses im Jahr 1991 über den Zwischenfall mit dem Staatsanleihenhandel von Salomon zollte Eckart Buffett dafür Beifall, dass er Verantwortung übernahm: „Gordon Gekko und Sherman McCoy sind an der Wall Street gesund und munter.

Gehen Sie dorthin, Herr Buffett, und treten Sie ein paar Leuten in den Hintern."[31]

›››

IRVING KAHN,
ANLAGEVERWALTER AUS NEW YORK

Kahn war an der Columbia University viele Jahre lang Ben Grahams Lehrassistent. Dort lernte er Buffett kennen. „Er war weitgehend so wie heute, allerdings war er auch ein dreister, frecher junger Mann – er war immer mit sich selbst beschäftigt.

Er hat eine ungeheure Energie. Er konnte einen erschöpfen, wenn er auf einen einredete. Er war sehr ehrgeizig, was das Geldverdienen angeht."[32]

SWOOZIE KURTZ, SCHAUSPIELERIN
(UND ENTFERNTE VERWANDTE UND FREUNDIN)

„Die Menschen halten Warren immer noch für den Hinterwäldler aus Omaha. Er lässt sie gern in dem Glauben. Nichts könnte jedoch weiter von der Wahrheit entfernt sein. Er ist ein enorm raffinierter Mensch."[33]

ANTHONY ABBOTT,
BESITZER DES FRENCH CAFÉ IN OMAHA

Vielleicht, deutet Abbott an, bekommen wir den Warren Buffett, den wir verlangen: „Warren ist ein Held und die Menschen wollen, dass ihre Mythen sauber und einfach sind. Natürlich ist nichts davon unkompliziert."[34]

BESPRICH DIE DINGE MIT DEINER FRAU

Buffett, der zärtlich über seine verstorbene Frau spricht, beschrieb Susan T. Buffett einmal so: „Sie stromert sozusagen herum. Sie ist ein Freigeist."[35]

Obwohl Warren und Susie seit 1977 getrennt lebten, als sie nach San Francisco zog, ließen sie sich nie scheiden. Sie reisten häufig und waren bei familiären Anlässen zusammen. Susie gehörte zum Vorstand von Berkshire Hathaway und hielt persönlich 2,2 Prozent des Unternehmens beziehungsweise Aktien im Wert von drei Milliarden Dollar.

Im Jahr 2003 wurde bei Susie Mundkrebs diagnostiziert und operativ sowie mit Bestrahlungen behandelt. Am 29. Juli 2004 erlitt Susie einen Schlaganfall, als sie und Warren Freunde in Cody im Bundesstaat Wyoming besuchten. Warren war bei ihr im Krankenhaus, als sie starb.

Susies Tod änderte für Buffett alles. Er schien zu begreifen, dass alles flüchtig ist, sogar er selbst. Er begann damals einen Wandlungsprozess, der sein tägliches Leben, sein Arbeitsleben und sein Leben nach dem Tod veränderte.

~

Etwa zu der Zeit, als ihr jüngstes Kind die Highschool abschloss, begann Susie Buffett eine Karriere als Nachtclubsängerin. Einem Reporter sagte sie: „Ich bin wirklich stolz auf mich, denn bei nichts, was ich versuchen könnte, wäre ich verwundbarer als beim Singen. Nichts. Ich bin so stolz, dass ich das gemacht habe. Ich kann es nicht glauben, dass ich es gemacht habe."[36]

Susie sagte, ihr Mann habe sie dazu ermuntert: „Das war Warren. Er ist derjenige welcher. Er wusste es. Er sagte zu mir: ‚Susie, du bist wie jemand, der nach 23 Jahren arbeitslos geworden ist. Was hast du denn jetzt vor?' Er wusste, dass ich singen wollte, aber ich hatte tödliche Angst davor."[37]

Was war Buffetts Motiv? „Warren versteht mich. Er will, dass ich lebendig bleibe. Wenn man jemanden liebt, ist das so."[38]

Eine Freundin der Familie, Eunice Denenberg, sah Susie Buffett so: „Susie gehört zu diesen altmodischen *guten* Menschen, von denen viele Leute heute meinen, es gäbe sie gar nicht. Deshalb schreiben sie einen Teil ihres eigenen niedrigeren Verhaltens ihr zu, weil sie das stört."[39]

Es geht die Geschichte um, dass Warren so traurig war, als Susie Omaha verlies, dass sie sich bei ihrer Freundin Astrid Menks meldete und sie bat, ihm Suppe oder so etwas zu kochen und ihn aufzumuntern. Die attraktive blonde Astrid wurde bald Warrens Lebensgefährtin und Haushälterin. Sie lebten 25 Jahre zusammen und heirateten zweieinhalb Jahre nach Susies Tod. Buffett hatte immer gesagt, nach seinem Hinscheiden würde sein Vermögen an die Buffett Foundation gehen, von der er erwartete, dass Susie sie leiten würde. Nach ihrem Tod kam er auf eine bessere Idee, die für die Welt vollkommen überraschend kam. Ihr zu Ehren benannte er die Stiftung in Susan T. Buffett Foundation um und vermachte ihr rund drei Milliarden Dollar in Form von B-Aktien von Berkshire Hathaway. Die Stiftung bekommt so lange fünf Prozent der Aktien, bis sie weg sind. Auch den Stiftungen seiner Kinder gab Buffett etwas Geld, aber den größten Anteil vermachte er der Bill and Melinda Gates Foundation, die er dadurch zu der größten und einflussreichsten Wohltätigkeitsorganisation der Welt machte. (Mehr über seine Spenden können Sie auf den folgenden Seiten lesen.)

Inzwischen betrauerte die Welt zusammen mit Warren den Verlust seiner Frau, von der viele seit einem Interview mit Charlie Rose, das im öffentlichen Fernsehen gesendet wurde, das Gefühl hatten, sie würden sie kennen. In dieser Sendung äußerte Susie eine einfache Lebensphilosophie: „Antreten, genau zuhören, sein Bestes geben und sich nicht an die Ergebnisse klammern."

Susan Buffett war 72 Jahre alt, als sie starb, und sie war die siebzehntreichste Frau der Welt.[40] Sie hinterließ ein Vermögen von schätzungsweise 2,6 Milliarden Dollar. Der Rocksänger Bono sang bei ihrer Beerdigung „Forever Young" und „All I Want Is You". Bono hatte Susie durch ihre wohltätige Arbeit kennengelernt. Er dankte ihr im Booklet seiner im Jahr 2004 erschienenen CD *How to Dismantle an Atomic Bomb.*

ASTRID MENKS, BUFFETTS ZWEITE FRAU

Weder Astrid Menks noch Buffett sprachen viel über ihre Beziehung, auch wenn Buffett zugibt, dass das Dreiecksverhältnis mit seiner Ehefrau Susan ungewöhnlich war. „Wenn Sie alle gut kennen würden, dann könnten Sie das sehr gut verstehen",[41] so Buffett.

Als Menks noch Buffetts Haushälterin war, sagte sie: „Ich habe die beste aller Welten und ich würde nichts ändern."

Einem Reporter, der sie heruntermachen wollte, indem er sie als „frühere Bedienung" oder „Restauranttischdame" bezeichnete, soll sie geantwortet haben: „Schauen Sie, ich möchte mit solchen Frauen nicht in einen Topf geworfen werden. Ich bin seit 13 Jahren [seit 1978] mit Warren zusammen. Ich bin kein Betthäschen und ich bin kein Hohlkopf."[42]

ANMERKUNG: An der Korrektheit dieses Zitats gibt es gewisse Zweifel. Menks wurde offenbar von einem Reporter zu einer Antwort verleitet und die nachfolgende Story spiegelte nicht ihre

>>>

Meinung wider. Sie sagt vielmehr, dass sie Bedienungen genauso achtet wie jede andere Frau, die sich ihren Lebensunterhalt verdient.

~

Am Nachmittag des 30. August 2006 – an Warrens 76. Geburtstag – waren einige von Buffetts Kollegen überrascht über eine E-Mail, die sie von ihm bekamen. Diese informierte sie, dass er bis zum Spätnachmittag im Büro sein würde. Um 18 Uhr würde er Astrid Menks heiraten, aber am nächsten Tag würde er zur üblichen Zeit in der Arbeit sein.

Die 15-minütige Hochzeitszeremonie war schlicht. Sie fand im Haus von Warrens Tochter statt und wurde von einem ortsansässigen Richter durchgeführt. Der Ring war höchstwahrscheinlich nicht so schlicht. Warren hatte ihn mithilfe seiner Tochter Suzie bei Borsheim's Fine Jewelry (im Besitz von Berkshire) ausgesucht. Das ist das gleiche Geschäft, in dem Bill Gates Melindas Ring gekauft hat.

Als die 20-jährige Beziehung zwischen Warren und Astrid legalisiert war, feierte die Hochzeitsgesellschaft mit einem Essen im Bonefish Grill in Omaha.

DIE UMSTRITTENE
SUSAN T. BUFFETT FOUNDATION

Jedes Jahr laufen anlässlich der Hauptversammlung von Berkshire Hathaway vor dem Versammlungsort und später vor Gorat's Steak House Demonstranten mit Transparenten auf und ab, auf denen abgetriebene Feten zu sehen sind und auf denen die Buffetts als Mörder verschrien werden, weil sie sich so engagiert für Fortpflanzungs- und Bevölkerungsfragen einsetzen.

Die Susan T. Buffett (STB) Foundation half angeblich dem Center for Reproductive Rights bei der Finanzierung des Kampfes gegen Nebraskas Verbot der sogenannten „partial birth" abortion [Abtreibung bei fortgeschrittener Schwangerschaft]. Die Kampagne hatte im Jahr 2001 Erfolg. Die Stiftung half außerdem bei der Finanzierung der „Pille danach" RU-486 und stellte Mittel für die Planned Parenthood Federation of America, das Population Council, die Catholics for a Free Choice und die National Campaign to Prevent Teen Pregnancy zur Verfügung.

Die Susan T. Buffett Foundation gab außerdem Spenden an Krankenhäuser, Universitäten, Lehrer und für Studenten-Stipendien. Dazu gehören jeweils zehn Millionen Dollar für Save the Children und für Bonos Afrika-Organisation DATA. Susie spendete ihrer früheren Schule, der Omaha Central High School, fünf Millionen Dollar für ein neues Stadion und fünf kalifornischen Ärzten sechs Millionen Dollar für die Erforschung des Mundkrebses.

Im Jahr 2006 hatte STB ein Vermögen von 318 Millionen Dollar. Die Stiftung bekommt 2,5 Milliarden Dollar in Berkshire-Aktien

›››

aus Susies Nachlass und irgendwann drei Milliarden von Warren. Die Stiftung hat die Absicht, jedes Jahr rund 150 Millionen Dollar zu spenden. Es wird geschätzt, dass STB auf fünf Milliarden Dollar anwachsen wird, womit sie zu den 20 größten Stiftungen der Vereinigten Staaten gehört.[43]

STB wird von Allen Greenberg, dem ehemaligen Ehemann von Buffetts Tochter Suzie, geleitet. In einem Brief an den Vorstand bekräftigte Buffett nach dem Tod seiner ersten Frau seine Unterstützung für die STB Foundation. „Die Stiftung hat unter Allens Leitung unsere hohen Erwartungen übertroffen – und pro gespendetem Dollar enorme Ergebnisse erzielt."[44]

SEI NETT ZU DEINER MUTTER

Manche Autoren bezeichneten Buffetts Mutter Leila als launisch und schrieben, dass es schwierig gewesen sei, unter ihr aufzuwachsen. Buffett spricht voller Zuneigung von ihr. Er war großzügig zu der 92-jährigen Witwe und manchmal stellte er sie bei Hauptversammlungen vor. Einmal kaufte er sich einen Heimtrainer und für seine Mutter auch einen (zusammen mit einem neuen Auto):

> *„Zusammen sind wir auf diesen Maschinen 25.000 Meilen weit gefahren. Aber die ganzen Meilen stehen bei ihr drauf ... Statt eines Cadillacs hätte ich ihr ein Fahrrad kaufen sollen."*[45]

Buffetts Mutter erklärte die Sachlage genauer: „Warren hat mir zum 80. Geburtstag einen Cadillac geschenkt. Ich bin damit nur 8.000 Meilen gefahren, aber auf meinem „Exercycle" stehen 19.190 Meilen."[46]

~

Ebenso schätzt Buffett die Gaben, die er von seiner Mutter hat:

> *„Meine Gesundheit ist fantastisch. Gerade war ich seit sechs oder sieben Jahren zum ersten Mal wieder beim allgemeinen Check-up. Der Arzt fragte mich nach meiner Ernährung und sagte: ‚Sie verlassen sich eher auf Ihre Gene, oder?‘"*[47]

WAS LEILA BUFFETT ÜBER IHREN SOHN ZU SAGEN HATTE

In den ersten Jahren der Highschool war Buffett kein Spitzenschüler, auch wenn seine Mutter sagte, seine schlechten Noten wären nur vorübergehend: „Ich glaube, Warren machte damals eine Phase durch. Davor und danach hatte er immer sehr gute Noten.

Er war ein guter Junge und leicht zu erziehen. Er machte uns nie irgendwelche Sorgen. Er rauchte nie und trank nie."[48]

Auf die Frage, ob sie gewusst habe, dass ihr Sohn eines Tages ein derart großes Vermögen anhäufen würde: „Ach je, nein, ich hätte mir das nie träumen lassen. Aber Warren war schon immer von Zahlen im Zusammenhang mit Geldverdienen fasziniert."[49]

Seine Mutter schätzte Buffett mehr um seiner selbst als um seines Wohlstands willen: „Ich bin mehr stolz darauf, was für ein Mensch er geworden ist. Er ist eine wundervolle Person."[50]

›››

ANMERKUNG: Leila Buffett starb an Warrens Geburtstag, am 30. August 1996. Sie war 92 Jahre alt.

WAS DIE KRITIKER SAGEN

Trotz seines ehrlichen, aufrechten Rufs hat Buffett auch Kritiker. Das *The Wall Street Journal*[51] warf ihm vor, er nutze seinen Ruf und sein Vermögen, um sich Deals zu verschaffen, die andere Investoren nicht bekommen können: „Indem er USAir, Gillette und Salomon Hilfe gegen Übernahmeangriffe anbot, holte er exklusive und äußerst günstige Investmentgeschäfte für seine Investmentgesellschaft Berkshire Hathaway heraus, die anderen Aktionären nicht zur Verfügung standen; allein diese drei Deals beliefen sich zusammen auf 1,7 Milliarden Dollar."

Und später im gleichen Artikel: „Herr Buffett hat ‚bei den Menschen brillante Überzeugungsarbeit geleistet', dass seine Investitionen als weißer Ritter gut für Amerika sind, sagt ein bekannte „Heuschrecke". Das Urteil der Geschworenen steht jedoch noch aus, ob es klug von den Unternehmen ist, Schutzarrangements mit Buffett zu treffen."

ANMERKUNG: Buffett war später gezwungen, bei Salomon eine leitende Rolle zu übernehmen, um dem Unternehmen bei der

›››

Erholung von einer Episode illegalen Handels mit Staatsanleihen zu helfen. Außerdem musste er bei der Investition in USAirways eine Abschreibung von 268,5 Millionen Dollar hinnehmen. Als sich die Gelegenheit ergab, zog sich Buffett aus diesen beiden Unternehmen heraus. Am Ende machte Berkshire Hathaway mit USAirways keinen wirklichen Verlust. Die Wertpapiere kehrten nicht nur auf den Preis zurück, den Buffett dafür bezahlt hatte, sondern USAirways kündigte auch eine beträchtliche Dividende an. Buffett hält keine Anlagen an USAirways mehr. Gillette wurde im Jahr 2005 von Procter & Gamble übernommen.

SIR JAMES GOLDSMITH, BRITISCHER INDUSTRIELLER

„Ich verstehe Menschen wie Warren Buffett nicht, die stolz darauf sind, dass sie noch in ihrem ersten Haus wohnen und dass sie mit einem alten Chevy zur Arbeit fahren, obwohl sie Milliardäre sind."

Nachdem dieses Zitat in der Zeitschrift *Time* abgedruckt worden war, rief Goldsmith Buffett an und entschuldigte sich, er sei falsch zitiert worden.[52]

ALLEN GREENE, KORREKTOR UND SPÄTER GEWERKSCHAFTSCHEF DER *BUFFALO NEWS*

Als Buffett im Jahr 1982 gefragt wurde, ob die *Buffalo News* aufgrund ihrer hohen Rentabilität einen Gewinnbeteiligungsplan einrichten könnte, soll er erwidert haben: „Nichts, was ihr im dritten Stock [der Nachrichtenredaktion] tut, wirkt sich auf

›››

meinen Gewinn aus, ich wünsche mir also auch nicht, ihn mit euch zu teilen."

Greene sagte über die Beschäftigten der *Buffalo News*: „Wir waren vor den Kopf gestoßen. Wir dachten, er wäre so ein Netter."[53]

ANMERKUNG: Stan Lipsey, Herausgeber der *Buffalo News*, sagt, dass er bei allen Besprechungen anwesend war, die Buffett mit Gewerkschaftsmitgliedern hatte, und er könne sich nicht erinnern, dass Buffett diese Bemerkung geäußert hätte. Vielleicht habe Buffett eine allgemeine Aussage über die wirtschaftliche Funktion von marktbeherrschenden Zeitungen getroffen, die von Greene auf diese Art ausgelegt wurde, so Lipsey. Greene steht zu seiner Aussage.

MICHAEL LEWIS, AUTOR

Nicht jeder hält Buffett für ein Genie und der ehemalige Salomon-Händler und Autor von *Wall Street Poker* (verlag moderne industrie 2003) Michael Lewis scheint dazuzugehören. „Er macht sich regelmäßig über skeptische Professoren lustig und nimmt dabei eine leicht aggressive Haltung nach dem Motto ein ‚wenn ihr so schlau seid, warum bin ich dann reich?' (der Grund, warum er reich ist, ist ganz einfach der, dass zufällige Spiele große Gewinner hervorbringen, aber wehe dem Professor an einer Business School, der 50 Riesen im Jahr verdient und sich mit einem Milliardär anlegen will)."[54]

—— **ÜBER DIE ARBEIT** ——

Die Philosophen sagen uns, wir sollen tun, was wir gern tun, dann kommt der Erfolg schon. Buffett ist der lebende Beweis dafür, dass das klappt.

ARBEITE, WEIL ES SPASS MACHT

Warren Buffett schreibt über seinen Abschluss an der Columbia University:

> *„Die Wall Street war [1951] überhaupt kein angesagter Ort zum Arbeiten. Der Dow Jones stand auf 200 und von 1945 bis 1949 war der Markt irgendwie seitwärts gelaufen. Das Höchststand war bei rund 190 und der Tiefststand bei rund 160. Dann fing er an, sich nach oben zu bewegen; 1950 war das erste Jahr, in dem der Dow Jones nie unter 200 verkaufte.*
>
> *Im Jahr 1929 verkaufte er bei 381; aber im Laufe des Jahres fiel er unter 200. Deshalb waren die Menschen in der Nachkriegszeit sehr misstrauisch*

und dachten, wir würden in eine Depression steuern. [An der Wall Street] machte man mit Arbeit nicht das große Geld ... das war eine ganz andere Welt."[1]

Buffett sagt, mit Menschen zu arbeiten, die man nicht mag, ist wie wenn man „wegen des Geldes heiratet":

> „*Ich halte das für eine verrückte Art zu leben. Das ist wahrscheinlich unter allen Umständen eine schlechte Idee, aber wenn man schon reich ist, dann ist es absolut bekloppt.*"[2]

~

> „*Ich bin Realist. Ich wusste schon immer, dass ich meine Arbeit gern machen würde.*
>
> *Ach ja, vielleicht wäre es schön gewesen, Baseballspieler in der obersten Liga zu werden, aber hier greift der Realismus.*"[3]

~

> „*Es ist nicht so, dass ich Geld haben will. Es macht nur Spaß, Geld zu verdienen und zuzusehen, wie es sich vermehrt.*"[4]

~

> „*Was die Arbeit für meinen Lebensunterhalt angeht, bin ich der glücklichste Mensch der Welt. Niemand kann mir vorschreiben, dass ich etwas tun soll, wovon ich nicht überzeugt bin oder was ich für dumm halte.*"[5]

Buffett wird häufig dazu ermuntert, für ein politisches Amt zu kandidieren:

> „*Ich möchte meinen Job gegen nichts tauschen, auch nicht gegen ein Politikerleben.*"[6]

Buffett bezeichnet Berkshire Hathaway als „meine Leinwand": [7]

~

„Ich habe eine leere Leinwand und eine Menge Farbe, und ich kann damit machen, was ich will. Jetzt habe ich zwar mehr Geld und alles ist größer geworden, aber vor 10 oder 20 Jahren, als alles noch kleiner war, hat es mir genauso viel Spaß gemacht." [8]

~

„Wenn ich morgens ins Büro gehe, habe ich immer das Gefühl, als würde ich zum Malen in die Sixtinische Kapelle gehen." [9]

~

„[Mir] macht der Vorgang viel mehr Spaß als der Erlös, obwohl [ich] gelernt habe, auch damit zu leben." [10]

Buffetts Großvater mütterlicherseits besaß eine Zeitung. Warren verdiente einen Großteil seines ersten Geldes als Zeitungsausträger für die *The Washington Post* und als Verteilungsmanager für das *Lincoln Journal*. Zeitungen liegen ihm im Blut:

„Geben wir es doch zu, Zeitungen sind ein verdammt viel interessanteres Geschäft als beispielsweise die Herstellung von Kupplungen für Eisenbahnwagons. Ich habe zwar nichts mit dem redaktionellen Betrieb der Zeitungen zu tun, die ich besitze, aber es macht mir wirklich Freude, zu diesen Institutionen zu gehören, die unsere Gesellschaft gestalten." [11]

~

„Ich tippe darauf, dass Ted Williams unglücklich wäre, wenn er das höchste Gehalt im Baseball bekäme und 0,220 schlagen würde. Und wenn er das niedrigste Gehalt im Baseball bekommen, aber 0,400 schlagen würde, wäre er

sehr glücklich. So geht es mir mit dieser Arbeit. Geld ist das Nebenprodukt einer Tätigkeit, der ich äußerst gerne nachgehe."[12]

~

„Ich habe ständig Lust, Stepp zu tanzen."[13]

FANGE FRÜH AN

Buffett kaufte seine erste Aktie im Alter von elf Jahren, als er und seine Schwester Doris drei Vorzugsaktien von Cities Service für 38 Dollar pro Stück erwarben. Da bekam er auch eine Lehre in Sachen Geduld. Als die Aktie auf 27 Dollar fiel, machten sie sich etwas Sorgen. Als Cities Service auf 40 Dollar stieg, verkauften sie die Aktien, aber der Kurs stieg weiter – und kletterte am Ende auf 200 Dollar.

> *„Ich interessiere mich für Aktien, seit ich mit elf Jahren etwas Zeit damit verbracht habe, den Markt zu beobachten und bei Harris Upham, einer New Yorker Börsenfirma, die im gleichen Haus war wie die Firma meines Vaters, Buffett-Falk & Co., die Kurse an die Tafel zu schreiben."*[14]

Buffett machte während seiner gesamten Kindheit viele verschiedene Geschäfte. Er verkaufte seinen Freunden mit Preisaufschlag Coca-Cola, er veröffentlichte Rennbahntipps, er trug Zeitungen aus und er verwertete gebrauchte Golfbälle. Als er die Woodrow Wilson High School in Washington besuchte, kaufte er mit einem Freund für 25 Dollar einen generalüberholten Flipperautomaten. Sie firmierten als Wilson Coin Operated Machine Company und stellten ihn bei einem Friseur auf. Als sie den Münzbehälter am ersten Tag leerten, fanden sie darin vier Dollar. „Ich dachte, ich hätte das Rad erfunden", so Buffett.[15]
Irgendwann brachte das Flippergeschäft 50 Dollar pro Woche ein. Später kaufte Buffett eine unerschlossene Farm in nordöstlichen

Nebraska und als er die Highschool abschloss, hatte er 9.000 Dollar auf der Bank.[16]

~

Buffett erwarb sich schon früh einen Ruf als Anleger:

> *„Ich machte ein paar Leerverkäufe mit Aktien von American Telephone, weil ich wusste, dass alle meine Lehrer [von der Highschool] sie besaßen. Sie dachten, ich würde mich mit Aktien auskennen und ich dachte, wenn ich AT&T leerverkaufe, mache ich ihnen Angst wegen ihrer Rente."*[17]

ARBEITE, WO DU ARBEITEN WILLST

Auf die Frage, warum er nicht in New York arbeite, wo er näher an den Finanzmärkten und der Gerüchteküche wäre, erwiderte Buffett:

> *„Mit genug Insiderinformationen und einer Million Dollar kann man innerhalb eines Jahres pleitegehen."*[18]

~

> *„Wahrscheinlich habe ich in New York und in Kalifornien mehr Freunde als hier, aber das ist ein guter Ort, um Kinder großzuziehen und ein guter Ort zum Leben. Hier kann man denken. Man kann hier besser über den Markt nachdenken, man hört nicht so viele Geschichten und man kann sich einfach hinsetzen und sich am Schreibtisch die Aktie anschauen, die man vor sich hat. Man kann über viele Sachen nachdenken."*[19]

Er sagt aber auch:

> *„Wenn mich jemand, der gerade seinen MBA macht, fragen würde: ‚Wie werde ich ganz schnell reich?' Dann würde ich ihm nicht mit Zitaten von*

Ben Franklin oder Horatio Alger antworten, sondern mir mit der einen Hand die Nase zuhalten und mit der anderen in Richtung Wall Street zeigen." [20]

ARBEITE MIT GUTEN LEUTEN

„Für jede einzelne Person, mit der ich zusammenarbeite, habe ich mich entschieden. Das ist letztlich der wichtigste Faktor. Ich befasse mich nicht mit Menschen, die ich nicht mag oder bewundere. Das ist der Schlüssel. Das ist wie Heiraten." [21]

~

„Ich arbeite mit sensationellen Menschen zusammen und ich mache das, was ich will. Warum sollte ich das auch nicht tun? Wenn ich nicht in der Position bin, zu machen, was ich will, wer zum Teufel dann?" [22]

~

„Es hat einmal jemand gesagt, wenn man Menschen sucht, die man einstellen will, soll man auf drei Eigenschaften achten: Integrität, Intelligenz und Energie. Wenn sie die erste nicht besitzen, werden einen die beiden anderen umbringen. Denken Sie einmal darüber nach, das ist wahr. Wenn man jemanden ohne Integrität einstellt, will man wirklich, dass er dumm und faul ist." [23]

Als ein fortgeschrittener Student einen Rat zur Berufswahl haben wollte, sagte Buffett:

„Ich glaube, man sollte für Unternehmen und Menschen arbeiten, die man bewundert. Wenn man mit jemandem zu tun hat, von dem man etwas profitiert, und wenn man sich mit der Organisation wohlfühlt, dann muss man einfach gute Ergebnisse abliefern. Ich rate, niemals etwas zu tun, weil man meint, es sei zwar im Moment miserabel, aber in zehn Jahren wäre es

toll, oder weil man meint, man bekäme zwar im Moment X Dollar, aber später 10X Dollar. Wenn einem heute etwas keinen Spaß macht, dann macht es einem wahrscheinlich auch in zehn Jahren keinen Spaß."[24]

Für wen man arbeitet, macht viel aus. Buffett erinnert sich, dass Spieler wie Babe Ruth und Lou Gehrig einmal den kompletten Anteil ihrer World-Series-Gewinne ihrem Schlagjungen [im Baseball] vermachten:

> *„Es ist im Leben entscheidend, dass man sich überlegt, wessen Schlagjunge man sein will."*[25]

Buffett gibt zu, dass sein Rat, den er College-Studenten gab, unerwartete Folgen hatte:

> *„Ich habe letztes Jahr einen Vortrag gehalten, als mich ein Student von Harvard fragte: ‚Für wen soll ich arbeiten?' Ich sagte: ‚Arbeiten Sie für die Person, die Sie am meisten bewundern.' Zwei Wochen später rief mich der Dekan an. Er sagte: ‚Was erzählen Sie eigentlich den jungen Leuten? Die machen sich alle selbstständig.'"*[26]

ANMERKUNG: Ob er da auf nette Weise etwas heimzahlt? Buffett hatte sich in Harvard beworben, bevor ihn Columbia nahm, aber Harvard hatte ihn abgelehnt.

Doch Buffett scheint deswegen keinen Groll zu hegen. Der einzige frische MBA-Absolvent, den er je einstellte, war eine junge Frau von Harvard.

KLOPF DIR AUF DIE SCHULTER

Im Jahr 1984 schrieb Buffett an Katharine Graham, die inzwischen verstorbene Herausgeberin der *The Washington Post*:

„Berkshire Hathaway hat seine Beteiligung an der The Washington Post *im Frühjahr und Sommer 1973 gekauft. Die Aktien haben 10,6 Millionen Dollar gekostet und jetzt einen Marktwert von rund 140 Millionen Dollar ... Wenn wir diese 10,6 Millionen Dollar für die Aktien ... anderer [Mediengesellschaften] ausgegeben hätten ..., dann hätten wir jetzt entweder den Gegenwert von 50 Millionen Dollar des Dow Jones, von 30 Millionen Dollar von Gannett oder 75 Millionen Dollar von Knight-Ridder, einen Anteil von 60 Millionen Dollar an der* New York Times *oder 40 Millionen von* Times Mirror. *Also sagen wir nicht vielmals danke, sondern 65 bis 110 millionenfach danke."*[27]

SEI DEINEN GESCHÄFTSPARTNERN TREU

Buffett erkennt an, dass Geld und Macht ihm ungebührliche Vorteile gegenüber Partnern, Mitarbeitern und anderen Menschen geben könnten:

„Einmal war ein Hund auf unserem Dach, mein Sohn rief ihn und er sprang. Er überlebte es zwar, aber er brach sich ein Bein. Das war schrecklich. Ein Hund, der einen so sehr liebt, dass er vom Dach springt ..., man kann auch Menschen in eine solche Lage bringen. Das will ich nicht."[28]

Als Berkshire in Cap Cities/ABC investierte, versprach Buffett dem früheren Vorsitzenden Tom Murphy, dass dies langfristig sei, auch wenn die Probleme des Fernsehsenders nicht schnell behoben würden:

„Das ist wie wenn man ein Kind hat, das Probleme hat: So etwas verkauft man nicht nach fünf Jahren. Wir sind da Partner."[29]

~

„Wir sind keine rein ökonomischen Geschöpfe. Dieses Vorgehen schmälert zwar in gewissem Maße unsere Ergebnisse, aber wir führen unser Leben

lieber so. Was ergibt es denn für einen Sinn, reich zu werden, wenn man auf eine Art handeln muss, bei der man ständig Verbindungen mit Menschen auflöst, die man mag, bewundert und interessant findet, nur damit man etwas mehr verdient? Wir mögen hohe Beträge, aber nicht unter Ausschluss aller anderen Dinge." [30]

~

„Ich glaube nicht, dass ich mich mit mir selbst wohlfühlen würde, wenn ich Menschen sitzenlassen würde, die mir vertraut haben." [31]

ANMERKUNG: Cap Cities/ABC wurde im Jahr 1995 für 19 Milliarden Dollar an Disney verkauft. Buffett bekam Disney-Aktien, verkaufte sie aber später.

~

Im Herbst 2005 ergab sich die unerwartete Gelegenheit, die US-Abteilungen der britischen Versicherung CGNU, PLC, für 70 Prozent ihres Buchwerts zu kaufen. Das Schnäppchenblaulicht blinkte und Buffetts lebenslange Gewohnheit, Freundschaften zu schließen und Vertrauen aufzubauen, zahlte sich für die Berkshire-Aktionäre aus. Buffetts alter Freund Jack Byrne, der die Rettung der GEICO geleitet, den Verkauf des Fireman's Fonds zu einem Erfolg gemacht und sich mit anderen Deals Buffetts Respekt verschafft hatte, übernahm die Führung.

Partnerschaftlich mit Buffett erwarb Byrnes White Mountains Insurance Group die US-Abteilungen von CGNU und bezahlte 1,7 Milliarden Dollar für einen Betrieb, der 3 Milliarden wert war. Buffett steuerte 300 Millionen Dollar zu dem Deal bei und am Ende besaß Berkshire 30 Prozent von White Mountains.

Buffett entschied sich schnell, viel Kapital in den Deal zu investieren, da er an Byrne glaubte:

„Byrne ist wie der Bauer, der ein Straußenei in den Hühnerstall rollt und sagt: ‚Meine Damen, so etwas liefert die Konkurrenz.‘"[32]

Jack Byrne trat im Januar 2007 als Präsident und Vorstandsvorsitzender der White Mountains Insurance Group zurück.

ACHTE AUF DEINE ZEIT

Warrens ältester Sohn Howard begriff irgendwann, wie das Zeitmanagement seines Vaters funktionierte: „Mein Vater konnte nicht mit dem Rasenmäher umgehen … ich habe nie gesehen, dass er den Rasen gemäht, eine Hecke geschnitten oder ein Auto gewaschen hätte. Ich erinnere mich, dass mich das irritierte. Erst als ich älter wurde und den Wert der Zeit verstand, begriff ich, warum er die Dinge so gemacht hat, wie er sie gemacht hat. Seine Zeit ist so wertvoll."[35]
Warren Buffett:

„Es ist kein Vorteil, schrecklich bekannt zu werden. Wie Sie sehen [er zeigt auf die kleine Büroflucht, aus der die Unternehmenszentrale von Berkshire Hathaway besteht], sind wir nicht für die Bearbeitung von tonnenweise Anfragen eingerichtet. Wir bekommen von überallher Briefe von Menschen, die Anlageratschläge haben wollen. Ich bin ungern abweisend, aber ich kann das unmöglich machen und meinen Job erledigen."[34]

Buffett hält selten Reden oder tritt öffentlich bei Bürger- oder Unternehmensorganisationen auf, aber er hält jedes Jahr rund ein Dutzend Vorträge an Universitäten, meistens mit Fragestunde.

„Wenn man vor 100 Studenten spricht und etwas Sinnvolles sagt, passen vielleicht ein paar von ihnen auf und es verändert tatsächlich ihr Leben, im Gegensatz zu einem Haufen 60-Jähriger."

Buffett war 63 Jahre alt, als er das sagte, und sprach anscheinend aus Erfahrung:

> *„Ich meine, ich kann mir einen Vortrag anhören und weiß, ob er mich unterhält oder nicht, aber wahrscheinlich ändere ich nichts an dem, was ich tue."* [35]

Buffett kann mit seiner Zeit und mit seinem Vermögen großzügig sein: Er hat einmal ein gemeinsames Essen zugunsten einer Stiftung gespendet, die die Obdachlosenarbeit der Glide Memorial Church in San Francisco unterstützt. Die Glide Foundation versteigerte das Essen bei eBay für 620.100 Dollar. Buffett verteidigt jedoch auch seine Grenzen. Als er vorhatte, seinen Lincoln Town Car, Baujahr 2001, auszutauschen, spendete er ihn Girls Inc., wo Suzie Jr. im Vorstand sitzt. Das Auto war laut *Kelly Blue Book* 11.200 Dollar wert. Bill Zanker, der Gründer von The Learning Annex, kaufte das Auto für 73.200 Dollar. Er kündigte an, dass er nach Omaha kommen würde, um das Auto entgegenzunehmen und eine Pressekonferenz mit Buffett abzuhalten. Zanker bekam das Auto, aber nicht Buffett. „Ich bin das zeitlich falsch angegangen", erklärte Zanker, „ich hätte erst in seinem Büro anrufen sollen".

Auch als Zanker anbot, zwei Millionen Dollar für einen guten Zweck zu spenden, wenn Buffett 30 Minuten lang auf Seminaren von The Learning Annex über Immobilien und Wohlstand sprechen würde, erhielt er eine Absage. Buffett erklärte höflich, dass er es vorziehe, die Erwachsenenbildung bei der Hauptversammlung von Berkshire zu betreiben. [36]

Buffett hat seine Zeitmanagementprinzipien bei einem Profi abgeschaut:

> *„Nun, ich gehe nach der Methode von Nancy Reagan vor. Ich sage einfach nein."* [37]

WISSE, WANN DU AUFHÖREN MUSST

„Was es nicht wert ist, gemacht zu werden, ist es auch nicht wert, gut gemacht zu werden."[38]

~

„Wenn es dir beim ersten Versuch gelingt, versuche es nicht nochmal."[39]

Als der Aktienmarkt im Jahr 1969 auf einem Höchststand war, ging Buffett in den vorzeitigen Ruhestand. Er schloss die Beteiligungsgesellschaft Buffett Partnership, deren Wert sich verdreißigfacht hatte, und gab den Anlegern ihr Geld zurück. Da war er 38 Jahre alt:

„Ich will nicht mein Leben lang damit beschäftigt sein, einen Investmenthasen zu überholen."

Er fügte hinzu:

„Ich verspüre keinen Drang, Geld anzuhäufen."

Schließlich:

„Die einzige Art zu bremsen, ist anzuhalten."[40]

ANMERKUNG: Er blieb der Arbeit nicht lange fern. Bald schuf Buffett aus den Resten eines Textilkonzerns sein neues Investmentvehikel Berkshire Hathaway.

WIE MAN EIN UNTERNEHMEN FÜHRT

KOMMUNIZIERE GUT

Wie schreibt Buffett derart klare, freimütige Jahresberichte, vor allem da sie weder Diagramme noch Fotos enthalten? Er schreibt, als wäre es für jemanden, den er kennt.

> *„Ich tue einfach so, als würde die andere Hälfte des Unternehmens meiner Schwester gehören und als wäre sie für ein Jahr verreist. Sie ist geschäftlich nicht unbedarft, aber sie ist auch keine Expertin. Ich habe eigentlich nichts gegen Grafiken. Nur glaube ich, wenn die Menschen Wert darauf legen, dann legen sie weniger Wert auf echte Informationen.“*[1]

~

> *„Wenn man eine Idee begreift, kann man sie so ausdrücken, dass auch andere Menschen sie begreifen. Ich merke das jedes Jahr, wenn ich beim Schreiben des Berichts auf Blockaden stoße. Die Blockaden kommen nicht*

daher, dass mir die Wörter aus dem Wörterbuch fehlen. Sie kommen daher,
weil ich mir etwas in meinem eigenen Geist noch nicht klar gemacht habe.
Nichts zwingt einen mehr dazu, nachzudenken und seine Gedanken zu
ordnen, als das Schreiben."[2]

Der hohe Preis der Berkshire-Aktie ist eine Art, den Menschen mit-
zuteilen, dass Buffett ernsthafte Anleger möchte, die ihre Aktien in
langfristiger Absicht kaufen. Er möchte, dass die Menschen wissen, wo-
rauf sie sich einlassen:

> *„Wir könnten heute Abend ein Schild draußen an die Halle hängen und*
> *,Rockkonzert' draufschreiben, dann würde ein bestimmtes Publikum kom-*
> *men. Wir könnten auch ,Ballett' draufschreiben, dann würde ein etwas ande-*
> *res Publikum kommen. Beide Sorten Publikum sind in Ordnung. Es ist jedoch*
> *ein schrecklicher Fehler, ,Rockkonzert' hinzuschreiben, wenn man ein Ballett*
> *veranstalten will, und umgekehrt. Die einzige Möglichkeit, wie ich ein Schild*
> *an Berkshire hängen kann, um den Menschen zu sagen, was für einen Ort sie*
> *da betreten, sind die Mitteilungen und Vorgehensweisen."[3]*

WISSE, WANN DU NEIN SAGEN MUSST

Auf die Bitte um einen Kommentar zum Kauf der Aktien von Wells
Fargo & Co. im Jahr 1992 gab eine Frau, die bei Berkshire ans Telefon
ging, die Standardantwort des Unternehmens: „Berkshire Hathaway
hält sich seit Langem an die Vorgabe, dass wir uns niemals zu unserem
Portfolio oder zu Gerüchten über unser Portfolio äußern."[4]

Buffetts Schweigen über Investmentaktivitäten hat seinen Grund:

> *„Wenn ich irgendetwas sage, weiß ich, dass er [der niedrige Preis, an dem*
> *er interessiert ist] weg ist. In Finanzdingen kann man seine geplanten*
> *Schläge nicht telegrafieren."[5]*

Wenn Buffett einen Warnschuss abfeuern will, ist er in der Lage, sich prägnant auszudrücken. So war es auch, als er mit Salomon an der Lösung der Ungereimtheiten im Zusammenhang mit dem Handel mit Staatsanleihen arbeitete:

„Wir [Salomon] werden alle Bußgelder und Geldstrafen schleunigst bezahlen und uns bemühen, gültige Rechtsansprüche zügig zu regeln. Allerdings werden wir gegen ungültige oder überzogene Ansprüche, von denen es viele geben wird, in dem notwendigen Maß prozessieren. Das heißt, wir werden für vergangenes Verhalten angemessene Wiedergutmachung leisten, aber wir werden nicht der allgemeine Sündenbock sein." [6]

ANMERKUNG: Mehr über den Salomon-Skandal lesen Sie ab Seite 118.

GIB EIN BEISPIEL

Als er einstweiliger Vorsitzender von Salomon Inc. war, sagte Buffett den Aktionären:

„Eine Atmosphäre, die zu vorbildlichem Verhalten ermuntert, ist wahrscheinlich noch wichtiger als Vorschriften, auch wenn diese notwendig sind. Ich werde in meiner Amtszeit als Vorsitzender versuchen, der Hauptrichtlinienbeauftragte des Unternehmens zu sein, und ich habe alle 9.000 Mitarbeiter von Salomon aufgefordert, mir in diesem Bemühen beizustehen. Außerdem habe ich sie gedrängt, sich von einem Test leiten zu lassen, der über die Vorschriften hinausgeht.

Ein Mitarbeiter sollte sich bei jeder geschäftlichen Handlung fragen, ob er bereit wäre, eine Beschreibung der Handlung durch einen informierten, kritischen Journalisten auf der Titelseite einer Lokalzeitung zu sehen, wo sie von seinem Ehepartner, seinen Kindern und seinen Freunden gelesen werden kann. Wir wollen bei Salomon einfach nichts mit irgendwelchen Aktivitäten zu tun haben, die zwar die rechtliche Prüfung bestehen, die wir als Bürger jedoch als Verstoß betrachten würden."[7]

DIE HAUPTVERSAMMLUNG VON BERKSHIRE HATHAWAY

Viele tausend Anleger und Bewunderer kommen jedes Frühjahr nach Omaha und setzen sich stundenlang in einen überfüllten Saal, um zu hören, was Warren Buffett zu sagen hat. Er bleibt so lange, bis alle Fragen beantwortet sind und wenn zur Mittagszeit immer noch Fragen einlaufen, können sich die Aktionäre in der Lobby ein Sandwich und eine Cola kaufen. Buffett legt jedes Jahr die Regeln fest, nach denen die Versammlung ablaufen soll. Hier ein paar Beispiele aus verschiedenen Jahren:

„Die Versammlung wird auf unsere übliche stalinistische Art ablaufen, sodass wir massenhaft Zeit haben, Fragen von Aktionären zu beantworten."[8]

~

„Wenn Sie während der Versammlung gehen müssen, verlangt es der gute Ton, dass Sie gehen, während Charlie spricht – und das ist selten."[9]

~

„Wir sind hier, um Fragen zu beantworten, bis etwa um zwölf Uhr mittags, oder bis Charlie etwas Optimistisches sagt, was immer auch als Erstes passiert."[10]

>>>

„Nach der Versammlung stehen Busse bereit, die Gäste von au-
ßerhalb zum Nebraska Furniture Mart, zum Juwelier Borsheim's
oder an andere Orte bringen, an denen Berkshire ein wirtschaftliches
Interesse hat."[11]

Letzteres ist kein Witz. In der Lobby der Versammlungshal-
le gibt es Stände, an denen See's Candy, Ginzu-Messer, *World-*
Book-Enzyklopädien, Cowboystiefel, Fertighäuser und andere
Produkte von Berkshire-eigenen Firmen verkauft werden. Die
Fahrten zu Geschäften, die Berkshire Hathaway gehören, dienen nicht nur dazu, dass die Menschen einkaufen können,
sondern Buffett besteht darauf, dass sie auch einen Bildungs-
zweck erfüllen. Er hat immer gesagt, man müsse „in den Nebraska Furniture Mart gehen und Mrs. B in ihrer natürlichen
Umgebung sehen".[12]

Charlie Munger lässt gelegentlich auch einen Werbespruch
los. Besonders gefällt ihm die Enzyklopädie von *World Book*:
„Von diesem Produkt schenke ich mehr her als von allen anderen Produkten, die Berkshire herstellt ... Das ist eine absolut
perfekte menschliche Errungenschaft. Etwas derart Benut-
zerfreundliches herauszugeben, in dem so viel Weisheit steckt,
das ist eine fabelhafte Sache."[13]

Je mehr Menschen Berkshire-Aktionäre werden, desto knif-
liger wird die Logistik für die Hauptversammlung:

„Die meisten von Ihnen wissen, dass wir unsere Hauptversamm-
lung in den letzten Jahren im Joslyn Art Museum abgehalten haben,
bis wir ihm entwachsen sind. Da das Orpheum Theater, in dem wir
uns heute versammeln, ein altes Vaudeville-Theater ist, vermute ich,

›››

dass wir auf der kulturellen Leiter absteigen. Fragen Sie mich nicht, wo wir als Nächstes hingehen."[14]

Im Jahr 1995 zog die Versammlung in ein Kongresszentrum im Holiday Inn um und wieder war der Saal gestopft voll. Im Jahr 1996 verdoppelte sich der Aktionärsstamm, da die B-Aktien von Berkshire ausgegeben wurden. Als Nächstes zog die Versammlung auf die Aksarben Fairgrounds. Dann baute Omaha ein neues Kongresszentrum, das auf dem neuesten Stand war, das Qwest Center. Im Jahr 2007 kamen 20.000 Menschen und füllten das Qwest Center bis an die Grenze seines Fassungsvermögens.

KÜMMERE DICH UM DIE AKTIONÄRE

Der Berkshire-Hathaway-Anleger Gerald L. „Bud" Pearson sagt, er habe im Jahr 1965 durch einen Freund von Buffett erfahren. Pearson ging zu Buffett, um mit ihm zu reden, und dieser sagte ihm, er habe aufgehört, neue Partner in seine Beteiligungsgesellschaft aufzunehmen. Nachdem er eine Stunde mit Pearson gesprochen hatte, änderte er seine Meinung.

„Ach Mensch, Sie scheinen ein netter Kerl zu sein", sagte Buffett. Nach einiger Zeit wurde Pearson „Buffett-Millionär".[15]

~

Der Vorstand von Berkshire hat mehr als nur einen Grund, sich um die Aktionäre zu kümmern. Vor allen Dingen sind die Vorstandsmitglieder Aktionäre und die meisten halten beträchtliche Anteile. Außerdem sind die Direktoren und Vorstände bei Berkshire nicht haftpflichtversichert. Wenn der Vorstand wegen Verfehlungen verklagt würde, könnte es sie beträchtliche Geldsummen kosten.

~

Als Buffett gefragt wurde, warum jedes Jahr Tausende von Aktionären von weither nach Omaha reisen, um die Hauptversammlung von Berkshire Hathaway zu besuchen, mutmaßte er:

„Sie kommen, weil wir ihnen das Gefühl geben, Besitzer zu sein." [16]

~

Buffett investiert gern in Unternehmen, deren Manager wie Besitzer denken. Er versuchte, die Unternehmenskultur von Salomon zu verändern:

„Wir möchten sehen, dass die Abteilungsleiter durch Besitz reich werden, nicht indem sie eine Freifahrt auf dem Besitz anderer machen. Ich glaube wirklich, dass der Besitz unseren besten Managern mit der Zeit erheblichen Wohlstand bringen kann, vielleicht in einem Umfang, der über das hinausgeht, was sie jetzt für möglich halten." [17]

ABSCHIED VON EINER GUTEN IDEE

Charlie Munger stellte im Jahr 1981 die Frage, wieso Unternehmenslenker entscheiden sollten, welche wohltätigen Organisationen ihre Aktionäre unterstützten. Schließlich gehöre

›››

das Geld, das die Unternehmen verteilten, ja eigentlich den Aktionären. Also organisierten Buffett und er in jenem Jahr ein Spendenprogramm, das es jedem Aktionär erlaubte, bis zu drei Organisationen anzugeben. Diese Organisationen sollten dann Spenden im Verhältnis zur Anzahl der A-Aktien erhalten, die der Aktionär hielt. Inhaber der später emittierten B-Aktien konnten daran nicht teilnehmen.

Die Idee fand schnell Anklang. In den 22 Jahren, in denen das Spendenprogramm von Berkshire lief, verteilte es 197 Millionen Dollar an rund 3.500 gemeinnützige Organisationen. Die mit überwältigendem Abstand beliebtesten Empfänger waren Schulen, Kirchen und Synagogen. Buffett und Munger vergaben ihr Portfolio an ihre wohltätigen Treuhandfonds, die traditionell – unter anderem – Bemühungen der Familienplanung unterstützten.

Der Spendenmodell von Berkshire wurde von Politikern weithin bewundert, sogar von Konservativen. Der Wirtschaftsnobelpreisträger Milton Friedman bemerkte, dass der demokratische Prozess untergraben werde, wenn Unternehmen das Geld von Aktionären an Organisationen spendeten, ohne sie zu fragen. Der Repräsentant Paul Gillmor (Republikaner, Ohio) versuchte im Jahr 1997 sogar, ein Gesetz durchzubringen, das von allen Unternehmen verlangte, das Berkshire-Modell zu übernehmen.

Doch eine kleine Gruppe war von Anfang an gegen diesen Plan, vor allem weil ein Teil des Geldes an sogenannte liberale Zwecke ging, besonders an Befürworter der Abtreibung. Eine Gruppe von Abtreibungsgegnern namens Life Decisions International organisierte einen erfolglosen Verbraucherboykott

»»

gegen Berkshire-Töchter und legte im Jahr 2002 eine Aktionärsresolution vor, die das Spendenprogramm von Berkshire beenden sollte. Die Resolution wurde von 97 Prozent der Aktionäre abgelehnt.

Dann kaufte Berkshire im Jahr 2002 der Gründerin Doris K. Christopher das Unternehmen Pampered Chef ab, den landesweit größten Hersteller von Küchenuntensilien. Pampered Chef vertreibt seine Küchengeräte direkt über Einzelverkäufer, die dafür normalerweise Partys in Privathaushalten abhalten. Pampered Chef wurde zum Ziel des Boykotts und der Umsatz brach ein, weil Vertriebsmitarbeiter und ihre Kunden das Unternehmen aufgaben, damit sie nicht in das Programm verwickelt wurden. Buffett und Munger sahen, dass ihnen Christophers Unternehmen und die Berkshire-Investition entglitten. Sie beschlossen, ihr Spendenprogramm, das Präzedenzwirkung hatte, einzupacken, auch wenn Munger gestand: „Das brachte mich fast um."[18]

Munger hätte gar nicht so traurig sein müssen. Es gibt Hunderte von Anlegern, die durch ihre frühen Berkshire-Investments Multimillionäre und sogar Milliardäre geworden sind. Das Wohltätigkeitsprogramm des Unternehmens war nicht die einzige Möglichkeit, den Reichtum zu teilen. Viele Mehrgenerationeninvestoren haben ihre eigenen wohltätigen Stiftungen oder Organisationen, die entscheiden, dass ein Teil der Profite, die sie bekommen, an die Gesellschaft zurückfließt. Donald und Mildred Topp Othmer haben Anfang der 1960er-Jahre jeweils 25.000 Dollar in Buffett Partnership investiert. Als Donald, der Professor für Verfahrenstechnik war, im Jahr 1995 starb, enthielt sein Nachlass fast 7.000 Berkshire-Aktien, die für einen guten Zweck gespendet wurden. Als Mildred im Jahr 1998 starb, hinterließ sie 750

»»

Millionen Dollar für gute Zwecke. Obwohl eine Nichte das Testament anfocht und das Gericht es abwandelte, blieben noch viele Spenden übrig, zum Beispiel bekam Buffetts Alma Mater, die University of Nebraska, 125 Millionen Dollar.

DER SALOMON-SKANDAL

Einem Anleihenhändler von Salomon namens Paul Mozer wurde illegaler Handel mit US-Schatzanleihen vorgeworfen und angeblich hatte er versucht, den Markt zu verknappen. Dieser Zwischenfall war eine ernste Bedrohung für das Überleben des gesamten Unternehmens. Buffett bemerkte:

> *„Mozer bezahlt 30.000 Dollar und wird zu vier Monaten Gefängnis verurteilt. Die Aktionäre von Salomon – einschließlich meiner – haben 290 Millionen Dollar bezahlt und ich wurde zu zehn Monaten Vorstandsvorsitz verurteilt."*[19]

In seiner Eigenschaft als vorläufiger Vorsitzender leitete Buffett die Salomon-Hauptversammlung 1992. Sie dauerte drei Stunden, denn Buffett wurde von Aktionären in die Mangel genommen, die mehr über die Vorwürfe wegen des Anleihenhandels von Salomon wissen wollten. Berkshire Hathaway hielt eine größere Beteiligung an Salomon und Buffett arbeitete ohne Gehalt

›››

an der Wiederherstellung der Glaubwürdigkeit des Unternehmens nach Mozers Verbrechen. Die als Quälgeist bekannte Aktionärin Evelyn Y. Davis fragte Buffett, wie er 158.000 Dollar Kosten für seinen Firmenjet rechtfertigen könne, mit dem er zwischen Omaha und New York pendelte. Buffett entgegnete:

„Ich arbeite billig, aber ich reise teuer."[20]

Davis meckerte auch wegen der Anwaltskosten in Höhe von 25 Millionen Dollar im Zusammenhang mit der Behebung der Probleme von Salomon und Buffett erwiderte:

„Es würde mich freuen, wenn Sie mit denen verhandeln würden, Evelyn. Ich glaube, die bloße Erwähnung würde reichen, damit sie sich ein bisschen mäßigen."[21]

ANMERKUNG: Salomon wurde im Jahr 1997 von Travelers gekauft und im Jahr 1998 fusionierte es mit der Citicorp. Berkshire besitzt jetzt keine Beteiligung an dem Unternehmen.

BERKSHIRE HATHAWAY ONLINE

Buffett bezeichnet seine Aktionäre als Gemeinde. Sie bewohnen ein fiktives globales Dorf namens Graham & Doddsville, das

›››

nach Ben Graham und David Dodd benannt ist, den legendären Vätern der Philosophie des Value Investings. Die Bewohner von Graham & Doddsville treffen sich am ersten Maiwochenende zu der Hauptversammlung in Omaha und jetzt kommen sie auch im Cyberspace zusammen. Buffett gab im Jahresbericht 1996 bekannt, es sei zwar eine „knappe Entscheidung" gewesen, aber er und Munger hätten beschlossen, den Jahresbericht ins Internet zu stellen. Sie würden den Bericht immer an einem Samstag einstellen, damit die Leser Zeit hätten, die Neuigkeiten zu verdauen, bevor am Montagmorgen der Handel eröffnete. Die Berkshire-Webseite www.berkshirehathaway.com enthält inzwischen mehr als Berichte. Sie bietet Werbungflächen für GEICO, Pressemitteilungen, Kommentare von Buffett und die unverfälschtesten Zahlen und Fakten über das Unternehmen. Es gibt auch zahlreiche Blogs und Messageboards, zum Beispiel unter Ragingbull@lycos.com. Das vielleicht beliebteste Messageboard findet man unter messageboards@aol.com. Gelegentlich findet man dort einen Eintrag von Suzie Jr., die den Namen Doshoes verwendet.

STELLE GUT EIN, MANAGE WENIG

Laut dem Autor Robert Miles ist Buffett nicht nur ein Value-Investor, sondern auch ein „Value-Manager". Er sucht sich immer großartige Manager. [22]

Buffett sagt, sein Bewerbungsformular enthalte eine Frage:

„Sind Sie Fanatiker?"

Die besten Manager sind es.[23]

„Ich mag Leute, die vergessen, dass sie das Unternehmen an mich verkauft haben, und die den Laden so schmeißen wie Besitzer. Wenn ich die Tochter heirate, wohnt sie weiter bei den Eltern."[24]

~

Buffett erwartet, dass seine Manager so sind:

„Wenn sie meine Hilfe brauchen, um das Unternehmen zu managen, haben wir wahrscheinlich beide ein Problem."[25]

Es gibt Ausnahmen von diesem Vorgehen. Buffett legt jedes Jahr Preise für See's Candy und Auflagenhöhen für die *Buffalo News* fest. Sowohl das Management als auch Buffett sagen, dass Buffett wegen seiner größeren Distanz zu den Betrieben objektiver ist.

RÄUME DER ERFAHRUNG PRIORITÄT EIN

Bei Berkshire Hathaway gibt es kein Rentenalter. Die Vorstandsvorsitzenden bleiben im Durchschnitt 23 Jahre im Amt:

„Kann man einem Fisch wirklich erklären, wie es ist, an Land zu gehen? Ein Tag an Land ist so viel wert wie tausend Jahre Gespräche darüber und ein Tag Unternehmensleitung hat genau den gleichen Wert."[26]

~

„Im Allgemeinen stören graue Haare auf diesem Spielfeld nicht: Man braucht weder eine gute Hand-Augen-Koordination noch straffe Muskeln, um Geld herumzuschieben (Gott sei Dank nicht). So lange unser Verstand noch effektiv arbeitet, können Charlie und ich unsere Arbeit weitgehend so machen wie früher."[27]

VERTEILE DEIN KAPITAL SCHLAU

Ein Vorteil, den man hat, wenn man ein Unternehmen voll und
ganz besitzt, anstatt nur Aktien davon zu haben, ist die Möglichkeit,
Gewinne effizient zu reinvestieren, selbst wenn das bedeutet, Mittel
in eine andere Branche zu verlagern:

> *„Im Prinzip sind wir nicht in der Stahlbranche. Im Prinzip sind wir nicht in
> der Schuhbranche. Wir sind in keiner Branche aus Prinzip. Wir sind groß im
> Versicherungsgeschäft, aber wir sind ihm nicht verpflichtet. Wir haben keine
> Geisteshaltung, die uns sagt, dass wir einen bestimmten Weg gehen müssen. Also
> können wir Kapital nehmen und in Unternehmen stecken, die sinnvoll sind.“*[28]

SEI MUTIG

Als Buffett das College abgeschlossen hatte, investierte er 100 Dollar
in einen Dale-Carnegie-Kurs:

> *„... nicht um zu verhindern, dass meine Knie schlottern, wenn ich öf-
> fentlich spreche, sondern damit ich öffentlich sprechen konnte, während mei-
> ne Knie schlotterten.“*[29]

NUTZE INTERDISZIPLINÄRE FÄHIGKEITEN

> *„Ich bin ein besserer Anleger, weil ich Unternehmer bin, und ich bin ein
> besserer Unternehmer, weil ich Anleger bin.“*[30]

> *„Ich sehe das Management genauso wie die Geldanlage: Es ist gar nicht
> nötig, außerordentliche Sachen zu machen, um außerordentliche Ergebnis-
> se zu bekommen.“*[31]

DIE MÄCHTIGE MASCHINE
NAMENS BERKSHIRE HATHAWAY

Wenn man den Namen Berkshire Hathaway erwähnte, war es viele Jahre lang so, dass die Menschen fragten: „Machen die nicht Hemden?" Nein, und das hat das Unternehmen auch nie gemacht. Als Warren Buffett mit dem Aktienkauf anfing, war Berkshire eine Textilfabrik in Neuengland, die auf dem absteigenden Ast war. Buffett hat das als einen seiner größten Investmentfehler bezeichnet. Nachdem er mehrfach versucht hatte, die Fabrik zu retten, schloss er sie schließlich. Die Unternehmenshülle, die übrig blieb, gab er jedoch nicht auf. Er verwandelte sie vielmehr langsam und bedächtig in eine der größten Holdinggesellschaften, die es je auf der Welt gab. Das Unternehmen hat 217.000 Mitarbeiter und einen Jahresumsatz von fast 100 Milliarden Dollar.

Das Unternehmen hat allerdings noch einen Aspekt, der es heraushebt – manche Menschen betrachten Berkshire als Kult mit dem Orakel von Omaha als den Kultführer. Wenn dem so ist, hat es sich rentiert, diesem Kult anzugehören.

Wenn man im Jahr 1965 die Summe von 10.000 Dollar in Berkshire investiert hätte, wäre die Anlage im Jahr 2006 mehr als 30 Millionen Dollar wert gewesen. Wenn man das gleiche Geld in den Aktienindex Standard & Poor's 500 (S & P 500) investiert und dort gelassen hätte, dann hätte man magere 500.000 Dollar gehabt. Morningstar berichtet, dass der Buchwert von Berkshire seit 1965 um fast 22 Prozent im Jahr wächst. Der S & P 500 ist im gleichen Zeitraum um 10,4 Prozent gewachsen.

Berkshire ist die Muttergesellschaft von mehr als 65 Unternehmen und besitzt rund 39 verschiedene Aktien. Es hält Beteiligungen an einer Palette von Branchen, von Möbeln über Schuhwerk bis zur Unterwäsche. Die meisten Vermögenswerte besitzt es allerdings in der Versicherungsbranche. Die GEICO ist der viertgrößte Autoversicherer der

Vereinigten Staaten. Die General Re Corporation und die Berkshire Re-
insurance Group gehören zu den größten Rückversicherern der Welt.
General Re ist die einzige Versicherungsgesellschaft der Welt, die als
AAA geratet ist. (Versicherungen kaufen Rückversicherungen, um sich
gegen größere Risiken abzusichern, vor allem gegen unvorhersehbare
Risiken wir Hurrikans und Erbeben).

Buffett hat Berkshire zu einem von acht Unternehmen aufgebaut,
die von Moody's die Einstufung Aaa bekommen, das höchste Boni-
tätsrating, das man erreichen kann. Wie hat er das geschafft? Buffett
fing damit an, dass er den Schwerpunkt auf Aktien legte, und dann
nach und nach ganze Unternehmen zu günstigen Preisen kaufte.
Dann hielt er die Schulden möglichst gering und verlagerte Kapital
auf eine Art und Weise in die Unternehmen zurück, die die Rentabilität steigerte.

Einer der bemerkenswertesten Vermögensposten von Berkshire ist
sein Bargeldbestand: Im Jahr 2006 hatte Berkshire Rücklagen in Höhe
von 42 Milliarden Dollar. Die ehemalige Payne-Webber-Analystin Alice
Schroeder sagt: „Berkshire ist jetzt eindeutig eine Versicherungsgesellschaft, die einen Überschuss an Kapital und Cashflow erwirtschaftet,
den sie investieren kann und natürlich besteht die eigentliche Synergie
darin, dass Warren Buffett ein Meister der Kapitalverteilung und Kapi-
talverwendung ist."[32]

Trotz der massiven Gewichtung der Versicherungsgesellschaften
sagt Buffett:

> *„Das Unternehmen besitzt eine Vielzahl diversifizierter, mächtiger Ein-
> nahmeströme, es ist finanziell so solide wie die Festung Gibraltar und es hat
> eine tief verwurzelte Kultur, im besten Interesse der Anleger zu handeln. Es
> sind herausragende Manager vorhanden, die mir nachfolgen können. Ich
> erwarte, dass Berkshire immer stärker und rentabler wird, weil es neue
> Übernahmen tätigt und vorhandene Unternehmen expandieren lässt."[33]*

Vielleicht passt Berkshire nicht genau zu der Beschreibung eines Kults, aber es ist zu einer Gemeinschaft wahrer Gläubigen geworden. Die Anleger neigen dazu, die Aktien zu kaufen und weigern sich dann sie zu verkaufen. Sie weisen sogar ihre Erben an, sie zu behalten. Die Hauptversammlung wird manchmal als Hadsch bezeichnet und Buffett selbst nennt sie ein Woodstock für Investoren. Zum Glück ist Buffett viel zu praktisch veranlagt, als dass er von seinen Aktionären verlangen würde, dass sie Kool-Aid trinken oder ihm über eine Klippe folgen. Er erwartet jedoch von ihnen, dass sie auch in den Zeiten durchhalten, in denen die Aktie nicht in den Himmel schießt, und dass sie beherzt bei allen Berkshire-Töchtern einkaufen – und das tun sie auch.

—— ÜBER GELDANLAGE ——

Warren Buffett wendet Anlageprinzipien an, die er als „einfach, alt und als wenige" beschreibt.[1] Viele von Buffetts Methoden rühren von seiner Persönlichkeit und seinem Charakter her, andere hat er von Lehrern und durch Erfahrung gelernt. Wie alle guten Studenten nutzt er seine Ausbildung als Grundlage. Mit der Zeit ist er jedoch besser geworden als seine besten Lehrer.

HABE EINE PHILOSOPHIE

„Regel Nummer 1: Niemals Geld verlieren.
Regel Nummer 2: Niemals Regel Nummer 1 vergessen."[2]

~

„Im Laufe der Jahre haben zahlreiche, sehr schlaue Menschen auf die harte Tour gelernt, dass ein langer Strom beeindruckender Zahlen, den man mit einer einzigen Null multipliziert, immer null ergibt."[3]

Buffett kommt immer wieder auf Ben Graham zurück:

„Ich sehe, dass es drei grundlegende Gedanken gibt, die einem, wenn sie wirklich im eigenen intellektuellen Rahmen verankert sind, soweit ich meine, gar nicht anders als dazu verhelfen können, dass man mit Aktien vernünftigen Erfolg hat. Keiner davon ist kompliziert. Keiner davon erfordert mathematische Begabung oder etwas in der Richtung. [Graham] sagte: Betrachten Sie Aktien als kleine Stückchen eines Unternehmens. Sehen Sie die Schwankungen [des Marktes] als Freund statt als Feind, profitieren Sie von der Torheit, anstatt dich daran zu beteiligen und in [dem letzten Kapitel von Intelligent investieren] steht das wichtigste Wort für die Geldanlage: ‚Sicherheitsspanne.‘ Ich glaube, dass diese Gedanken auch noch in 100 Jahren als die drei Eckpfeiler der soliden Geldanlage betrachtet werden."[4]

Buffett fasst Graham so zusammen:

„Wenn sich das geeignete Temperament mit dem geeigneten intellektuellen Rahmen verbindet, erhält man rationales Verhalten."[5]

Buffett befürchtet nicht, dass seine Prinzipien schal werden könnten:

„Wenn Prinzipien veralten können, sind sie keine Prinzipien."[6]

ERKENNE DEN FEIND: INFLATION

„Die Arithmetik stellt klar, dass die Inflation eine viel verheerendere Steuer ist als alles, was unser Gesetzgeber umsetzt. Die Inflationssteuer besitzt die fantastische Fähigkeit, Kapital einfach zu verzehren. Für eine Witwe, die ihre Ersparnisse in einem Sparbuch zu 5 Prozent angelegt hat, macht es keinen Unterschied, ob sie in einer Zeit mit null Inflation 100 Prozent Einkommensteuer auf

ihre Zinsen bezahlt oder ob sie in Zeiten mit 5 Prozent Inflation keine Einkommensteuer bezahlt. In beiden Fällen wird sie so stark ‚besteuert', dass sie keinerlei echtes Einkommen hat: Alles Geld, das sie ausgibt, stammt direkt aus ihrem Kapital. Eine Einkommensteuer von 120 Prozent fände sie empörend, aber sie merkt anscheinend nicht, dass 5 Prozent Inflation wirtschaftlich gleichbedeutend sind."[7]

~

„Wenn du meinst, du kannst so in Wertpapiere hinein- und wieder hinaustanzen, dass dies die Inflationssteuer abwehrt, dann wäre ich gern dein Broker – aber nicht dein Partner."[8]

Buffett erklärt, weshalb er auch in Zeiten hoher Inflation Aktien hält:

„Zum Teil ist es Gewohnheit und zum Teil ist es so, dass Aktien gleichbedeutend sind mit Unternehmen und der Besitz von Unternehmen ist viel interessanter als der Besitz von Gold oder Ackerland. Außerdem sind Aktien in Zeiten der Inflation wahrscheinlich immer noch die beste aller schlechten Alternativen – zumindest wenn man sie zu angemessenen Preisen kauft."[9]

Buffett hat ein paar Ideen, wie man die Inflation kontrollieren könnte:

„Ich könnte die Inflation ganz leicht beseitigen oder senken, wenn es ein Gesetz gäbe, das besagte, dass kein Kongressabgeordneter oder Senator in den Jahren wiedergewählt werden könne, in denen der Verbraucherpreisindex um mehr als drei Prozent stiege."[10]

EIN OFFENBARUNGSERLEBNIS

Als Buffett 19 Jahre alt war und sein Hauptstudium an der University of Nebraska absolvierte, las er Grahams Klassiker *Intelligent investieren*.

Er vergleicht dieses Erlebnis mit dem von „Paulus auf der Straße nach Damaskus" und sagt, dadurch habe er gelernt, wie man „einen Dollar für 40 Cent kauft".[11] Buffett sagt über die Zeit, bevor er das Buch las:

> *„Ich habe die ganze Palette durchgemacht. Ich habe Charts gesammelt und all die technischen Sachen gelesen. Ich habe auf Tipps gehört – und dann habe ich Grahams ,Intelligent investieren' in die Hand genommen. Das war, als hätte ich das Licht gesehen."*[12]

~

> *„Ich will nicht wie ein religiöser Fanatiker oder so klingen, aber dieses Buch hat mich wirklich gepackt."*[12]

~

> *„Davor habe ich mit nach Gefühlen und nicht mit dem Kopf investiert."*[14]

BENJAMIN GRAHAM

Zum ersten Mal hatte Warren Buffett mit Graham zu tun, als er dessen Buch *Intelligent investieren* las. Er lernte seinen Helden persönlich kennen, als er sich im Jahr 1950 für ein Graduiertenstudium an der Columbia University einschrieb: „Ben Graham hatte nach meinem Vater mehr Einfluss auf mein Geschäftsleben als irgendeine andere Person", sagt Buffett.[15]

Er erklärt, Graham sei mehr an der geistigen Herausforderung der Geldanlage interessiert gewesen als daran, ein Vermögen

>>>

aufzubauen. Dies machte Graham zusammen mit seiner immensen intellektuellen Neugier, seiner Großzügigkeit und seinem schrägen Sinn für Humor einmalig.[16]

~

Graham und Buffett hatten vieles gemeinsam. Der eloquente, witzige Graham hatte einen großen Freundeskreis. Die Hauptähnlichkeit zwischen den beiden ist das (für uns andere) befremdliche Desinteresse an viel Geld. Kurz nachdem Buffett in Grahams Firma eingetreten war, sagte ihm Graham: „Geld macht für Sie und mich keinen Unterschied. Wir werden uns nicht verändern. Nur unsere Frauen haben ein besseres Leben."[17]

Als Buffett im Jahr 1951 an der Columbia University seinen Abschluss machte, empfahl ihm Graham, seine Investmentkarriere aufzuschieben, bis der überhitzte Markt eine Pause einlegen würde. In jenem Jahr stieg der Dow Jones Industrial Average auf 250 Punkte. Bis zu diesem Zeitpunkt hatte sich der DJIA in all den Jahren seit seiner Einrichtung unter 200 Punkten bewegt.

„Ich hatte etwa 10.000 Mäuse", so Buffett. „Wenn ich den Rat angenommen hätte, dann hätte ich vielleicht immer noch um die 10.000 Mäuse."[18]

Dieser Rat war untypisch, denn Graham hatte seine Karriere auf Warnungen gegen das Market Timing aufgebaut. Im Jahr 1956 setzte sich Graham zur Ruhe, da er es anscheinend müde war und kein Interesse mehr an Aktien hatte.

Anmerkung: Buffett hatte irgendwann mehr Geld als Graham. Als Graham im Jahr 1976 im Alter von 82 Jahren starb, hinterließ er rund drei Millionen Dollar.

»»

„[Graham] ging es nicht um brillante Investments und auch nicht um Moden oder Marotten. Ihm ging es um eine solide Geldanlage und ich glaube, dass einen eine solide Geldanlage sehr wohlhabend machen kann, wenn man es nicht allzu eilig hat – und sie macht einen nie arm, was noch besser ist."[19]

~

„Es verblüfft uns, wie viele Menschen Ben Graham kennen, aber wie wenige sich nach ihm richten. Wir sprechen offen über unsere Prinzipien und schreiben in unseren Jahresberichten ausführlich darüber. Sie sind leicht zu erlernen. Sie sollten auch leicht zu befolgen sein. Aber alle wollen nur eines wissen: ,Was kauft Ihr heute?' Ebenso wie Graham sind wir weithin anerkannt, aber kaum jemand hält sich an das, was wir sagen."[20]

~

„Die meisten von uns hüten die Anlagegedanken, die sie entwickelt haben, eifersüchtig und sprechen nicht darüber, bevor sie nicht die letzte Aktie gekauft haben, die sie sich leisten können. Dann fangen sie an, darüber zu reden. Ben war darin etwas anders. Er lehrte regelmäßig an der Columbia University und am New York Institute of Finance. Er hielt keinen Kurs ohne aktuelle Beispiele und er war absolut bereit, das zu teilen, was andere Menschen für Geheimnisse hielten. Es ist sozusagen der ultimative Akt der Großzügigkeit, wenn man hingeht und jemandem etwas beibringt, das dem eigenen wirtschaftlichen Wohlergehen schädlich ist, und ich habe gesehen, dass Ben das gemacht hat."[21]

Buffett lachte und setzte hinzu: „Das ist ein Teil von Ben, den ich nicht fortgeführt habe."

ANMERKUNG: Buffett enthüllt seine Käufe erst, wenn die Securities and Exchange Commission es verlangt oder erst lange danach, wenn er den Anlegern die Performance von Berkshire Hathaway erklärt. Investments unter 600 Millionen Dollar gibt Berkshire im Allgemeinen nicht bekannt.

~

Hier ein paar typische Graham-Bemerkungen über Geldanlage und Märkte:

> *„Pascal sagte: ‚Das Herz hat Gründe, die der Verstand nicht versteht.' Lesen Sie ‚Herz' als ‚Wall Street'."* [22]

Auch wenn Graham wie Buffett eine angeborene Liebe zur Mathematik besaß, warnte er vor all den Investoren, die Anlagen auf übertrieben beeindruckende Charts, Diagramme oder Formeln stützen:

> *„Selbst wenn das Grundmotiv eines Käufers pure spekulative Gier ist, wünscht die menschliche Natur, diesen unschönen Impuls hinter einem Schirm scheinbarer Logik und gesunden Menschenverstands zu verstecken."* [23]

Graham erinnerte die Anleger häufig daran, dass sie die Unternehmen besitzen, in die sie investieren, und dass sie sich als Besitzer nicht von dem Management einschüchtern lassen sollten:

> *„Ich möchte etwas über verstimmte Aktionäre sagen. Meiner Meinung nach sind nicht genug von ihnen verstimmt. Eines der*

»»»

großen Probleme mit der Wall Street ist, dass sie in Unternehmens-
dingen nicht zwischen einem reinen Störenfried oder ‚Strikeinte-
ressenten' und einem Aktionär mit einer legitimen Beschwerde
unterscheiden kann, die die Aufmerksamkeit der Unternehmensleitung und der Aktionärsgemeinschaft verdient."[24]

Trotz seiner Bewunderung für Graham weicht Buffett in mehreren bemerkenswerten Dingen von ihm ab:

„Ben Graham wollte ausschließlich quantitative Schnäppchen ha-
ben. Ich will quantitative Schnäppchen im Hinblick auf den zukünftigen
Geldfluss. Ich denke, zum letzten Mal klappte es auf Bens Art im großen
Stil in den Jahren 1973 und 1974, damals ging das noch ziemlich leicht."[25]

~

„Ich bin bereit, für ein gutes Unternehmen und für ein gutes
Management mehr zu zahlen als vor 20 Jahren. Ben schaute tenden-
ziell nur auf die Statistiken. Ich schaue immer mehr auf die immate-
riellen Vermögenswerte."[26]

~

Der verstorbene William Ruane, Gründer des höchst erfolg-
reichen Sequoia Fonds, lernte Warren Buffett kennen, als beide
Grahams Seminar auf der Columbia University besuchten. Laut
Ruane malen Graham und Buffett zusammen ein vollständiges
Bild einer richtigen Anlage:

„[Graham] hat die von uns so genannte Bibel geschrieben und Buffett hat sie aktualisiert. Warren hat das Neue Testament geschrieben."[27]

>>>

In späteren Jahren sagte Graham zu Buffett, er hoffe, jeden Tag „etwas Närrisches, etwas Kreatives und etwas Großzügiges" zu tun. Graham sagte, das Erste habe er normalerweise schon vor dem Frühstück geschafft. [28]

Als Graham Ende 70 war und krank in einem Krankenhaus in San Diego lag, bat er Buffett, ihm bei der Überarbeitung von *Intelligent investieren* für eine neue Ausgabe zu helfen. Buffett stimmte zu, aber Graham genas wieder und machte alleine weiter. Graham schienen die von Buffett vorgeschlagenen Änderungen nicht zu gefallen. Was waren das für Veränderungen? Nicht viele, sagte Buffett:

> „Ich wollte ein bisschen mehr über die Inflation erzählen und darüber, wie man als Anleger Unternehmen analysieren sollte. An den zehn Geboten wollte ich überhaupt nichts ändern." [29]

~

Jahrzehntelang wurden Grahams Theorien nur selten in die Lehrpläne von Universitäten aufgenommen, denn laut Buffett:

> „Das ist nicht schwierig genug. Stattdessen wird etwas gelehrt, das schwierig, aber nicht nützlich ist. Die Business Schools belohnen komplexes Verhalten mehr als einfaches Verhalten, aber einfaches Verhalten ist effektiver." [30]

Als sich Buffetts Ruhm und Erfolg jedoch ausbreiteten, nahmen Columbia, Stanford und andere Business Schools Buffetts Lehren in ihre Kursprogramme auf. [31] Jetzt hört Buffett von Anlegern aus der ganzen Welt, die seine Bewunderung für Graham

>>>

teilen: „Er war wirklich auf dem Kompass vieler Menschen der wahre Norden", so Buffett. [31]

Was hatte Graham über Buffett zu sagen? Graham sagte zu Charles Brandes, einem Anleger aus dem kalifornischen Del Mar:

„Warren macht das sehr gut." [32]

KÜMMERE DICH NICHT DARUM, WAS DIE PROFESSOREN SAGEN

Buffett lästert über Investmenttheorien, die an den großen Universitäten gelehrt werden, zum Beispiel über die Theorie der Markteffizienz, über das Beta und über andere Konzepte. Seiner Meinung nach orientieren sie sich zu sehr an abstrakter Theorie und nicht genügend am gesunden Menschenverstand:

„Wenn die Märkte immer effizient wären, würde ich mit einer Blechbüchse an der Straße sitzen." [33]

~

„Wenn man in einen Markt investiert, in dem die Menschen an die Effizienz glauben, ist das so, als würde man mit jemandem Bridge spielen, dem gesagt wurde, es lohne sich nicht, seine Karten anzuschauen." [34]

~

„Mir hat es geholfen, dass Zehntausende [Studenten] aus den Business Schools kamen, denen beigebracht wurde, dass Denken nichts bringt." [35]

„Die derzeitigen Finanzkurse können einem helfen, durchschnittlich zu handeln."[36]

Als Buffetts Partner Charlie Munger nach der modernen Portfoliotheorie gefragt wurde, antwortete er ohne zu zögern: „Dummes Zeug!" Weiter sagte er, ihre Konzepte seien „eine Form von Demenz, die ich nicht einmal einordnen kann".[37]

Was die „Asset Allocation" der Branche betrifft, die in Zukunft die höchste und beste Performance bringt, muss Buffett ebenfalls passen:

> *„Ich nehme, was zu gegebener Zeit verfügbar ist. Wir interessieren uns nicht prinzipiell für Kategorien. Wir interessieren uns für Werte."*[38]

LERNE MR. MARKET KENNEN – ER IST DEIN DIENER, NICHT DEIN FÜHRER

„Mr. Market" ist eine Figur, die Ben Graham erfunden hat, um seinen Studenten hinsichtlich des Marktverhaltens die geistige Erleuchtung zu bringen. Graham sagte, man solle den Aktienmarkt als emotional gestörten Geschäftspartner betrachten.[39] Dieser Partner komme jeden Tag her und biete einen Preis an, zu dem man ihm den eigenen Anteil am Unternehmen verkaufen oder Mr. Markets Anteil daran kaufen könne. Egal wie verrückt sein Angebot sei oder wie oft man es abweise – am nächsten Tag und an allen Tagen danach komme Mr. Market mit einem neuen Angebot zurück. Laut Buffett ist die Moral von der Geschichte: Mr. Market ist dein Diener, nicht dein Führer.

Als im März 1989 der Aktienmarkt stieg, schrieb Buffett:

> *„Weder haben wir eine Ahnung, wie lange diese Exzesse anhalten werden, noch wissen wir, was die Haltung des Staates als Kreditgeber und die der Käufer, die sie anheizen, ändern wird. Wir wissen jedoch: Je weniger Vorsicht*

andere in ihren Geschäften walten lassen, umso mehr Vorsicht sollten wir in den unsrigen walten lassen."[40]

In den letzten Jahren des 20. Jahrhunderts trudelte der Aktienkurs von Berkshire abwärts. Auslöser waren der irrationale Überschwang der Anleger gegenüber allem, was mit Technologie oder Internet zu tun hatte, die Probleme bei der Übernahme von General Re sowie Gerüchte über Buffetts Gesundheit und seine Unfähigkeit, seine frühere Brillanz wieder zu erreichen. Mitte 1998 wurde eine Berkshire-Aktie zum Höchstpreis von 80.000 Dollar gehandelt. Im März 2000 kostete sie fast nur noch die Hälfte. Buffett schrieb im Jahresbericht 2001:

„Hier etwas für diejenigen, die Gefallen an seltsamen Zufällen finden: Die Große Blase endete am 10. März 2000 (auch wenn wir diese Tatsache erst ein paar Monate später begriffen haben). An diesem Tag erreichte der NASDAQ Composite (derzeit bei 1.731) sein Allzeithoch von 5.132 Punkten. Am gleichen Tag wurden Berkshire-Aktien für 40.800 Dollar gehandelt, für den niedrigsten Preis seit Mitte 1997."[41]

Nichtsdestotrotz stieg in den dunklen Tagen der Buchwert von Berkshire, wenn auch nur um einen kleinen Betrag. Und im Jahr 2005 hatte sich der Aktienkurs von Berkshire mehr als erholt. Buffett jammerte allerdings, dass er nicht noch mehr Profite eingeheimst hatte, als einige seiner dauerhaften Positionen wahnsinnig überteuert waren.

„Es war ein großer Fehler, dass ich während der Großen Blase nicht mehrere unserer großen Positionen verkauft habe. Wenn diese Aktien jetzt voll bewertet sind, müssen Sie sich fragen, was ich mir vor vier Jahren gedacht habe, als ihr innerer Wert geringer und ihr Preis weit höher war: Ich frage mich das auch."[42]

Wenn die Bedingungen kippen, wie kann man da als Anleger sicher sein, dass eine vom Markt unterbewertete Aktie irgendwann steigen wird?

„Als ich bei Graham-Newman arbeitete, fragte ich meinen damaligen Chef Ben Graham danach. Er zuckte nur die Schultern und sagte, dass der Markt das immer irgendwann mache. Er hatte recht: Auf kurze Sicht [ist der Markt] ein Abstimmgerät; auf lange Sicht ist er eine Abwägemaschine."[43]

~

„Die Tatsache, dass die Menschen voller Gier, Angst oder Torheit sein werden, ist vorhersehbar. Die Reihenfolge ist nicht vorhersehbar."[44]

~

„Der Markt hilft ebenso wie der Herr jenen, die sich selbst helfen."[45]

IGNORIERE DIE LAUNEN VON MR. MARKET

„Charlie und ich haben nie eine Meinung zum Markt, weil sie nicht gut wäre und weil sie mit unseren guten Meinungen in Konflikt geraten könnte."[46]

~

„Mit einer Wetterfahne kann man nicht reich werden."[47]

~

„Der Markt dient immer nur als Bezugspunkt, um zu sehen, ob irgendjemand anbietet, sich töricht zu verhalten. Wenn wir in Aktien investieren, investieren wir in Unternehmen."[48]

„Wenn wir ein Unternehmen finden, das uns gefällt, wirkt sich das Niveau des Markts nicht wirklich auf unsere Entscheidung aus. Wir entscheiden von Unternehmen zu Unternehmen.

Im Prinzip verbringen wir keine Zeit mit Gedanken über makroökonomische Faktoren. Anders gesagt, wenn uns jemand eine Prognose des besten Denkers auf diesem Gebiet über Arbeitslosenzahlen, Zinssätze oder was auch immer für die nächsten zwei Jahre überreichen würde, dann würden wir das nicht beachten. Wir versuchen uns einfach auf Unternehmen zu konzentrieren, die wir unserer Meinung nach durchschauen und deren Preis und Management uns gefallen. Wenn wir irgendetwas sehen, das damit zu tun hat, was im Kongress passieren wird, lesen wir das nicht einmal. Wir halten es einfach nicht für nützlich, eine Meinung über diese Angelegenheiten zu haben.“[49]

~

„[John Maynard] Keynes hat im Grunde gesagt, versuche nicht herauszufinden, was der Markt macht. Finde ein Unternehmen heraus, das du verstehst, und konzentriere dich.“[50]

~

Aus irgendeinem Grund holen sich die Menschen ihre Hinweise eher von Preisbewegungen als von Werten. Es funktioniert aber nicht, wenn man Dinge tut, die man nicht versteht, oder wenn man sie tut, weil sie letzte Woche oder bei jemand anderem funktioniert haben.

Der dümmste Grund der Welt für den Kauf einer Aktie ist die Tatsache, dass sie steigt.“[51]

~

„Die Zukunft ist niemals klar, am Aktienmarkt bezahlt man einen hohen Preis für frohe Einigkeit. Eigentlich ist die Ungewissheit der Freund des Käufers langfristiger Werte.“[52]

HÖRE DEN RUF DER GELEGENHEIT

Buffett kann zwar keine Marktbewegungen vorwegnehmen, aber es gibt Zeiten, zu denen die Aktienpreise offensichtlich allgemein zu hoch oder zu niedrig sind. Ein Anzeichen dafür ist, wenn es entweder sehr wenige unterbewertete Aktien zu kaufen gibt (der Markt ist in der Stratosphäre) oder wenn es so viele gute Käufe gibt, dass man sie als Anleger gar nicht alle ausnutzen kann (der Markt erreicht eine Talsohle). Im Jahr 1973 waren die Aktien hoch bewertet.

> *„Ich fühlte mich wie ein sexuell nicht ausgelasteter Kerl auf eine einsamen Insel. Ich [fand] nichts zu kaufen."*[53]

Buffetts Verfassung änderte sich im Jahr 1974 nicht, aber seine Position (und der Markt). Einem Reporter sagte er:

> *„Ich fühle mich wie ein sexuell nicht ausgelasteter Kerl in einem Harem. Jetzt ist die Zeit, mit dem Anlegen anzufangen."*[54]

~

> *„Insgesamt profitieren Berkshire und seine langfristigen Aktionäre von einer sinkenden Börse genauso, wie ein regelmäßiger Lebensmittelkäufer davon profitiert, wenn die Lebensmittelpreise sinken. Wenn also der Markt abstürzt – was er von Zeit zu Zeit tut –, sollte man weder in Panik geraten noch stöhnen. Für Berkshire sind das gute Neuigkeiten."*[55]

Manchmal findet Buffett keine attraktiven Investments:

> *„Da mir momentan weder Aktien noch Anleihen gefallen, bin ich das Gegenteil von Mae West, als sie verkündete: ,Ich mag nur zwei Arten von Männern: ausländische und inländische.'"*[56]

Buffett gefallen die Aktien nach eigener Aussage dann, wenn die „Bären sie verschenken".[57] Gelegenheiten können ganz einfach auftauchen, egal ob die Marktbedingungen verheißungsvoll erscheinen oder nicht. Eine trat auf, als eine Gruppe von Studenten der University of Tennessee ihre Jahresfahrt nach Omaha machte, um Berkshire Hathaway zu studieren und sich mit Warren Buffett zu treffen.

Die Studenten schenken ihm jedes Jahr nach den Sitzungen etwas, zum Beispiel einen von ihrem Trainer signierten Football, einen Basketball oder Ähnliches. Im Jahr 2003 schenkten sie Buffett ein Buch, und zwar die Autobiografie von Jim Clayton, dem Gründer von Clayton Homes.

„Ich wusste schon, dass das Unternehmen in der Fertighausbranche Spitze war. Dieses Wissen hatte ich mir angeeignet, als ich den Fehler gemacht hatte, ein paar notleidende Junkbonds von Oakwood Homes, einem der größten Unternehmen der Branche, zu kaufen. Zum Zeitpunkt des Kaufs hatte ich nicht begriffen, welche fürchterlichen Praktiken der Verbraucherfinanzierung sich in der gesamten Fertighausbranche durchgesetzt hatten. Ich lernte jedoch daraus: Oakwood ging ziemlich flott bankrott."[58]

Buffett wusste, dass sich Clayton in Sachen Darlehen „erheblich besser verhielt als seine Hauptkonkurrenten". Als er das Buch bekam, sagte er den Studenten, wie sehr er Clayton bewundere und kurz danach rief er Jim Claytons Sohn Kevin an, um ihm das zu sagen. Bei diesem Telefonat konnte sich Buffett davon überzeugen, dass Kevin, der das Unternehmen inzwischen leitete, zwei überragende Managereigenschaften besaß – er war sowohl ehrlich als auch kompetent.

„Bald danach gab ich ein Angebot für das Unternehmen ab, das ausschließlich auf Jims Buch, meiner Einschätzung von Kevin, der öffentlichen

Finanzdaten von Clayton und dessen, was ich aus meiner Erfahrung mit Oakwood gelernt hatte, basierte."[59]

Der Vorstand von Clayton stürzte sich sofort auf das Angebot, denn die allgemeinen Probleme der Branche hatten umfangreiche Finanzierungen erschwert. Es war froh, dass Buffett das Kapital bereitstellen und verwalten würde, während es selbst das Unternehmen betrieb. Dann schloss sich der Kreis der Geschichte: Clayton kaufte die Vermögenswerte von Oakwood.

„Durch diese Transaktion werden die Herstellungskapazität, die geografische Reichweite und die Anzahl der Verkaufsstellen von Clayton erheblich wachsen. Als Nebeneffekt werden uns die Schuldpapiere von Oakwood, die wir besitzen und die wir mit großem Abschlag gekauft haben, wahrscheinlich einen kleinen Gewinn bringen."[60]

ERKENNE DEN UNTERSCHIED ZWISCHEN PREIS UND WERT

„Der Preis ist das, was man bezahlt. Der Wert ist das, was man bekommt."[61]

~

Als Berkshire im Jahr 1992 die in Omaha ansässige Central States Indemnity Co. kaufte, beschrieb William M. Kizer Sr. die Verhandlungen so:

„Der Preis, den er uns nannte, besagte, dass er Unternehmen für das Zehnfache des [jährlichen] Gewinns kauft. Ich schlug vor: ‚Nun, im letzten Jahr haben wir 10 Millionen Dollar verdient und wenn meine Multiplikation stimmt, dann macht das 100 Millionen Dollar', und ich schluckte. Er sagte: ‚Okay.' Ich sagte: ‚125 Millionen?' Er sagte: ‚Zu spät.'"[62]

STREBE NACH INNEREM WERT

Der innere Wert ist ein bedenkliches und gleichzeitig exklusives Konzept:

> „Es gibt keine Formel für die Berechnung [des inneren Werts]. Man muss das Unternehmen kennen [dessen Aktie man eventuell kaufen will]."[65]

~

> „Die Bewertung eines Unternehmens ist teils Kunst und teils Wissenschaft."[64]

~

> „Es muss nicht im Keller stehen, damit man es kauft. Es muss weniger kosten, als man denkt, dass das Unternehmen wert ist, und es muss von ehrlichen, fähigen Menschen geleitet werden. Wenn man ein Unternehmen für weniger als das kauft, was es heute wert ist, wenn man dem Management vertraut und wenn man eine Gruppe solcher Unternehmen kauft, dann verdient man damit Geld."[65]

Mache dir keine Sorgen, dass dir Value-Anleger alle Angebote wegschnappen:

> „Ich habe in den 35 Jahren, in denen ich es praktiziere, keinen Trend zum Value Investing erlebt. Es scheint einen perversen menschlichen Zug zu geben, der leichte Dinge gern schwer macht."[66]

RECHNE DAMIT, AUS DER REIHE ZU TANZEN

> „Berkshire kauft, wenn die Lemminge in die andere Richtung rennen."[67]

„Die meisten Menschen investieren in Aktien, wenn das auch alle anderen tun. Der richtige Zeitpunkt, sich dafür zu interessieren, ist dann, wenn es sonst niemand tut. Man kann nicht kaufen, was beliebt ist, und damit Erfolg haben." [68]

~

„Man braucht dafür kein Raketenwissenschaftler zu sein. Die Geldanlage ist kein Spiel, in dem jemand mit einem IQ von 160 jemanden mit einem IQ von 130 schlägt. Rationalität ist unentbehrlich." [69]

~

„Zum Glück gibt es mehr als einen Weg in den Finanzhimmel." [70]

DIE „ZIGARRENSTUMMELLEHRE" DER GELDANLAGE

EIN FREUNDLICHES GESPRÄCH ZWISCHEN WALTER SCHLOSS UND WARREN BUFFETT

Als eifriger Student von Ben Graham an der Columbia University fuhr Warren Buffett nach New Jersey zu der Hauptversammlung eines Unternehmens, von dem Graham Aktien besaß. Walter Schloss, der bei der Graham-Newman Co. arbeitete, war auch da. Die beiden kamen ins Gespräch, gingen zusammen essen und sind seither Freunde. Schloss verließ später Grahams Firma und machte sich selbstständig. Buffett stellte in seinem berühmten Aufsatz „The Super Investors of Graham and Doddsville" besonders die bemerkenswerte Investmentbilanz von Schloss heraus.

›››

Schloss brachte 39 Jahren lang durch dick und dünn einen kumulierten Jahresertrag von gut 20 Prozent, während der Standard & Poor's 500 Index knapp unter 10 Prozent zulegte. Schloss hält die Kosten des Fonds möglichst gering und verzichtet in den Jahren, in denen sein Fonds keinen Gewinn macht, auf die Verwaltungsgebühren. „Ich finde nicht, dass ich bezahlt werden sollte, wenn ich lausige Arbeit abliefere", sagt Schloss dazu.[71]

„Ich finde, Walters Betriebsführung sollte uns allen eine Lehre sein (die Charlie bereits gemeistert hat). Tatsächlich betreibt er mit dem, was es Berkshire kostet, die Triebwerke der Indefensible zu starten, ein Jahr lang ein Büro", so Buffett.[72]

Das Folgende ist eine komprimierte Version eines freundschaftlichen Meinungsaustauschs zwischen Buffett und Schloss[73] bei der Gedenkfeier der New York Society of Security Analysts anläßlich Benjamin Grahams 100. Geburtstag. Buffett erklärte, Graham betrachtete es gewissermaßen als Mogelei, Hilfsmittel zu benutzen, die Privatanlegern nicht zur Verfügung stehen, wie zum Beispiel Gespräche mit Spitzenmanagern.

Buffett: Ich war geneigt zu mogeln, aber Walter war da puristischer. Er hat sich über die Jahre eine Anlagebilanz erarbeitet, das kann ich Ihnen sagen!

Schloss: Ich rede wirklich nicht gern mit dem Management. Mit Aktien kann ich tatsächlich besser umgehen. Sie diskutieren nicht mit einem. Sie haben keine emotionalen Probleme. Man braucht nicht mit ihnen Händchen zu halten. Nun ist Warren ein ungewöhnlicher Mensch, denn er ist nicht nur ein guter Analyst, sondern auch ein guter Verkäufer und er hat eine sehr gute Menschenkenntnis. Das ist eine ungewöhnliche Kombination. Wenn ich jemanden zusammen mit einem Unternehmen

»»

[übernehmen] würde, dann bin ich sicher, dass er gleich am nächsten Tag kündigen würde. Ich würde seinen Charakter falsch beurteilen oder sonstwas – oder ich würde nicht verstehen, dass er das Unternehmen wirklich nicht mochte, dass er es wirklich verkaufen und aussteigen wollte. Warrens Leute verkrümeln sich wieder, nachdem er ein Unternehmen gekauft hat, das ist ein sehr ungewöhnlicher Zug.

Schloss (im weiteren Verlauf der Diskussion): Ich besitze eine Menge Aktien. Warren *mag* das nicht, aber ich *kann nicht anders.* Man muss das machen, womit man sich wohlfühlt, auch wenn das nicht so profitabel ist wie das, was Warren macht. Es gibt nur einen Warren. [Da ich so viele Aktien habe], ist das Risiko jeder einzelnen nicht so groß. Ich versuche, Wertpapiere zu kaufen, die eher nach dem Vermögen als nach dem Gewinn unterbewertet sind. Ich komme mit den Vermögenswerten besser zurecht als mit den Gewinnen, weil es Gewinne so an sich haben, sich zu ändern.

Buffett (im weiteren Verlauf der Diskussion und nicht willens, in dieser Sache nachzugeben): Walter hat schon Hunderte und Aberhunderte Wertpapiere besessen. Ich bezeichne das als den „Zigarrenstummelansatz". Man findet diese bis auf den Stummel heruntergerauchten Zigarren, sie sind umsonst. Man liest sie auf und bekommt noch einen kostenlosen Zug daraus. Zu einem gewissen Preis ist alles ein Kauf. In letzter Zeit sagt Walter, er muss sich gelegentlich mal wieder eine neue Zigarre kaufen, aber er erwirbt sie zum Ausverkaufspreis.

Bei einer anderen Gelegenheit sagte Schloss über Buffett: „So etwas wie ihn hat es noch nie gegeben ... es wird schwer werden, das Wachstum fortzusetzen. Vielleicht fusioniert er [Berkshire] ja mit Kanada."[74]

GEWINNE, GEWINNE, GEWINNE

Gewinne oder die Verheißung zukünftiger Gewinne verleihen Aktien ihren Wert:

> *„Wir mögen Aktien, die eine hohe Kapitalrendite bringen und bei denen es sehr wahrscheinlich ist, dass sie das auch weiterhin tun werden. Zum Beispiel wurde Coca-Cola beim letzten Mal, als wir es kauften, mit einem Kurs-Gewinn-Verhältnis von 23 gehandelt. Nimmt man unseren Kaufpreis und die heutigen Gewinne, ergibt das ein KGV von rund 5. Eigentlich ist es die Wechselwirkung des eingesetzten Kapitals, der Rendite dieses Kapitals und des zukünftig generierten Kapitals mit dem heutigen Kaufpreis.“[75]*

~

> *„Wenn das Unternehmen gut läuft, ziehen die Aktien irgendwann nach.“[76]*

Buffett erklärt, dass der Kauf der Aktien von Unternehmen mit stabilen Gewinnen eine Absicherung gegen die Inflation ist:

> *„Eine Ironie der inflationsbedingten finanziellen Anforderungen besteht darin, dass hochrentable Unternehmen – normalerweise mit bester Bonität – relativ wenig Schuldkapital benötigen. Die Rentabilitätsnachzügler können jedoch nie genug bekommen. Die Kreditgeber durchschauen dieses Problem klarer als noch vor zehn Jahren – und sind darum weniger bereit, kapitalhungrige, wenig rentable Unternehmen sich endlos verschulden zu lassen.“[77]*

Ein Geschäftsquartal macht noch keinen Gewinntrend, stellte Buffett fest, als er die Geschäftsentwicklung von Salomon Inc. besprach:

*„So lange wir eine Eigenkapitalrendite von 15 Prozent erzielen, mache
ich mir um die Quartalsergebnisse keine Sorgen."* [78]

BLICKE NACH VORNE, NICHT ZURÜCK

*„Die Pensionsfondsmanager halten ihre Augen bei Investitionsentschei-
dungen immer noch starr auf den Rückspiegel gerichtet. Diese allgemeine
Methode, die letzte Schlacht zu kämpfen, hat sich in der Vergangenheit als
kostspielig erwiesen und wird sich diesmal wahrscheinlich als genauso
kostspielig erweisen."* [79]

~

*„Selbstverständlich profitiert der Anleger von heute nicht von dem
Wachstum von gestern."* [80]

VERMEIDE RISIKEN

Der Autor Timothy Vick erklärt, dass „Warren Buffett immer versucht, seine Verluste absolut auf null zu minimieren. Die Menschen sagen, Buffett sei ein großartiger ‚Aktienpicker'. Ich sehe ihn als großen
Vermeider [schlechter Investments]." [81]

*„Ich lege erhebliches Gewicht auf Gewissheit … Wenn man das tut, ergibt
die ganze Idee von einem Risikofaktor für mich überhaupt keinen Sinn. Man
macht etwas nicht, wo man ein erhebliches Risiko eingeht. Es ist jedoch nicht
riskant, Wertpapiere zu einem Bruchteil ihres Werts zu kaufen."* [82]

Buffett benutzt häufig die *The Washington Post* als Beispiel für ein
risikofreies Investment. Im Jahr 1973 betrug der Marktpreis der *Post* 80
Millionen Dollar und das Unternehmen hatte keine Schulden:

„Wenn man irgendjemanden aus der Branche gefragt hätte, was das Eigentum [der Post] wert war, hätte es geheißen, 400 Millionen Dollar oder so. Man hätte mitten auf dem Atlantischen Ozean um zwei Uhr morgens eine Auktion veranstalten können und es wären Menschen gekommen, die so viel dafür geboten hätten. Sie wurde von ehrlichen, fähigen Leuten geleitet, die alle einen beträchtlichen Teil ihres Vermögens in dem Geschäft stecken hatten. Das war eine scheußlich sichere Sache. Es hätte mir nichts ausgemacht, mein gesamtes Vermögen da hineinzustecken. Nicht im Geringsten."[83]

~

„Risiko kommt daher, dass man nicht weiß, was man tut."[84]

Dazu muss man sagen, dass sich die Versicherungsbranche nur darum dreht, Risiken einzugehen und gelegentlich den Schlag einer „Mega-Cat" (das Kurzwort für „Mega-Catastrophe" oder Mega-Katastrophe) einzustecken. Das gilt vor allem für das Rückversicherungsgeschäft. Buffetts Versicherungsgruppe hat die Olympischen Winterspiele 2002 versichert, das Leben des Boxers Mike Tyson und viele Lotterien. Auch nach dem 11. September 2001 stellt Berkshire immer noch größere Rückversicherungspolicen gegen Terrorismus aus.

„Wenn es in einer Stadtregion ein größeres Erdbeben gibt oder wenn ein Wintersturm durch Europa fegt, zünden Sie eine Kerze für uns an."[85]

Die Rückversicherungsgruppe von Berkshire Hathaway hat durch die Terroranschläge auf das World Trade Center am 11. September 2,2 Milliarden Dollar verloren. Einen weiteren Schlag musste sie im Jahr 2005 hinnehmen, als 2,5 Milliarden Dollar Verlust durch die Hurrikans Katrina, Rita und Wilma die Deckung in die roten Zahlen brachten. Der Trick, wie man überlebt, besteht darin, dass man ein ausreichend starkes Unternehmen hat, das gelegentliche Rückschläge von beträchtlicher Größenordnung aushält. Obwohl das Jahr 2006 ein ruhiges Jahr war, werden Hurrikans und Unwetter für die Versicherungsgesellschaften immer problematischer:

„Waren die schrecklichen Hurrikanjahre 2004 und 2005 Ausnahmen? Oder waren sie die ersten Warnungen unseres Planeten, dass das Klima des 21. Jahrhunderts erheblich von dem abweichen wird, was wir in der Vergangenheit erlebt haben? Wenn die Antwort auf die zweite Frage Ja lautet, wird das Jahr 2006 bald als irreführende Periode der Ruhe vor einer Serie verheerender Stürme wahrgenommen werden. Diese könnten die Versicherungsbranche erschüttern: Es ist naiv zu glauben, Katrina sei auch nur entfernt das schlimmste anzunehmende Ereignis." [86]

Zwischen kalkuliertem Risiko und verzweifelter Hoffnung besteht ein großer Unterschied:

„Vor langer Zeit lieferte uns Sir Isaac Newton drei Bewegungsgesetze, die das Werk eines Genies waren. Isaacs Talente erstreckten sich jedoch nicht auf die Geldanlage. Er verlor eine Menge Geld durch die Südseeblase und erklärte später: ‚Ich kann die Bewegungen der Sterne berechnen, aber nicht den Wahnsinn der Menschen.‘ Wenn Sir Isaac nicht durch den Verlust traumatisiert gewesen wäre, hätte er durchaus das Vierte Bewegungsgesetz entdecken können: Für die Gesamtheit der Anleger nimmt der Ertrag mit zunehmender Bewegung ab." [87]

SPIELE NICHT

„Der Hang zum Glücksspiel wird immer durch einen großen Gewinn im Verhältnis zu einem kleinen Startgeld verstärkt, egal wie schlecht die wahren Chancen auch sein mögen. Deshalb werben die Kasinos in Las Vegas mit großen Jackpots und die staatlichen Lotterien preisen hohe Gewinne an." [88]

Manche Produkte der Futures-Märkte sind nichts weiter als Glücksspiele, bei denen die Kasinobesitzer den fetten Rahm abschöpfen:

> *„Je größer die Aktivität ist, umso höher sind die Kosten für das Publikum und umso größer ist der Geldbetrag, den sie hinterlassen und der in der Brokerbranche verteilt wird."* [89]

Wenn du ins Kasino gelockt wirst, pass auf, was du trinkst:

> *„Man bekommt es am Markt mit vielen dummen Menschen zu tun. Es ist wie ein großes Kasino und alle anderen saufen. Wenn man sich an Pepsi [oder Coca-Cola] halten kann, sollte man eigentlich zurechtkommen."* [90]

Marshall Weinberg von der Brokerfirma Gruntal & Co. erzählte, wie er einmal mit Buffett in Manhattan essen ging: „Er aß ein außergewöhnliches Schinken-Käse-Sandwich. Ein paar Tage später gingen wir wieder essen. Er sagte: ‚Gehen wir wieder in dieses Restaurant.' Ich sagte: ‚Da waren wir doch erst.' Er erwiderte: ‚Eben. Warum das Risiko eines anderen Lokals eingehen? Wir wissen genau, was wir bekommen.' Das ist es", so Weinberg, „wonach Warren auch bei Aktien sucht. Er investiert nur in Unternehmen, bei den die Chancen groß sind, dass sie nicht enttäuschen werden". [91]

> *„Die Menschen lassen sich lieber einen [voraussichtlich] gewinnenden Lottoschein für nächste Woche verkaufen als eine Gelegenheit, langsam reich zu werden."* [92]

Glücksspiele am Markt sind für die Anleger tückisch und sie wirken sich nachteilig auf die Volkswirtschaft aus:

> *„Wir brauchen weder noch mehr Menschen, die mit den unnötigen Instrumenten, die in diesem Land mit dem Aktienmarkt identifiziert werden,*

Glücksspiel betreiben, noch Broker, die sie dazu ermuntern. Was wir brauchen, sind Anleger und Berater, die auf die langfristigen Aussichten von Unternehmen schauen und entsprechend investieren. Wir brauchen den intelligenten Einsatz von Investmentkapital und keine fremdfinanzierten Wetten auf den Markt. Die Neigung in intelligenten, sozialfreundlichen Bereichen der Kapitalmärkte zu agieren, wird durch einen aktiven, aufregenden Kasinobetrieb in quasi dem gleichen Bereich, der in etwa die gleiche Sprache verwendet und vom gleichen Personal bedient wird, nicht verstärkt, sondern geschwächt."[93]

ACHTE AUF UNGEWÖHNLICHE UMSTÄNDE

„Großartige Investmentchancen treten auf, wenn in hervorragenden Unternehmen ungewöhnliche Umstände herrschen, die zu einer Fehlbewertung der Aktien führen."[94]

LASS DICH VON DEN UMSTÄNDEN NICHT ÜBERRASCHEN

„Erst wenn die Ebbe beginnt, merkt man, wer nackt badet."[95]

VERMEIDE ÜBERZOGENE SCHULDEN

Buffett bezeichnet geliehenes Geld als Dolch, der an das Steuer des Unternehmens gebunden und direkt auf das Herz gerichtet ist:

„Eines Tages erwischt man ein Schlagloch."[96]

Charlie Munger hat auch seine Meinung über Schulden: „Was den Kauf von Aktien auf Margin angeht, sind Warren und ich Angsthasen. Es besteht immer eine kleine Katastrophenwahrscheinlichkeit, wenn man Wertpapiere besitzt, die an andere verpfändet sind. Im Idealfall nimmt man Schulden so auf, dass einen nichts Vorübergehendes stören kann."[97] Buffett sagt auch, dass das wachsende Handelsdefizit der Vereinigten Staaten eine gefährlich auflaufende Verschuldung ist, die durch US-Vermögen besichert ist:

> *„Im Streben nach einer ausgeglichenen Handelsbilanz sind unsere Reichtümer unser Fluch. Wenn es uns schlechter ginge, würden die wirtschaftlichen Realitäten unser Handelsdefizit begrenzen. Da wir jedoch reich sind, können wir weiterhin gewinnbringenden Besitz gegen konsumierbaren Tand eintauschen. Wir sind so ähnlich wie eine Farmerfamilie, die jedes Jahr Land verkauft, damit sie einen Lebensstil aufrechterhalten kann, der durch ihren derzeitigen Ausstoß nicht gedeckt ist. Bis das Ackerland weg ist, herrscht Freude und kein Schmerz. Doch am Ende tauscht die Familie das Leben eines Besitzers gegen das Leben eines Farmpächters ein."*[98]

Buffett schlägt eine Lösung für das Außenhandelsproblem vor: die Ausstellung von Importzertifikaten auf eine gewisse Menge exportierter Waren. Dazu bräuchte man, um die gleiche Menge an Waren in die Vereinigten Staaten zu importieren, dann ein entsprechendes Importzertifikat. Der Exporteur könnte seine Zertifikate an Importeure verkaufen. Dann würde sich ein System des Kaufs, Verkaufs und Tauschs von Zertifikaten ausbilden und der Wert der Importe und Exporte wäre immer gleich groß.

Buffett hat diesen Plan im Jahr 1987 in einem Artikel für die *The Washington Post* dargelegt. Man hat sich damals nicht gerade um Buffetts Plan geprügelt, wohl weil sein Vorschlag die Importpreise erhöhen und den Verbrauch ausländischer Waren in den Vereinigten Staaten senken würde (und so unseren landesweiten Impuls in den Griff bekommen würde, mehr zu konsumieren als wir produzieren).

HALTE NACH SCHNÄPPCHEN AUSSCHAU, DIE DICH ANSPRINGEN

Autoren, die über Buffetts Anlagestil geschrieben haben, sagen, wie er den Cashflow bestimmt, den das Unternehmen heute und in der Zukunft generiert, indem er diesen Cashflow mit einem vernünftigen Prozentsatz auf die Gegenwart abzinst. Ist es möglich, dass Buffett solche Berechnungen einfach im Kopf vornimmt? Vielleicht. Jedenfalls scheint es nichts Schriftliches zu geben:

„Warren spricht von diskontierten Cashflows ... Ich habe nie gesehen, dass er einen berechnet hätte", sagte Munger verärgert.

„Das stimmt", erwiderte Buffett. „Wenn einen [der Wert eines Unternehmens] nicht anspringt, ist es zu knapp."[99]

MACHE, WENNS GEHT, ARBITRAGEGESCHÄFTE

Wenn man Buffetts Anlagemethode auf ihre einfachste Form reduziert, sind seine Aktivitäten in drei Hauptkategorien gegliedert:

1. *Allgemeine Investments* Das sind unterbewertete Wertpapiere hoher Qualität, die einen bequemen Sicherheitsabstand bieten.
2. *Kontrollbeteiligungen* Dazu gehören Unternehmen, an denen Berkshire eine Mehrheitsbeteiligung besitzt oder die ihm vollständig gehören. In manchen Fällen ist Buffett von einer allgemeinen Investition zum vollständigen Besitz übergegangen, zum Beispiel bei Berkshire Hathaway und bei GEICO.
3. *Arbitragen oder „Special Situations"* Das sind Chancen, die sich im Zuge von Fusionen, Übernahmen, Restrukturierungen, Liquidierungen, Abweichungen von Devisenkursen oder Rohstoffpreisen und so weiter ergeben können.

„Da meine Mutter heute Abend nicht hier ist, beichte ich Ihnen sogar, das ich auch ein Arbitrageur bin", sagte Buffett einmal auf einem Wirtschaftsseminar.[100] Buffett lernte die Arbitrage in seiner Anfangszeit bei Graham-Newman. In ihrer Reinform besteht die Arbitrage darin, dass man an einem bestimmten Markt günstig einkauft und an einem anderen Markt zu einem höheren Preis verkauft. Buffett wendet die Arbitrage an, wenn ein Unternehmen die Übernahme eines anderen Unternehmens zu einem höheren Preis als dem aktuellen Aktienkurs ankündigt:

> *„Wir schauen uns das Arbitragegeschäft an, sobald etwas bekannt wird. Wir schauen, was [das Unternehmen] angekündigt hat, was es unserer Meinung nach wert sein wird, was wir dafür bezahlen müssen und wie lange wir dabei bleiben werden. Wir versuchen, die Wahrscheinlichkeit dafür zu berechnen, dass es etwas wird. So ist die Berechnung. Der Name [der beteiligten Unternehmen] spielt keine große Rolle."[101]*

Anfang 1998 gab Buffett bekannt, dass Berkshire 129,7 Millionen Unzen Silber gekauft hatte, was 30 Prozent der weltweiten oberirdischen Reserven darstellte. Buffett hatte am 25. Juli 1997 angefangen zu kaufen, als die Silber-Futures-Kontrakte auf 4,3 Dollar pro Unze standen – dem niedrigsten Preis seit 650 Jahren. Das Silber kostete Berkshire 560 Millionen Dollar. Als Buffett im Februar 1998 den Silberkauf bekannt gab, war der Wert des Investments auf 850 Millionen Dollar angewachsen.

Das ist die größte einzelne Silberposition seit die Gebrüder Hunt offensichtlich im Jahr 1980 versuchten, den Silbermarkt zu verknappen. Trotz der erstaunlichen Menge, die Buffett auf die Seite legte, sind das nur rund zwei Prozent von Berkshires Kapital.

Zum ersten Mal interessierte sich Buffett für Silber in den 1960er-Jahren, als die US-Regierung im Begriff stand, die Silbermünzen aus dem

Verkehr zu ziehen. Obwohl er danach kein Silber besaß, behielt er die Silberwerte im Auge. Als die Silbervorräte dramatisch zurückgingen, da die Nachfrage sehr viel stärker war als die Förderung und die Rückgewinnung, kamen Buffett und Munger zu dem Schluss, dass an einem Punkt wieder ein Gleichgewicht erreicht und der Preis dann höher sein würde. Das Gleichgewicht stellte sich auch ein, aber das dauerte eine gute Weile. Auf der Hauptversammlung 2000 erklärte Munger: „Das ist eine langweilige Fahrt." Doch so langsam federte der Silberpreis zurück. Im Jahr 2005 erreichte er 8,8 Dollar pro Unze und im Februar 2007 stieg er auf 13,7 Dollar. Der Wert von Buffetts Silber hatte sich in neun Jahren auf fast 1,8 Milliarden Dollar verdreifacht.

HABE GEDULD

„So etwas wie einen angesagten Strike gibt es bei Geldanlagen nicht. Es kann sein, dass man auf der Plate steht und der Pitcher einen Ball genau in die Mitte wirft; das ist so, wenn General Motors auf 47 steht und man nicht genug weiß, um über General Motors bei 47 zu entscheiden, dann lässt man es einfach vorübergehen und niemand sagt einen Strike an. Einen Strike bekommt man nur, wenn man ausholt und danebenschlägt." [102]

Bei einer anderen Gelegenheit sagte Buffett:

„Ich schlage nie nach einem Ball, wenn er noch im Handschuh des Pitchers liegt." [103]

~

„Man tut etwas, wenn sich die Gelegenheit bietet. Es gab Zeiten in meinem Leben, da kamen ein Haufen Ideen daher, und es gab Zeiten, da hatte ich lange Durststrecken. Wenn mir nächste Woche eine Idee kommt, mache ich etwas. Wenn nicht, dann tue ich nicht das Geringste." [104]

„Man könnte irgendwo sein, wohin die Post drei Wochen braucht, und trotzdem anständig investieren." [105]

DENKE SELBST

Laut Munger hat Buffett dank seiner Herkunft aus Omaha die Einstellung eines Pioniers, der auf sich gestellt ist: „Buffett glaubt, dass erfolgreiche Geldanlage von Natur aus eigentlich unabhängig ist." [106]

~

Wie viel Aufmerksamkeit schenkt Buffett den Empfehlungen von Brokern?

„Frag nie den Friseur, ob du einen Haarschnitt brauchst." [107]

Zum Thema Börsenprognosen:

„Prognosen sagen uns gewöhnlich mehr über den Analysten als über die Zukunft." [108]

Fortwährend bitten Menschen Buffett, in ihre Ideen zu investieren. Den meisten sagt er:

„Mit meiner Idee und Ihrem Geld wird das schon klappen." [109]

Buffett und Munger bilden einen Zwei-Personen-Ausschuss und manchmal scheint sogar Charlie außen vor zu bleiben:

„Meine Vorstellung von einer Gruppenentscheidung ist ein Blick in den Spiegel." [110]

„Wenn der [ehemalige] Fed-Vorsitzende Alan Greenspan mir ins Ohr flüstern würde, wie seine Geldpolitik in den nächsten zwei Jahren aussehen würde, dann würde das an keiner einzigen Sache etwas ändern, die ich tue."[111]

Höre vor allem auf keinen Computer:

„Je mehr Instrumente erfunden werden, umso schlauer müssen die Marktteilnehmer sein."[112]

~

„Man muss selbst denken. Es erstaunt mich immer, wie sehr Menschen mit einem hohen IQ nur nachahmen. Ich bekomme nie gute Ideen aus Gesprächen mit anderen Menschen."[113]

NIMM DIE RICHTIGEN WERKZEUGE

Buffetts Empfehlung an den unabhängigen Anleger lautet:

„Man sollte über die Funktionsweise von Unternehmen und über die Geschäftssprache [die Bilanzierung] Bescheid wissen, Begeisterung für das Thema haben und ein gewisses Temperament, das wichtiger sein kann als die Höhe des Intelligenzquotienten. Dies versetzt einen in die Lage, selbst zu denken und diverse Formen der Massenhysterie zu vermeiden, die von Zeit zu Zeit die Anlagemärkte befallen."[114]

Die Grundlagen der Bilanzierung zu durchschauen ist eine Form der Selbstverteidigung:

„Wenn einem Manager die Fakten über das Unternehmen vermitteln wollen, dann funktioniert das über die Regeln der Bilanzbuchhaltung.

Wenn sie Spielchen mit einem spielen wollen, funktioniert das zumindest in manchen Branchen aber leider auch über die Regeln der Bilanzbuchhaltung. Wenn man den Unterschied nicht erkennen kann, sollte man nicht im Aktienauswahlgeschäft tätig sein."[115]

HÜTE DICH VOR DER WALL STREET

„Die Wall Street ist der einzige Ort, an den die Menschen im Rolls Royce fahren, um sich Rat von Menschen zu holen, die die U-Bahn nehmen."[116]

~

„Vollzeitprofis aus anderen Bereichen, zum Beispiel Zahnärzte, bringen dem Laien sehr viel. Professionelle Vermögensverwalter bringen den Menschen jedoch alles in allem nicht viel für ihr Geld."[117]

~

„Die Wall Street charakterisiert die starke Vermehrung wahnsinniger Finanzspiele gern als anspruchsvolle Aktivität, die der Gesellschaft zugute kommt und die Feinabstimmung einer komplexen Wirtschaft erleichtert. Die Wahrheit sieht jedoch anders aus: Kurzfristige Transaktionen wirken oft wie ein unsichtbarer Fuß, der der Gesellschaft vors Schienbein tritt."[118]

Eine der Lieblingszielscheiben von Buffett sind die Optionshändler:

„Ich habe schon immer die Fantasievorstellung, dass eine Bootsladung mit 25 Brokern schiffbrüchig wird und sich auf eine Insel schleppt, von der es keine Rettung gibt. Ich frage mich, ob sie dann, wenn sie mit der Entwicklung einer Wirtschaft konfrontiert sind, die ihren Konsum und ihren Spaß maximieren soll, 20 Leute für die Produktion von Essen, Kleidung, Behausung und so weiter einteilen würden, aber 5 dafür, dass sie endlos mit Optionen auf den zukünftigen Ausstoß der 20 handeln."[119]

„Zu vieles an der Wall Street – Unternehmen und Aktien – wird nur als Rohmaterial für Handelsgeschäfte betrachtet."[120]

Charlie Munger stimmt nach eigener Aussage mit John Maynard Keynes überein, der die Anlageverwaltung einmal als „niedrigen Beruf" bezeichnet hat.

„Warren und ich sind da ein bisschen anders, denn wir leiten tatsächlich Unternehmen und teilen ihnen Kapital zu. Keynes leistete Wiedergutmachung für seine ‚Sünden', indem er Geld für sein College verdiente und seiner Nation diente. Ich benutze meine sonstigen Aktivitäten als Wiedergutmachung und Warren benutzt seinen Anlageerfolg, um ein großartiger Lehrer zu sein. Wir lieben es, für die Menschen Geld zu verdienen, die uns frühzeitig vertraut haben, als wir noch jung und arm waren."[121]

KAUFE NUR WERTPAPIERE, DIE DU VERSTEHST

„Geldanlage muss rational sein. Wenn du sie nicht verstehst, mache sie nicht."[122]

~

Nach der Nutzung von Derivaten als Anlagevehikel gefragt, sagte Buffett, es gebe eine zweifache Gefahr: Derivate würden von Anlegern selten gut durchschaut und sie hätten häufig eine große Hebelwirkung:

„Wenn man Ignoranz und geliehenes Geld kombiniert, kann das interessante Folgen haben."[124]

Buffett hatte ein paar höchst profitable Jahre mit direkten Deviseninvestitionen. Sie beruhten auf Forward-Kontrakten, die ja Derivate sind:

„Warum, so mögen Sie sich fragen, machen wir mit solchem potenziell toxischen Material herum? Die Antwort lautet, dass Derivate genauso wie Aktien und Anleihen manchmal irrsinnig falsch bewertet sind."[125]

Buffett sagt, er habe sich im Laufe der Jahre bei seltenen Gelegenheiten eingehend mit Derivaten befasst, gewöhnlich mit großen Dollarbeträgen. Er verwaltet diese tückischen Anlagen persönlich und bislang haben sie Vorsteuergewinne in Höhe von Hunderten Millionen Dollar gebracht.

Berkshire besaß vier Millionen Aktien der General Motors Corporation und heimste im Oktober 1985 einen Gewinn von 332 Millionen Dollar ein, als das Unternehmen an Philip Morris Co. verkauft wurde. General Foods besitzt bekannte Marken wie Tang, Jell-O und Kool-Aid. Buffett sagte einmal:

„Kool-Aid verstehe ich."

EIN ALTER HASE STREIFT DURCH NEUE MÄRKTE

Was für einzelne Aktien gilt, das gilt auch für Aktienmärkte. In diesem Bereich hat sich Buffett allerdings geändert. Er hat einmal gesagt:

„Es ist schon schwer genug, die Besonderheiten und Komplexitäten der Kultur zu verstehen, in der man aufgewachsen ist, und erst recht die Vielfalt anderer Kulturen. Jedenfalls muss die Mehrzahl unserer Aktionäre ihre Rechnungen sowieso in US-Dollar bezahlen."[126]

Dazu kommt, dass der US-Aktienmarkt riesengroß ist:

„Wenn ich an einem Fünf-Billionen-Dollar-Markt kein Geld verdienen kann, dürfte es ein wenig Wunschdenken sein, zu meinen, ich bräuchte

*bloß ein paar 1.000 Meilen zu fahren und meine Sachen dort vorzufüh-
ren."*[127]

Nach und nach hat Buffett seine Einstellung zu Anlagen im Ausland
gemildert. Das liegt zum Teil an der Knappheit verlockender Investments in den Vereinigten Staaten, es hat aber auch mit seinen Ansichten über die unausgeglichene Handelsbilanz der Vereinigten Staaten
und mit den negativen Auswirkungen zu tun, die sie letztlich auf den
Dollar haben wird.

Im Jahr 2002 ging Buffett Forward-Kontrakte über die Lieferung
von US-Dollar gegen andere Devisen in Höhe von 11 Milliarden Dollar
ein; diese Kontrakte brachten einen Profit von rund 2,2 Milliarden
Dollar. Doch aufgrund der Bilanzierungsregeln für langfristige Devi-
senkontrakte wurden die Gewinne in allen Quartalen verzerrt. Buffett begann seine Devisenpositionen zu reduzieren und glich dies
teilweise durch den Kauf von Aktien aus, die in diversen Auslands-
währungen notieren und die einen großen Teil ihres Gewinns aus
dem Ausland beziehen. Bis zum Jahr 2006 war er vollständig aus dem
Direktmarkt für Devisen ausgestiegen, da es keine rentablen Span-
nen mehr gab.

Auf einer Reise nach Großbritannien im Jahr 2002 sagte er dem *Sun-
day Telegraph*, er sei auf der Suche nach einem „Big Deal" in diesem Land.

*„Wir jagen Elefanten ... Wir haben ein Elefantengewehr und es ist ge-
laden."*[128]

Zu seinen Vorstößen nach Großbritannien zählen der Spirituosen-
hersteller Allied Domecq PLC, Yorkshire Electricity und die Le-
bensmittelkette Tesco. Außerdem kaufte er vier Prozent des koreani-
schen Stahlproduzenten Posco und riss mehrere israelische Technolo-
gieunternehmen an sich.

Auf der Hauptversammlung 2006 sagte Buffett, wenn er noch einmal von vorn anfangen müsste, würde er weltweit investieren.

PETROCHINA

PetroChina ist gemessen an der Marktkapitalisierung der viertgrößte Ölkonzern der Welt, nur knapp hinter Royal Dutch Shell. Berkshire hält 2,3 Milliarden Aktien, was einer Auslandsbeteiligung von 1,3 Prozent an dem Unternehmen entspricht. Buffett bezahlte für die Aktien 488 Millionen Dollar und bis Ende 2006 war ihr Wert auf 3,3 Milliarden Dollar gestiegen.

Hauptaktionär von PetroChina ist der chinesische Staat. Diese Tatsache und eine Welle der Empörung über Menschenrechtsverletzungen im Sudan veranlassten Buffett, einen Kommentar auf die Webseite von Berkshire zu stellen. Aktivisten behaupten, PetroChina besitze bedeutende Investitionen im Sudan, deren Erträge eine missbräuchliche, autoritäre Regierung am Leben erhalten würden. Es wurde der Ruf laut, Buffett solle seine PetroChina-Aktien abstoßen. In dem Internetkommentar stellte Buffett fest, dass er keine Belege dafür habe, dass PetroChina im Sudan operiere, wohl aber der chinesische Staat.

„Man kann die Aktivitäten des chinesischen Staates weder PetroChina noch den anderen großen, staatlich kontrollierten Unternehmen China Mobile, China Life oder China Telecom anlasten. Die Töchter haben keine Kontrolle über die Politik ihrer Mutter."[129]

Im Weiteren warnt Buffett die Protestierer, sich vor unbeabsichtigten Folgen zu hüten. Wenn China seine Investitionen im Sudan verkaufen würde, dann wäre es gezwungen, dies zu einem sehr niedrigen Preis zu tun, und der wahrscheinlichste Käufer wäre der sudanesische Staat.

„Nach einer solchen Transaktion stünde der sudanesische Staat finanziell besser da, denn seine Öleinnahmen würden beträchtlich steigen. Da Öl ein ersetzbares Produkt ist, würde der Sudan sein Öl genauso auf dem Weltmarkt verkaufen, wie es Saddam Hussein mit irakischem Öl getan hat und wie es jetzt der Iran tut. Wer die Ausgliederung der staatlichen chinesischen Investitionen verficht, sollte sich die wichtigste Frage in wirtschaftlichen Dingen stellen: ‚Und was dann?'"[130]

EIN WACHSENDER KOMPETENZBEREICH

So erweitert man seinen Kompetenzbereich:

„Ziehen Sie einen Kreis um die Unternehmen, die Sie begreifen, und streichen Sie dann diejenigen, die nach den Kriterien Wert, gutes Management und eine gewisse Gefährdung durch schlechte Zeiten nicht infrage kommen."[131]

Und dann:

„Ich würde mir eine Branche nach der anderen vornehmen und mir in einem halben Dutzend ein gewisses Fachwissen aneignen und der derzeit herrschenden Meinung über irgendwelche Branchen keinerlei Bedeutung beimessen. Ich würde versuchen, es gründlich zu durchdenken.

Wenn ich eine Versicherungsgesellschaft oder eine Papierfirma suchen würde, dann würde ich mich in die Lage von jemandem versetzen, der gerade so ein Unternehmen geerbt hätte und für den dies der einzige Vermögenswert wäre, den seine Familie je besitzen würde.

Und was würde ich damit machen? Was denke ich darüber? Worüber mache ich mir Sorgen? Wer sind meine Konkurrenten? Wer sind meine Kunden? Gehen Sie hin und sprechen Sie mit ihnen. Finden Sie die Stärken und Schwächen dieses konkreten Unternehmens im Vergleich zu anderen heraus.

Wenn Sie das gemacht haben, begreifen Sie das Unternehmen vielleicht besser als die Unternehmensleitung."[132]

~

"Jeder, der Ihnen sagt, er könne, alle Aktien im Value Line und an der Börse bewerten, muss eine sehr überzogene Vorstellung von seinen Fähigkeiten haben, denn das ist gar nicht so leicht. Wenn man jedoch die Zeit nutzt und sich auf ein paar Branchen konzentriert, lernt man viel über Bewertung."[133]

Dadurch dass Buffett in seinem Kompetenzbereich bleibt, entgehen ihm gewisse gute Investments nur deshalb, weil er nicht die Fähigkeiten oder das Wissen hat, die entsprechenden Unternehmen zu bewerten:

"Ich habe das Handy verpasst, weil es außerhalb meines Kompetenzbereichs liegt."[134]

Ein Kompetenzbereich kann ein Leben lang so bleiben. Im Jahr 1995 kaufte Berkshire die 49 Prozent von GEICO, die ihm noch nicht gehörten. Buffett fing an, sich für GEICO zu interessieren, als er entdeckte, dass sein Professor, Ben Graham, der Vorsitzende des Unternehmens war:

"Als ich 20 war, investierte ich gut die Hälfte meines Vermögens in GEICO."[135]

Auf die Frage, warum er in Versicherungen investiere, also in eine Branche, die bekanntermaßen Achterbahn fährt:

"Manchmal – aber nicht sehr oft – ist das ein gutes Geschäft und manchmal ist es ein schreckliches Geschäft."[136]

Das kommt darauf an, wie man das Risiko managt:

„Wenn die Prämie hoch genug ist, kann ich auch in eine Notaufnahme gehen und Lebensversicherungen ausstellen." [137]

ANMERKUNG: Buffett ist für die geschickte Anlage des Versicherungs-Floats bekannt, also des Geldes, das als Prämien eingegangen ist, aber noch nicht als Ansprüche ausgezahlt wurde.

Buffett sagt gern:

„Unsere Prinzipien gelten auch für Technologieaktien, aber wir wissen nicht, wie das geht. Wenn wir Ihr Geld verlieren, wollen wir in der Lage sein, uns nächstes Jahr hier hinzustellen und Ihnen zu erklären, wie wir das gemacht haben. Ich bin sicher, Bill Gates würde die gleichen Prinzipien anwenden. Er durchschaut die Technologie so, wie ich Coca-Cola und Gillette durchschaue. Ich bin sicher, er achtet auf einen Sicherheitsspielraum und würde so herangehen, als wäre er Besitzer des Unternehmens und nicht nur einer Aktie. Unsere Prinzipien können also auch im Technologiebereich funktionieren. Wir sind bloß nicht diejenigen, die das machen. Wenn wir innerhalb unseres Kompetenzbereichs nichts finden, erweitern wir den Kreis nicht, sondern wir warten ab." [138]

Charlie Munger hat über dieses Thema seine eigenen Ansichten: „Man sollte in seinem Kompetenzbereich drei Körbe haben – innen, außen und zu schwer. Werfen Sie viel in den Zu-Schwer-Korb." [139]

Vielleicht waren es die wachsende Freundschaft und die Diskussionen mit Bill Gates, die dazu führten, dass Buffett auf ein höheres Technologieniveau geriet (Gates trat im Jahr 2005 in den Vorstand von Berkshire ein). Im Jahr 1999 kaufte Buffett eine siebenprozentige Beteiligung an Great Lakes Chemical Corp. und eine achtprozentige Beteiligung an TCA Cable TV. Im Jahr 2002 investierte Buffett

500 Millionen Dollar in Level 3 Communications; dieses Unternehmen betreibt ein landesweites Hochgeschwindigkeitsnetz für die Stimm- und Datenübertragung. Ein Grund, warum Buffett hinsichtlich Level 3 zuversichtlich war, war die Tatsache, dass das Unternehmen von einer Tochtergesellschaft des aus Omaha stammenden Unternehmens Peter Kiewit Sons Inc. gegründet wurde und dass Buffetts Freund (und Mitglied des Vorstands von Berkshire) Walter Scott Jr. Vorsitzender des Unternehmens ist:

> *„Manchmal befinden wir uns außerhalb unseres Kompetenzbereichs: Level 3 ist so ein Fall, aber ich setze dabei auf die Menschen und ich glaube, dass ich die Menschen begreife. Es gab eine Zeit, da haben Menschen auf mich gesetzt."*[140]

Buffett erweiterte seinen Kompetenzbereich, indem er Schuldpapiere und Vorzugsaktien von Nextel sowie das Privatunternehmen TTI kaufte, das passive Komponenten, Verbindungskomponenten und elektromagnetische Komponenten vertreibt. TTI mit Sitz im texanischen Fort Worth ist der siebtgrößte Komponentenhändler der Welt.

KAUFE EINE LESEBRILLE

Wie bestimmt Buffett den Wert eines Unternehmens? Er liest viel.

> *„Ich lese Jahresberichte des Unternehmens, das ich gerade beobachte, und ich lese Jahresberichte von Mitbewerbern – das ist die wichtigste Materialquelle."*[141]

Als sich Buffett erstmals an GEICO beteiligte, tat er Folgendes:

> *„Ich habe viel gelesen und war drüben in der Bibliothek … Ich habe mit Bests' [einem Versicherungsratingdienst] angefangen und mir viele*

Unternehmen angeschaut, ein paar Bücher darüber gelesen, Jahresberich-
te gelesen, mich viel [mit Versicherungsspezialisten] unterhalten und mit
Unternehmensleitungen gesprochen, wenn ich konnte."[142]

Munger bekräftigt, dass Lesen unerlässlich ist: „Ich habe in meinem
ganzen Leben keine weisen Menschen gekannt – gar keine, null – [die
nicht lesen]. Sie wären erstaunt, wie viel Warren liest ... Meine Kinder
halten mich wahrscheinlich für ein Buch auf zwei Beinen."[143]

Man soll sich laut Buffett keine Vorwürfe machen, wenn man nicht
alles versteht:

> „Es ist möglich, eine Fußnote [in den Abschluss] zu schreiben, um die
> aufgeschobenen Abschlusskosten einer Lebensversicherung oder was auch
> immer zu erklären. Man kann das so schreiben, dass man es versteht. Wenn es
> so geschrieben ist, dass man es nicht versteht, bin ich sehr misstrauisch. Ich
> investiere nicht in ein Unternehmen, wenn ich die Fußnote nicht verstehe,
> denn dann weiß ich, die wollen nicht, dass ich das verstehe."[144]

WERDE ZUM ENTHÜLLUNGSREPORTER

Bob Woodward, ein Reporter der *The Washington Post* (berühmt
durch Watergate) hat Buffett einmal gefragt, wie er Aktien analysiert:

> „Geldanlage ist Journalismus. Ich habe ihm gesagt, er solle sich vor-
> stellen, er hätte den Auftrag für einen ausführlichen Artikel über seine
> eigene Zeitung bekommen: Er würde eine Menge Fragen stellen und viele
> Fakten ausgraben. Er würde die *The Washington Post kennen und das
> ist alles."*[145]

Buffetts Recherchen können kuriose Formen annehmen. Einmal saß er
in dem bekannten Steakhouse Ross in Omaha hinter der Registrierkasse

und zählte, wie viele Kunden mit einer American-Express-Karte bezahlten.[146] Manchmal sieht die Recherche gar nicht nach Recherche aus:

> *„Ich weiß noch, wie ich mir einmal um zwei Uhr nachmittags im Kino am Broadway in der 45. Staße Mary Poppins angeschaut habe. Ich hatte einen Aktenkoffer und so dabei. Ich ging zu der Dame am Schalter und sagte: ‚Mein Kind läuft hier irgendwo herum.' Ich wollte sehen, ob dieser [Film] in Zukunft immer und immer wieder laufen könnte."*[147]

HALTE ES EINFACH

Als ein Freund Buffett vorschlug, sein Glück mit Immobilien zu versuchen, erwiderte er:

> *„Warum sollte ich Immobilien kaufen, wenn der Aktienmarkt so leicht ist?"*[148]

~

> *„[Value Investing]-Ideen scheinen so einfach und alltäglich zu sein. Es wirkt wie Zeitverschwendung, die Schulbank zu drücken und einen Doktorgrad in Wirtschaft zu erwerben. Das ist etwa so, als würde man acht Jahre ins Priesterseminar gehen, und dann sagt einem jemand, alles was zählt, seien die Zehn Gebote."*[149]

Auf die Frage, wie er und Munger vor dem Kauf von Unternehmen „gründliche Erkundigungen" einholen, sagte Buffett:

> *„Wenn man zu viele Nachforschungen anstellen muss, ist etwas faul."*[150]

Charlie sagte, nur einmal seien gerichtlich Unterlagen von Sachbearbeitern für eine Übernahme angefordert worden: „Es gab keine Unterlagen. Es gab keine Sachbearbeiter", sagte Munger.[151]

Im Jahr 1986 schaltete Berkshire Hathaway eine Zeitungsanzeige, in der es Unternehmen suchte, die es kaufen konnte. Darin stand:

> *„Wir setzen keine Sachbearbeiter ein und wir brauchen über Ihr Unternehmen nicht mit Beratern, Investmentbankern, Geschäftsbankern etc. zu diskutieren. Sie werden es nur mit Charles Munger, dem Vizevorsitzenden von Berkshire, und mit mir zu tun haben."*[152]

~

> *„Bei der Geldanlage geht es nur darum, in guten Momenten gute Aktien auszuwählen und so lange dabei zu bleiben, wie sie gute Unternehmen bleiben."*[153]

~

> *„Wenn ich an Business Schools spreche, sage ich [den Studenten] immer, sie wären besser dran, wenn sie die Schule verließen und 20 Kreise auf einen Zettel machten. Jedes Mal, wenn sie eine Anlageentscheidung träfen, werde ein Kreis durchgekreuzt. Wenn sie sich die Kreise für gute Ideen aufsparten, würden sie nie alle verbrauchen."*[154]

ANMERKUNG: Der *Forbes*-Kolumnist Mark Hulbert hat einmal ein paar Zahlen durchgerechnet und festgestellt, wenn man Buffetts 15 beste Entscheidungen aus den Hunderten anderen herauslösen würde, dann wäre seine langfristige Performance mittelmäßig.[155]

Charlie Munger sagt zu der Theorie der Einfachheit Folgendes: „Wenn man glaubt, was Warren sagt, könnte man den gesamten Kurs [über Portfoliomanagement] in ein paar Wochen abhalten."[156]

DENKE IN GROSSEN MASSSTÄBEN

Am Anfang der Hauptversammlung von Berkshire Hathaway vor mehreren Jahren testete Buffett das Mikrofon so:

„Test ... eine Million ... zwei Millionen ... drei Millionen."[157]

~

„Als ich eine Beteiligungsgesellschaft hatte, habe ich einmal eine vergleichende Studie unserer größeren Investments und unserer kleineren Investments gemacht. Die größeren Investments waren immer besser als die kleineren Investments. Es gibt eine Grenze der Prüfung, der Kritik und des Wissens, die bei großen Entscheidungen überschritten oder erreicht werden muss und hinsichtlich derer man bei kleinen Entscheidungen nachlässiger sein kann. Zum Beispiel sagt jemand: ,Ich habe 100 Aktien von diesem oder jenem gekauft, weil ich gestern Abend auf der Party davon gehört habe.' Nun, bei kleinen Entscheidungen tendiert man dazu, sie aus nicht besonders guten Gründen zu fällen."[158]

~

„Ich kann nicht an 50 oder 75 Dingen beteiligt sein. Das ist ein Arche-Noah-Anlagestil – auf diese Art hat man am Ende einen Zoo. Ich stecke gern erhebliche Geldbeträge in ein paar Sachen."[159]

Laut Buffett können kleine Unternehmen zwar außerordentliches Wachstum bieten, aber für eine Holdinggesellschaft von der Größe Berkshires seien sie nicht geeignet:

„Wir suchen nach 747ern, nicht nach Modellflugzeugen."[160]

~

„Ich bin wie ein Basketballtrainer. Ich gehe hinaus auf die Straße und suche nach 2,10-Meter-Männern. Wenn einer zu mir kommt und sagt: ,Ich bin 1,65, aber Sie müssten einmal sehen, wie ich mit dem Ball umgehen kann.' Dann habe ich kein Interesse."[161]

Ob groß oder klein, das Unternehmen muss Leistung bringen:

„Mir ist ein Geschäft für 10 Millionen, das 15 Prozent einbringt, lieber als ein Geschäft für 100 Millionen, das 5 Prozent einbringt."[162]

WISSE, WONACH DU SUCHST

Die Suchanzeige von Berkshire Hathaway für potenzielle Übernahmen, die im *The Wall Street Journal* stand, enthielt eine virtuelle Checkliste für Value-Anleger.

„Wir suchen Folgendes", stand in der Anzeige:[165]

1. Große Erwerbungen (mindestens zehn Millionen Dollar Nachsteuergewinn, vorzugsweise viel mehr)
   ANMERKUNG: Privatanleger können den ersten Punkt ignorieren. Er steht da, weil sich kleine Käufe in der Bilanz von Berkshire kaum bemerkbar machen. Die Tatsache, dass Privatanleger von kleineren Investments profitieren können, ist ein Vorteil, denn dadurch haben sie ein viel breiteres Aktienspektrum zur Auswahl.
2. Erwiesene beständige Ertragskraft (Zukunftsprojektionen interessieren uns genausowenig wie „Turnarounds")
3. Unternehmen, die mit wenig oder keinen Schulden eine gute Kapitalrendite erzielen
4. Vorhandenes Management (das können wir nicht liefern)
   ANMERKUNG: Das ist eine subtile Art, *„gutes* Management" zu sagen.
5. Einfache Unternehmen (zu viel Technologie verstehen wir nämlich nicht)
6. Ein Preisangebot (wir wollen weder unsere Zeit noch die des Verkäufers mit Gesprächen – auch Vorgesprächen – über eine Transaktion verschwenden, wenn der Preis unbekannt ist)

Anmerkung: Zum Glück der Kleinanleger kommt Mr. Market täglich mit einem Preisvorschlag an.

Buffett veröffentlicht jedes Jahr in dem Jahresbericht von Berkshire Hathaway eine ähnliche Liste der Eigenschaften von Unternehmen, die ihn interessieren würden. Manchmal lässt er die Liste weg. Das ist, sagt er:

> *„... so ähnlich, wie wenn man sich eine Ehefrau aussucht. Man kann ganz umsichtig bestimmte Eigenschaften festlegen, die sie haben soll, aber dann lernt man ganz plötzlich jemanden kennen und macht es einfach."*[164]

QUÄLE DICH NICHT MIT MATHEMATIK

Buffett sagt, da er sich nie mit der Infinitesimalrechnung befasst habe, sei er gezwungen, jenen zuzustimmen, laut deren Aussage man für die erfolgreiche Geldanlage keine höhere Mathematik brauche:

> *„Wenn man dafür die Infinitesimalrechnung bräuchte, müsste ich wieder Zeitungen austragen. Ich habe nie die Algebra gebraucht. Im Grunde versuchen wir den Wert eines Unternehmens auszurechnen. Es stimmt, dass man ihn durch die Anzahl der umlaufenden Aktien teilen muss, also braucht man die Division. Ich glaube, wenn man eine Farm oder ein Mietshaus oder eine chemische Reinigung kaufen will, braucht man niemanden mitzunehmen, der die Infinitesimalrechnung beherrscht. Ob man richtig kauft oder nicht, hängt von der zukünftigen Fähigkeit des Unternehmens ab, Gewinne zu erzielen, und in welchem Verhältnis diese zu dem Preis steht, der für die Anlage verlangt wird."*[165]

~

> *„Lesen Sie Ben Graham und Phil Fisher, lesen Sie Jahresberichte, aber lösen Sie keine Gleichungen, die griechische Buchstaben enthalten."*[166]

Wenn die höhere Mathematik für die Auswahl von Aktien unwichtig ist, wieso sind wissenschaftliche Zeitschriften und Branchenmagazine dann voll von quantitativen Analysen? Buffett erwidert darauf:

> *„Das machen alle Priesterschaften so. Wie könnte man denn ganz oben sein, wenn niemand ganz unten wäre?"*[167]

Buffetts mathematiklose Philosophie kam nicht von allein. Bevor er sie entwickelte, hat er alles andere ausprobiert:

> *„Ich habe für alle Arten von Aktien Tabellen angelegt, je mehr Zahlen, desto besser."*[168]

Als Teenager war Buffett von technischen Daten fasziniert. Dieses Interesse führte zur Veröffentlichung von Buffetts erstem Zeitungsartikel. Da war er 17 Jahre alt:

> *„Da stand [in Barron's], wenn man eine Beschreibung schicken würde, wie man ihr statistisches Material benutzt, würden sie einige davon abdrucken und fünf Dollar dafür bezahlen. Ich schrieb etwas darüber, wie ich die Zahlen zu Aufträgen mit geringen Aktienmengen verwendete. Diese fünf Dollar waren das einzige Geld, das ich je mit Statistiken verdient habe."*[169]

BEWUNDERE DIE SPARSAMKEIT

> *„Immer wenn ich von einem Unternehmen lese, das ein Programm zur Kosteneinsparung umsetzt, weiß ich, dass dieses Unternehmen nicht wirklich weiß, was Kosten eigentlich sind. Spurts funktionieren in diesem Bereich nicht. Der wirklich gute Manager wacht genausowenig morgens auf und sagt, ‚Heute werde ich Kosten senken', wie er aufwacht und beschließt zu atmen."*[170]

Berkshire Hathaway besaß etwa sieben Prozent der Aktien der Bank
Wells Fargo aus San Francisco. Munger erfuhr, dass der Vorstandsvor-
sitzende Carl Reichardt festgestellt hatte, dass einer seiner Manager einen Weihnachtsbaum für das Büro kaufen wollte. Reichardt sagte ihm,
er solle ihn von seinem eigenen Geld kaufen.

„Als wir das hörten", so Munger, „kauften wir noch mehr Aktien."[171]
Jetzt besitzt Berkshire 14 Prozent von Wells Fargo.

Für Buffett fängt die Sparsamkeit zu Hause an. Auf der Berkshire-
Hauptversammlung 1996 bemerkte er:

> *„Ihr Vorstand hat im vergangenen Jahr insgesamt 100 Pfund abgenom-
> men. Es hat wohl versucht, von dem Direktorengehalt zu leben."*[172]

~

Buffett schrieb das Vorwort zu Alan C. (Ace) Greenbergs Buch *Von
Büroklammern und anderen Erfolgsgeheimnissen* (FinanzBuch 2007), in dem
eine fiktive Gestalt namens Haimchinkel Malintz Anaynikal die Mitarbeiter von Bear Stearns drängt, kein Geld zu verschwenden. Buffett
schrieb:

> *„Haimchinkel ist mein Mann – sparsam, schlau und eigensinnig. Ich
> wünschte, ich hätte ihn schon früher kennengelernt, als ich in meinem ju-
> gendlichen Leichtsinn Papierschnipsel wegwarf. Aber es ist nie zu spät und
> jetzt halte ich mich sklavisch an seine Prinzipien und predige sie."*[173]

Qualitätsstreben und Sparsamkeitsbedürfnis brauchen einander
nicht auszuschließen, wie Buffett bemerkte, als er über die Programm-
gestaltung von ABC sprach:

> *„Das Merkwürdige ist, dass bessere Sendungen gar nicht so viel mehr
> kosten als schwache Sendungen."*[174]

Auch Sportsendungen könnten für weniger Geld ausgestrahlt werden:

> *„Ich nehme an, dass die Qualität des Footballs genauso wäre, wenn wir für die Footballrechte 20 Prozent weniger bezahlen würden. Dann würden eben die ganzen Footballspieler ein bisschen weniger Geld verdienen. Ty Cobb spielte für 20.000 Dollar im Jahr: Wenn für Sportsendungen 20 Prozent weniger Geld zur Verfügung steht, kommt es größtenteils von den Spielern."*[175]

Buffett übt auch in seinen eigenen Finanzangelegenheiten Sparsamkeit. Er und Thomas Murphy, der ehemalige Vorsitzende von Capital Cities/ABC, hatten im Jahr 1993 Gastauftritte in der ABC-Seifenoper *All My Children* mit der Soap-Queen Susan Lucci. Buffett und Murphy bekamen für ihre Auftritte jeweils 300 Dollar.

Als Murphy seinen Scheck bekam, sagte er: „Den werde ich mir einrahmen." Buffett sagte: „Ich werde mir den Beleg einrahmen."[176]

SETZE DIR REALISTISCHE ZIELE

Buffett sagt, eine Wachstumsrate von 15 Prozent im Jahr sei realistisch, aber für ihn nicht immer leicht zu erzielen:

> *„Wenn wir einen Zugewinn von 15 Prozent haben wollen, müssen wir 400 Millionen Dollar [im Jahr] vor Steuern oder 300 Millionen netto verdienen, das ist etwa eine Million pro Tag – und ich gebe hier und heute etwas aus."*[177]

ANMERKUNG: Tatsächlich schafft er das normalerweise. Von 1963 bis 2005 ist der Buchwert von Berkshire im Durchschnitt um 22 Prozent pro Jahr gewachsen. Die Größe bremst aber auch. Seit dem Jahr 2000 hat Buffett nur in einem Jahr mehr als 15 Prozent Wachstum geschafft.

STELLE DICH DEN TATSACHEN

Man soll die Performance seiner Aktie nicht persönlich nehmen, denn schließlich:

„Eine Aktie weiß nicht, dass man sie besitzt." [178]

Buffett hat gute Gründe für sein Interesse an Unternehmen, die mit Unterhaltung und Freizeit zu tun haben:

„Für Unterhaltung bezahlt einen der Markt besser als für Bildung." [179]

SCHLAGENDES BEISPIEL: Berkshires *World Book* fällt es schwer, die astronomischen Erträge zu liefern, die Buffetts Investition in die Disney Company erzielt hat.

Gold ist laut Buffett unproduktiv:

„Es wird in Afrika oder sonstwo aus der Erde ausgegraben. Wir schmelzen es ein, graben ein neues Loch, vergraben es wieder und bezahlen Menschen dafür, dass sie es bewachen.

Es hat keinen Nutzen: Wenn da irgendjemand vom Mars aus zuschauen würde, würde er sich am Kopf kratzen." [180]

Wenn Buffett auf einer Hauptversammlung von Berkshire Hathaway gefragt wird, warum er die teure Aktie des Unternehmens nicht splittet, murmeln die Menschen einander zu: „Jetzt kommt die Pizzastory."

Die Frage, sagt Buffett, erinnere ihn an einen Gast, der den Pizzabäcker bittet, seine Pizza lieber in vier statt in acht Stücke zu schneiden, da er „vielleicht keine acht Stücke essen könne".

ER SAGT ES IHNEN,
ABER SIE HÖREN NICHT ZU

Buffett warnt die Anleger jedes Jahr im Jahresbericht von Berkshire Hathaway und wieder auf der Hauptversammlung der Aktionäre, sie sollten nicht erwarten, dass sich Berkshires Performance im früheren Tempo fortsetze:

1985: „Ich kann garantieren, dass es nicht so gut laufen wird wie in der Vergangenheit", sagte Buffett den Aktionären auf der Hauptversammlung. „Ich glaube trotzdem, dass es uns besser geht als der amerikanischen Wirtschaft insgesamt."[182]

Im Jahr 1984 betrug Berkshires Gewinn schwache 14 Prozent, nach einer durchschnittlichen jährlichen Zunahme um 22 Prozent in den vorangegangenen 20 Jahren. Im Jahr 1986 verbuchte Berkshire einen Gewinn von 48,2 Prozent.

1992: Charlie Munger sagte *Business Week*: „Ab einem gewissen Punkt wird die Größe zu einem Anker, der einen herunterzieht. Wir wussten schon immer, dass das kommen würde."[183] Der Aktienkurs von Berkshire stieg im Jahr 1992 um 20,3 Prozent.

1995: Auf der Hauptversammlung von Berkshire Hathaway warnte Buffett wieder: „Die künftige Performance von Berkshire Hathaway wird nicht entfernt an die Performance der

›››

Vergangenheit heranreichen." Er erklärte: „Eine dicke Brieftasche ist allerdings der Feind überdurchschnittlicher Ergebnisse." Überhaupt: „Wir brauchen nicht im gleichen Tempo reich zu werden."[184]

1999 bis 2005: In dieser Zeit begann sich Buffetts Vorhersage zu bewahrheiten – der Buchwert pro Aktie wuchs nur um 7 Prozent, nachdem es von 1964 bis 2005 im Schnitt 22 Prozent gewesen waren, also seit Buffett das Unternehmen kontrollierte. Buffett übertraf den S & P 500, der seinen Buchwert von 1999 bis 2005 nur um 3,2 Prozent steigerte. Die Zahlen für den S & P 500 sind jedoch vor Steuern gerechnet, während Buffetts Zahlen netto sind, und das bedeutet, dass er in Wirklichkeit erheblich besser war.

2007: Im Jahr 1996 stiegen die A-Aktien von Berkshire Hathaway auf 38.000 Dollar und ging Mitte des Jahres auf 32.000 Dollar zurück. Im Frühjahr 2007 kostete eine Aktie 108.000 Dollar.

RECHNE MIT VERÄNDERUNGEN

„Alles, was nicht ewig währt, hat ein Ende."[185]

~

Auf die Frage, was er von dem Personalabbau US-amerikanischer Unternehmen halte, bemerkte Buffett, die US-Industrie habe schon immer versucht, mit weniger mehr zu erreichen. Veränderungen seien unvermeidlich, aber:

> *„Es ist kein Spaß, ein Pferd zu sein, wenn der Traktor aufkommt, oder Hufschmied, wenn das Auto aufkommt."* [186]

Laut Charlie Munger kann man die Frage auch umdrehen: „Nennen Sie mir ein Unternehmen, das sich durch Stellenstreichungen ruiniert hat. Mir fällt keines ein. Nennen Sie mir ein Unternehmen, das sich durch Aufgeblasenheit ruiniert hat. Da fallen mir Dutzende ein." [187] Buffett stimmt zu, dass es manchmal klug ist, Probleme von der anderen Seite zu betrachten:

> *„Das ist, wie wenn man Countrysongs rückwärts singt. Auf diese Art bekommt man sein Haus zurück, sein Auto zurück, seine Frau zurück und so weiter."* [188]

Trotzdem lieben Buffett und Munger Branchen, in denen die Veränderungen begrenzt oder wenigstens überschaubar sind. Buffett dazu:

> *„Nehmen Sie zum Beispiel Kaugummi. Die Menschen kauen heute genauso wie vor 20 Jahren. Niemand hat eine neue Methode dafür entwickelt."* [189]

SEI ZU VERÄNDERUNGEN FÄHIG

Auf die Frage, warum er einige Anlageprinzipien aufgegeben habe, entgegnete Buffett:

> *„Da wir mit größeren Geldsummen arbeiten, ist es einfach nicht möglich, die entsprechenden Untergruppen von Kapitalpositionen beizubehalten.*

*Man muss mehr darüber lernen, wodurch stetige und wachsende Kapital-
flüsse in der Zukunft erzeugt werden – wenn man mit kleinen Geldbeträ-
gen arbeitet, braucht man nicht einmal so hart zu arbeiten. Wir hatten [bei
Graham-Newman] eine einseitige Tabelle, in die alle Zahlen zu einem Unternehmen notiert wurden und wenn es gewisse Prüfungen hinsichtlich des
Buchwerts, des Betriebskapitals und des Gewinns bestand, wurde es gekauft. So einfach war das."*[190]

Buffett gab gewisse Lehren von Graham und seinem Koautor Dodd
nicht schlagartig auf:

*„Ich habe mich entwickelt. Ich bin nicht schön gleichmäßig vom Affen
zum Menschen oder vom Menschen zum Affen geworden."*[191]

BABY-BERKSHIRE-AKTIEN

In den 1990er-Jahren wurde der Aktienkurs von Berkshire
Hathaway von einem steigenden Markt beflügelt und erreichte
schließlich im März 1996 seinen Höchststand bei knapp über
38.000 Dollar (Mitte 1989 hatten die Aktien noch 8.550 Dollar
gekostet). Trotz des schwindelerregenden Anstiegs blieb
Warren Buffett standhaft bei seiner Weigerung, Aktien zu verkaufen – ein Schritt, der neuen Anlegern den Kauf und bishe-
rigen Anlegern den Verkauf erleichtern würde.

Er sagte, er wolle Berkshire nicht in den Händen von Spe-
kulanten sehen und das beste Abschreckungsmittel, das er
sich vorstellen könne, sei ein hoher Aktienkurs. Buffett schrieb

»»»

auf Geburtstagskarten den Spruch: „Mögest du bis zum Aktiensplit von Berkshire leben."

Buffett hielt Wort, aber ein paar Wochen nach dem Höchstkurs von 1996 zwangen ihn äußere Umstände, das moralische Pendant zu einem Split vorzunehmen. In jenem Frühjahr kündigte Buffett an, er werde B-Aktien oder untergeordnete Stammaktien von Berkshire Hathaway ausgeben. Die neuen Aktien wurden zu einem 30stel des Preises bestehender Aktien oder A-Aktien begeben. Die einzigen Merkmale, die B-Aktien zu untergeordneten Anteilscheinen machen, sind das fehlende Stimmrecht und die fehlende Teilnahme an dem Wohltätigkeitsprogramm, das Berkshire damals betrieb. Die Stimmrechte sind bedeutungslos, weil Buffett und Munger genügend Aktien besitzen, um alle anderen Inhaber zu überstimmen. Und wer bei vollem Verstand würde überhaupt gegen Buffett und Munger stimmen?

Inhaber von A-Aktien haben den Vorteil, dass sie ihre Aktien jederzeit in 30 B-Aktien umwandeln können, unabhängig von deren Preis. B-Aktionäre haben jedoch nicht das Recht, ihre Aktien in A-Aktien umzuwandeln, selbst wenn die Inhaber 30 Stücke besitzen.

Wie Buffett vorausgesehen hatte, hielten Arbitragegeschäfte zwischen den beiden Aktientypen das Verhältnis zwischen A- und B-Anteilen fast immer im Verhältnis 1:30. Sollten die B-Aktien je über 1/30 des Preises einer A-Aktie hinaus steigen, kauft irgendjemand – vielleicht ein amtlicher Makler an der New Yorker Börse oder Buffett selbst – A-Aktien und wandelt sie in B-Aktien um. Das drückt auf den Preis der B-Aktien. Wenn die B-Aktien weniger als 1/30 der A-Aktien

»»

kosten, kaufen die Anleger lieber B-Aktien als A-Aktien und
die Nachfrage treibt den Preis der B-Aktien in die Höhe.

Was Buffett zur Planänderung veranlasste, war das Konzept mehrerer Investmentfirmen, Anlagefonds zu bilden, die
ausschließlich aus Berkshire-Aktien bestanden. Die Anleger
würden mundgerechte Berkshire-Anteile für 1.000 Dollar das
Stück kaufen und eine jährliche Gebühr zuzüglich eines Aus-
gabeaufschlags von bis zu fünf Prozent bezahlen. Die Anleger
könnten diese Einheiten bis zu einem Fälligkeitsdatum in
zehn Jahren halten oder sie an der New York Stock Exchange
wie normale Wertpapiere handeln.

Diese Anlagefonds sollten an Kleinanleger vermarktet werden, die an den bemerkenswerten Gewinnen teilhaben wollten, deren sich jene erfreuten, die Berkshire frühzeitig ent-
deckt hatten.

Spekulation bleibt in Buffetts Augen Spekulation, auch wenn
ein Schritt dazwischengeschaltet ist. „Wir wollen nicht, dass
die Menschen herkommen und meinen, das wäre eine großartige Aktie, die in einem Jahr viel höher stehen wird."[192]

Konkreter: „Es gibt Menschen, die meinen, das [phäno-
menale Kurswachstum von Berkshire] könne von diesem
Punkt aus weitergehen, aber das ist mathematisch unmöglich", so Buffett. „Wir wollen uns nicht unterschwellig an Menschen wenden, die solche Hoffnungen hegen."[193]

Kritiker sagten, Buffetts Hang zur Kontrolle habe ihn zu dieser Reaktion veranlasst. Andere sagten, er sei nur konsequent.
Buffett sagte schon immer, dass er passionierte Aktionäre haben wolle. „Es läuft darauf hinaus, die anspruchsvollsten Aktionäre anzuziehen, die wir bekommen können."[194]

In einem Beschwerdebrief an Five Sigma Investment Partners aus Bala Cynwyd in Pennsylvania – eines der Unternehmen, die entsprechende Anlagefonds anboten – schrieb Charlie Munger: „Ihr Fonds … würde viele Kleinanleger zu einer Investition verlocken, die ungeeignet für sie ist und die mit allergrößter Wahrscheinlichkeit bei zahlreichen Anlegern ein Gefühl der Enttäuschung und des Missbrauchs hinterlassen würde."

Munger fuhr fort: „Der Aktienkurs ist derzeit riskant, da er dramatisch zugelegt hat … seit 1992 in einem viel höheren Tempo als der innere Wert der Aktie gestiegen ist … Wenn ein Freund oder ein Familienmitglied Herrn Buffett fragen würde, ob er bei dem derzeitigen Preis zum Kauf von Berkshire-Aktien raten würde, dann würde Herr Buffett antworten: ‚Nein.'" [195]

Munger sagte, er befürchte, aggressive Verkaufsbemühungen würden wirken wie „Benzin, das man in ein Feuer gießt". Als sich abzeichnete, dass Five Sigma nicht nachgeben würde, brach ein offener Krieg aus. Buffett kündigte die Ausgabe von B-Aktien an. „Berkshire beabsichtigt, eine preisgünstige Methode der Investition in Berkshire anzubieten, die den von Investmentfondsfirmen angebotenen Investments so weit überlegen ist, dass ihre Produkte unverkäuflich werden", hieß es in dem Prospekt für die Aktien. [196]

Um zu verhindern, dass die Brokerhäuser die neue Aktie aufbauschten, wickelte er die Emission über Salomon ab. Die Provision wurde bewusst niedrig gewählt, damit die Broker wenig Anreiz hatten, die Anleger zur Zeichnung der Emission zu drängen. Außerdem sagte Buffett, das Unternehmen würde so viele Aktien ausgeben, wie die Öffentlichkeit wollte.

Dadurch würde es die Preisspitze in der ersten Woche, die durch ein begrenztes Angebot und hohe Nachfrage entsteht, möglichst klein halten.

Auf der Titelseite des Prospekts wiederholte Buffett Mungers Botschaft an Five Sigma: „Die Unternehmensleitung glaubt nicht, dass die Aktie des Unternehmens unterbewertet ist."[197]

Auf der Hauptversammlung 1996 fragte ein Aktionär, ob die Berkshire-Aktien überbewertet seien. Buffett erwiderte, er habe nicht gesagt, die Aktien seien überbewertet. Er sagte, sie seien „nicht unterbewertet". Buffett bestand darauf, dass dies ein Unterschied sei, und es wurmte ihn offensichtlich, dass diese Feinheit sowohl den Journalisten als auch den Anlegern entgangen war.

Vielen in der Welt des Investments erschien diese Unterscheidung verschwommen. „Da ergeben sich eine Menge berechtigter Fragen, warum er das tut", sagte Derek Sasveld, Berater bei Ibbotson Associates Inc., einer Firma für Aktienresearch und Consulting aus Chicago. „Das scheint keine völlig logische Situation zu sein."[198]

William LeFevre, Senior Market Analyst bei Ehrenkrantz King Nussbaum Inc. in New York, mutmaßte, dass dies ein Eindringen in Buffetts Revier war. „Seine Glaubwürdigkeit ist denkbar groß und er will nicht, dass irgendjemand an dem Namen Warren Buffett Geld verdient."[199]

Andere sahen die Wurzel von Buffetts Problem allerdings eher in der Struktur des Anlagevehikels als im inneren Wert der Aktie. Auf der Hauptversammlung 1996 bezeichnete Buffett die Anlagefonds als „Produkte mit hoher Provision und beträchtlichen jährlichen Gebühren".

»»

„Buffett war schon immer ein Vorkämpfer der Aktionärs-
rechte und es gefällt ihm nicht, dass der Kauf der Anlagefonds
wirtschaftlich nicht so günstig ist wie der Kauf der Aktie", so
James Mulvey, Analyst bei Dresdner Securities USA Inc.[200] ?

Mit den „Baby Bs", wie die Anleger sie nannten, konnte man
das gleiche Geschäft haben und bezahlte nur die Brokerprovision.

Der *Barron's*-Kolumnist Alan Abelson tat die Aussage „nicht
unterbewertet" – und die Schutzbehauptungen in dem Prospekt, der innere Wert des Unternehmens könne nicht im gleichen Tempo weiterwachsen wie bisher – als pure Zugeständnis-
se an die Regulatoren ab. „Zu Warren Buffett sagen wir, die
Wahrheit verletzt und Zynismus tötet – bedenke, was du getan,
und bereue! Noch ist Zeit, diesen Prospekt zu überarbeiten. Ein
kurzer Satz – ‚bloß ein Scherz!' – auf der Titelseite unter den
ganzen Warnungen, schon wäre die Sache erledigt."[201]

Andere dachten jedoch, Buffett könnte das Problem der
Überbewertung noch untertrieben haben. Der Börsenko-
lumnist Malcolm Berko lieferte seinen Lesern eine kurze
Analyse von Berkshire Hathaway, in der er das Unternehmen
als geschlossenen Investmentfonds beschrieb. Berko nahm
an, dass Berkshire (A und B) mit einem massiven Aufschlag
auf seinen Nettoinventarwert (NAV) gehandelt wurde. Er
schätzte den NAV der A-Aktien von Berkshire auf 15.000 Dollar. „Daher muss man meiner Meinung nach dümmer als ein
Sack voll Nägel sein, wenn man für den Besitz von BRKA einen
Aufschlag von 21.000 Dollar auf das NAV bezahlt", schrieb
Berko.[202]

Diese Debatte über den Aktienkurs von Berkshire hatte auch
Auswirkungen auf die Aktie. Die A-Aktien gingen schnell

»»

von einem Hoch bei 38.000 Dollar auf den Bereich von 33.000 Dollar zurück. Die B-Aktien wurden für 1.110 Dollar ausgegeben. Kurz nach der Emission gab es zwar einen Kurssprung, aber innerhalb von ein paar Wochen pendelten sich die Aktien bei gerade 1.000 Dollar ein. Trotz Buffetts freimütiger – wenn auch etwas verblüffender – Offenlegung des inneren Werts von Berkshire Hathaway verkaufte sich die B-Aktie wie Eis in Arizona. Zuerst sagte das Unternehmen, es würde 100.000 Aktien ausgeben, aber dann wurde die Anzahl viermal erhöht. Am Ende wurden 517.500 Aktien ausgegeben und der Aktionärsstamm von Berkshire verdoppelte sich auf 80.000 Personen.

Buffett verwendete den Erlös aus den B-Aktien für den Aufbau eines mächtigeren Unternehmens, und ganz gewiss für ein Unternehmen mit mehr Vermögenswerten. Wie er jedoch schon immer gewarnt hatte, ist Größe keine Garantie für hohe Performance. Tatsächlich kann sie das Wachstum sogar bremsen. Bestimmte Kennziffern sind seit 1996 unstet und Buffett hatte ein paar schlechte Jahre. Doch es gibt nicht nur schlechte Nachrichten. Im Jahr 2006 stieg der Buchwert pro Aktie (A und B) um 18,4 Prozent. In den 42 Jahren, in denen Buffett Berkshire kontrolliert, ist der Buchwert im Durchschnitt pro Jahr um etwa 22 Prozent gestiegen:

> „Wir glauben, dass die [Vermögenszugewinne in Höhe von] 16,9 Milliarden Dollar der Rekord für einen Jahresgewinn sind – mehr als jemals irgendein amerikanisches Unternehmen verbucht hat, wenn man die Erhöhungen weglässt, die durch Fusionen entstanden sind (zum Beispiel den Kauf von Time Warner durch AOL). Natürlich verdienen Exxon Mobil und andere Unternehmen weit

»»»

> *mehr als Berkshire, aber ihre Gewinne fließen größtenteils in Dividenden und/oder Rückkäufe statt in den Aufbau von Vermögen."*[203]

GESTEHE DEINE FEHLER EIN

Buffett bekennt Dutzende von Anlagefehlern, einschließlich des Kaufs von Berkshire Hathaway, einer Textilfabrik in Neuengland. Das durchhängende Textilgeschäft wurde irgendwann zugemacht, aber die Struktur und der Name des Unternehmens wurden als Anlagevehikel beibehalten. Der Investor Irving Kahn, der Buffett seit seiner Studentenzeit kennt, bemerkte einmal: „Selbst bei einem Mann mit Warrens Talenten gibt es Ausrutscher."[204]

Buffett erträgt die Kritik mit Humor:

„Selbstverständlich werden sich manche von Ihnen wahrscheinlich wundern, wieso wir jetzt Capital Cities für 172,50 Dollar pro Aktie kaufen, wo es doch der Verfasser dieser Zeilen in einem typischen Anfall von Brillanz in den Jahren 1978–1980 für 43 Dollar pro Aktie verkauft hat. Da ich Ihre Frage vorausahne, habe ich viel Zeit mit der Ausarbeitung einer griffigen Antwort verbracht, die diese Handlungen miteinander versöhnt. ,Noch ein bisschen mehr Zeit, bitte.'"[205]

~

„Meine Erinnerung an den früheren Verkauf der Cap-Cities-Aktien habe ich verdrängt."[206]

Gelegentlich gibt Buffett miserable Ratschläge:

„Das einzige Mal, dass ich bei dem Verkauf der Handy-Vermögenswerte der The Washington Post eine Rolle spielte, war mein Abraten von dem ursprünglichen Kauf dieser Werte zu einem Fünftel des Verkaufspreises. Das war das letzte Mal, dass ich gefragt wurde. Beim ersten Mal haben sie nicht auf mich gehört und beim zweiten Mal haben sie mich gar nicht gefragt."[207]

Im Jahr 1998 landete Buffett einen Coup, als er die ehrwürdige Rückversicherungsgesellschaft Gen Re für 22 Milliarden Dollar kaufte. Der Deal hatte zwei Vorteile: Buffett tanzte nicht nur innerhalb seines Kompetenzbereichs (in diesem Fall Versicherungen), sondern er befand sich auch im Einklang mit seinem neueren Ziel, auf die globalen Märkte zu expandieren. General Re mit Sitz in Connecticut hält eine 78-prozentige Beteiligung an der ältesten Rückversicherung der Welt – Cologne Re [auch „Kölnische Rückversicherungsgesellschaft AG] –, die in fast 150 Ländern aktiv ist. Zusammen sind Gen Re und Cologne Re sowohl die älteste als auch die drittgrößte Rückversicherung der Welt.

Fast sofort nach dem Kauf entdeckte Buffett Probleme in den Bereichen Deckung und Rückstellungen, deren Behebung jahrelang dauerte. Aber das war nicht alles. Buffett musste sich mit einer Ermittlung der Securities and Exchange Commission wegen des Vorwurfs herumschlagen, einige Policen seien bewusst so ausgestellt worden, dass sie die Gewinne der Kunden fälschlicherweise übertrieben. Das Schlimmste war, dass er auch für das Derivate-Segment von Gen Re in den Ring steigen musste. Er gab zu, dass das Unternehmen ein Problemkind war.

„Leider wog dieses Kind 400 Pfund und seine negativen Auswirkungen auf unsere Gesamtperformance waren groß."[208]

~

„Mark Twain hat vor langer Zeit geschrieben: ‚Ein Mann, der versucht, eine Katze am Schwanz heimzutragen, lernt eine Lektion, die man auf keine

*andere Art lernen kann.' Wenn Twain heute leben würde, dann könnte er ja
versuchen, eine Derivate-Abteilung abzuwickeln. Nach ein paar Tagen würde
er sich für Katzen entscheiden."*[209]

Jahre vor dem Kauf von Gen Re hatte Buffett gewarnt, Derivate seien
ein Meer, in dem Drachen lauern. General Re verfügte über eine Derivate-Abteilung, die 23.218 Kontrakte hielt, von denen einer eine Laufzeit
von einem Jahrhundert hatte. Es dauerte sechs Jahre, die Zahl der Derivate auf 2.890 zu reduzieren, und es kostete Berkshire 404 Millionen
Dollar, sich so weit aus diesem Geschäft zurückzuziehen. Es sollten jedoch noch mehr Verluste kommen.

Buffett verwendete zwölf Absätze des Jahresberichts 2005 auf die Er-
klärung des Derivate-Dramas bei General Re. Er sagte, er habe die Aktionäre viel Geld gekostet, indem er nicht entschlossen genug gewesen sei:

*„Sowohl Charlie als auch ich wussten zum Zeitpunkt des Kaufs von Gen
Re, dass dies ein Problem war, und wir sagten der Unternehmensleitung,
dass wir aus diesem Geschäft aussteigen wollten. Es lag in meiner Verantwortung, dass das auch passierte. Doch anstatt die Situation frontal anzu-
packen, verschwendete ich mehrere Jahre, in denen wir versuchten, die Ab-
teilung zu verkaufen ... bemängeln Sie mein Zaudern. (Charlie würde das
als „Daumenlutschen" bezeichnen.)"*[210]

Trotz alledem ist Gen Re eine kolossale, gewaltige Versicherungs-
macht und sowohl Warren als auch Charlie sagen, dass sie froh sind, sie
zu besitzen. Das Unternehmen bekommt von A. M. Best, von Moody's
und von Standard & Poor's die bestmöglichen Noten. Einer der wert-
vollsten Vermögenswerte von Berkshire ist der Versicherungs-Float (ein
Aktionär hat ihn einmal als „verkleidete Hebelwirkung" bezeichnet),
den Buffett mit Gewinn für die Versicherungsgruppe investieren kann.

Gen Re liefert fast die Hälfte von Berkshires Float in Höhe von 49 Milliarden Dollar. Im Jahr 2006 sagte Buffett den Aktionären endlich, dass sie sich von ihm kein Gejammer mehr über die Derivate von General Re anzuhören brauchten. Das Portfolio war auf eine Menge reduziert worden, die fast vernachlässigbar war und die keine Bedrohung für das Unternehmen darstellte.

KEIN „DAUMENLUTSCHEN"

Charlie Munger kann Trödelei oder „Daumenlutschen" schlecht ertragen. Wenn man ein gutes Unternehmen zu einem guten Preis findet, warum sollte man dann schwanken?

So war es im Jahr 1972, als Buffett, Munger und ein früher Investmentpartner namens Rick Guerin See's Candy kauften. Munger und Guerin fanden diese Gelegenheit in Los Angeles und riefen Buffett an, um ihm den Kauf vorzuschlagen. Buffett widerstrebte es zuerst, dann wurde das Telefonat unterbrochen. Schon nach Minuten rief Buffett zurück und gab grünes Licht für den Deal. Er hatte die Zahlen nachgeprüft, eine schnelle Analyse vorgenommen und war trotz der Tatsache, dass das Unternehmen für 25 Millionen Dollar (das Dreifache des Buchwerts) verkauft wurde, zu dem Ergebnis gekommen, dass das ein hochwertiges Unternehmen mit Gewinn- und Wachstumspotenzial war.

Berkshires Geldbestand sowie die schnellen Gehirne von Buffett und Munger haben im Laufe der Jahre Blitzentscheidungen ermöglicht:

„Wenn ich heute Nachmittag einen Anruf bekommen würde und mir jemand A, B oder ... anbieten würde – Wertpapiere, Vermögenswerte oder ein Unternehmen – und es nach einer guten Idee aussehen würde, dann könnten wir heute Abend einen Deal abschließen. Wir handeln schnell und wir haben immer Bargeld."[211]

Dennoch muss sich Buffett manchmal des „Daumenlutschens"
schuldig bekennen:

> *„Meine größte verpasste Gelegenheit war wahrscheinlich Freddie Mac*
> *(die Hypothekeneinkaufsorganisation). Wir besaßen eine Sparkasse und*
> *hatten Anspruch darauf, ein Prozent der Aktien von Freddie Mac zu kaufen,*
> *als sie herauskamen. Wir hätten 100 Sparkassen kaufen und uns mit Fred-*
> *die Mac eindecken sollen. Doch was habe ich gemacht? Ich habe am Dau-*
> *men gelutscht."* [212]

GEHE ZU DEN AA
(ANONYMEN AIRLINES-ABHÄNGIGEN)

Im Jahr 1995 musste Buffett eine Abschreibung in Höhe von 268,5
Millionen Dollar für 75 Prozent seiner Investition in USAir von 385 Mil-
lionen Dollar hinnehmen. Die 9,3 Prozent Aktiendividende waren seit
September 1994 nicht mehr bezahlt worden. Im Frühjahr 1996 suchte
Buffett einen Käufer für die wandelbaren Vorzugsaktien:

> *„Das war ein vorrangiges Wertpapier. Es war ein Fehler, aber es war kei-*
> *ne Stammaktie, die wir als wunderbares Unternehmen eingesammelt hat-*
> *ten. Es gibt auf der Welt nicht so viele wunderbare Unternehmen."* [215]

Buffett erklärte in einer Rede in North Carolina, wieso Airlines kein
Freund des Anlegers sind:

> *„Das Interessante ist natürlich, dass wenn man zeitlich bis Kitty Hawk*
> *zurückgeht – und wir sind im richtigen Staat dafür –, das Geschäft mit*
> *dem Luftverkehr in den Vereinigten Staaten netto kein Geld gebracht hat.*
> *Stellen Sie sich einfach einmal vor, Sie wären in Kitty Hawk dabei gewesen,*
> *hätten gesehen, wie dieser Kerl aufsteigt, und ganz plötzlich erfasst Sie die*

Vision, dass das eines Tages Millionen von Menschen auf der ganzen Welt tun würden, dass uns das alle näher zueinander bringen würde und so weiter. Dann würden Sie denken, das ist etwas, da muss man dabei sein. Doch obwohl Milliarden über Milliarden und Abermilliarden von Dollar hineingesteckt wurden, liegt der Nettoertrag für die Besitzer der gesamten Luftfahrtbranche – wenn einem das alles gehört hätte und man das ganze Geld aufgebracht hätte, unter null. Wenn da damals ein Kapitalist dabei gewesen wäre, dann hätte der Mann Wilbur erschießen sollen. Es war ein kleiner Schritt für die Menschheit, aber ein riesiger Rückschritt für den Kapitalismus." [214]

Dass Buffett USAir gekauft hat, schreibt er vorübergehendem Wahnsinn zu. Wie wird er zukünftige Anfälle abwehren?

„Jetzt habe ich diese 800er-Nummer und wenn ich je den Drang verspüre, eine Airline-Aktie zu kaufen, wähle ich diese Nummer und ich sage, ich heiße Warren und ich bin Airoholic. Dann redet mir der am anderen Ende das aus." [215]

Buffett mag zwar den Anonymen Airlines-Abhängigen angehören, aber er kämpft immer noch mit seiner Zuneigung zu Unternehmen, die mit Fliegerei zu tun haben. Seine Investition in USAir klappte nicht. Dann kaufte er sich einen Firmenjet, dem er in einem Anfall von Schuld den Namen „The Indefensible" [die Unverzeihliche] gab. Später, nach der Krise bei Salomon Brothers, taufte er ihn in „The Defensible" [die Verzeihliche] um. Seine Liebesaffäre mit dem Jet endete im Jahr 1998, als er ein neues Objekt für seine Liebe zur Luftfahrt entdeckte, nämlich NetJets.

„Ich fliege nicht mehr mit der ‚Verzeihlichen' – der sehr Verzeihlichen. Für mich war es nicht mehr sinnvoll, 100 Prozent eines Flugzeugs zu besitzen.

Als ich das gemacht habe, dachte ich, das wäre meine einzige Möglichkeit. Für das Vier- bis Fünffache der benötigten Kapazität zu bezahlen, ergibt keinen Sinn. Jemand, der ein ganzes Flugzeug hat, ist wie eine Marine mit nur einem Schiffstyp. Sie braucht nicht einen Zerstörer, sie braucht ein ganzes Aufgebot. Ich habe ständig verschiedene Einsätze. Einmal habe ich einen 300-Meilen-Flug in den Vereinigten Staaten [oder] eine Reise von 1.200 Meilen oder ich fliege rüber (nach Europa) und ich habe elf Flugzeugtypen, unter denen ich wählen kann." [216]

NetJets verkauft Besitzanteile an Flugzeugen, sodass die Leute einen gewissen Prozentsatz eines konkreten Flugzeugs kaufen und nutzen oder gegen eine entsprechende Anzahl Flugstunden pro Jahr eintauschen können. Das ist so praktisch, dass sowohl Warren als auch Charlie (der früher in der Reisebusklasse flog) diesen Dienst nutzen.

„Wenn man einmal mit NetJets geflogen ist, dann ist die Rückkehr zu kommerziellen Flügen wie die Rückkehr zum Händchenhalten." [217]

Berkshire kaufte das Privatunternehmen für 725 Millionen Dollar in Aktien und Bargeld. Leider zeigte sich jedoch wieder Buffetts trauriges Luftfahrtkarma. Die Profitabilität von NetJets rutschte sofort ab, vor allem durch das Fehlen angemessener Ausrüstung, wegen hoher Betriebskosten (Treibstoff) und wegen seiner Beteiligung an den europäischen Märkten. NetJets machte im Jahr 2004 (vor Steuern) 10 Millionen Dollar Verlust und im Jahr 2005 weitere 80 Millionen Dollar. Buffett hält jedoch die Hoffnung aufrecht, dass das Unternehmen in die Gewinnzone kommen wird. Im Jahr 2005 schrieb er:

„Rich Santulli, einer der dynamischsten Manager, die ich je getroffen habe, wird unser Einnahmen-Ausgaben-Problem lösen. Das wird er allerdings nicht auf eine Art tun, die das NetJets-Erlebnis beeinträchtigt. Sowohl

er als auch ich sind einem Service und einer Sicherheit verpflichtet, die andere nicht erreichen können."[218]

Im Jahr 2006 besserte sich die Performance von NetJets tatsächlich, aber es blieb in den roten Zahlen. In Europa wurden die Zahlen schwarz und Buffett berichtete, dass der Wert der Flotte weitaus größer war als bei den drei größten Konkurrenten von NetJets.

Diejenigen, die an der Luftfahrtbranche beteiligt sind, erinnern beunruhigte Fluggäste gern daran, dass das Leben des Piloten genauso wie ihr eigenes auf dem Spiel steht, sodass dieser sich sehr darum kümmert, sicher auf die Erde zurückzukehren. Buffett fliegt pro Jahr etwa 225 Stunden mit NetJets, und seine Familie nutzt weitere 550 Flugstunden. Somit können andere Kunden – unter anderem Tiger Woods, Kathie Lee Gifford, Calvin Klein und die Band N'Sync – beruhigt davon ausgehen, dass sie das gleiche hochwertige Personal und die gleichen hochwertigen Flugzeuge bekommen wie die Buffetts. Das ist ein tröstlicher Gedanke.

LERNE AUS DEINEN FEHLERN

Buffett sagt, eine seiner schlechtesten Entscheidungen habe er im Alter von 21 Jahren getroffen, als er 20 Prozent seines Vermögens in eine Tankstelle steckte. Nach seiner Berechnung hat ihn dieser Fehler über die Jahre rund 800 Millionen Dollar an verpassten wirtschaftlichen Gelegenheiten gekostet.[219] Der erste Schritt zur Erholung besteht darin, dass man aufhört, das Falsche zu tun:

„Das ist ein altes Prinzip. Man braucht es nicht auf die gleiche Weise zurückzuholen, auf die man es verloren hat."[220]

Berkshire zahlt den Anlegern keine Dividenden aus. Dadurch vermeidet es die doppelte Besteuerung und reinvestiert seine Gewinne stetig und ohne Mühe. Eine Ausnahme waren die zehn Cent Dividende, die Buffett seiner Beteiligungsgesellschaft im Jahr 1967 bezahlte. Darüber sagt er:

„Damals muss ich wohl auf dem Klo gewesen sein."[221]

ANMERKUNG: Buffett sagt, wenn eine Zeit kommt, in der er meint, die Aktionäre könnten lukrativere Investments finden als Berkshire, dann wird er eine Dividende bezahlen.

Der Staatsanleihenskandal bei Salomon erteilte Buffett eine Lektion, die er vielleicht lieber ausgelassen hätte:

„Sie werden das nicht glauben – weil ich so dumm gar nicht aussehe –, aber ich habe mich für den Job als Interimsvorsitzender gemeldet. Das mache ich nicht gern, aber ich werde das so lange machen, bis es richtig gemacht wird."[222]

Eine Heerschar von Anwälten, die Klagen gegen Salomon einreichten, halfen Buffett, seine Aufmerksamkeit zu konzentrieren:

„Vielleicht werde ich noch Mann des Jahres der American Bar Association [Anwaltsverband], bevor das Jahr vorbei ist."[223]

Buffett hat das Jahr, das er in New York damit verbracht hat, Salomon wieder auf die Füße zu helfen, mit einem Krieg verglichen:

„Man macht das, weil man muss, aber man sucht sich keinen zweiten."[224]

Vor dem Zwischenfall bei Salomon wurde Buffett gefragt, weshalb er sich so bissig über die Bankenbranche äußere, wo doch Berkshire eine große Beteiligung an Salomon halte. Buffett erwiderte:

„Wieso wir das Investmentbankinggeschäft so lautstark kritisieren, obwohl wir 700 Millionen Dollar in Salomon investiert haben? Ich nehme an, die Antwort ist Wiedergutmachung." [225]

KAUFE BILDERBUCHAKTIEN

Buffetts Lieblingsmethode, den inneren Wert und die Sicherheitsspanne zu erklären, hat literarische Qualitäten. Seine Lieblingsunternehmen, so sagt Buffett, sind wie:

> *„... wundervolle Burgen, umgeben von gefährlichen Gräben, und der Burgherr ist ein ehrlicher, anständiger Mensch. Vorzugsweise bezieht die Burg ihre Stärke aus der Genialität im Inneren, der Graben ist von Dauer und wirkt als mächtiges Abschreckungsmittel gegen jene, die einen Angriff in Erwägung ziehen und im Inneren verdient der Burgherr Gold, behält aber nicht alles für sich. Grob übersetzt mögen wir Unternehmen mit beherrschender Stellung, deren Geschäft schwer zu kopieren ist und das ein gewaltiges Stehvermögen oder eine gewisse Dauerhaftigkeit besitzt."* [226]

~

> *„Man braucht in der Geschäftswelt einen Graben, der einen vor dem Kerl schützt, der daherkommt und [dein Produkt] einen Penny günstiger anbietet."* [227]

(Mehr über Gräben können Sie in den Abschnitten „Schätze den Franchisewert" und „Respektiere die Preisgestaltungsmacht" später in diesem Kapitel lesen.) Im Jahr 1969 führte Buffett eine realistische Analyse seiner liebsten Bilderbuchaktie durch:

> *„Wenn ich eine Aktie kaufe, dann stelle ich mir vor, dass ich ein ganzes Unternehmen kaufe, so als würde ich den Laden an der Ecke kaufen. Wenn ich den Laden kaufen würde, dann würde ich alles darüber wissen wollen.*

Sehen Sie sich doch einmal an, was Walt Disney im ersten Halbjahr 1966 an der Börse wert war. Der Preis betrug 53 Dollar pro Aktie und das sah nicht besonders günstig aus, aber auf dieser Basis konnte man das ganze Unternehmen für 80 Millionen Dollar kaufen, als Schneewittchen, Die Schweizer Familie Robinson *und ein paar andere Zeichentrickfilme schon abgeschrieben und [allein schon] so viel wert waren, und dann bekam man noch [zusätzlich] Disneyland und das Genie Walt Disney als Partner.*"[228]

Nach der Fusion von Cap Cities/ABC mit Disney im Jahr 1996 hielt Berkshire wieder eine große Beteiligung an Disney:

*„*Schneewittchen *(den Film) zu besitzen ist wie der Besitz eines Ölfelds. Man pumpt [das Öl] heraus und verkauft es und dann sickert es wieder nach.*"[229]

ANMERKUNG: Disney hat festgestellt, dass es *Schneewittchen* alle sieben Jahre neu herausbringen kann.

Und dann ist da noch Micky Maus:

„Das Schöne an der Maus ist, dass sie keinen Agenten braucht. Man besitzt die Maus. Sie gehört einem."[230]

Trotzdem hielt Berkshire die Disney-Aktien nur eine Weile und verkaufte sie dann. Disney machte damals Turbulenzen in der Unternehmensleitung durch.

SUCHE HERVORRAGENDE UNTERNEHMEN

„Man sollte in ein Unternehmen investieren, das selbst ein Narr leiten kann, denn irgendwann wird es ein Narr leiten."[231]

„In allen Unternehmen gibt es verschiedene Einflüsse, die sich nächste Woche, nächsten Monat, nächstes Jahr und so weiter bemerkbar machen. Wirklich wichtig ist, dass man in dem richtigen Geschäft ist. Der klassische Fall ist Coca-Cola, das im Jahr 1919 an die Börse ging. Am Anfang wurde die Aktie für 40 Dollar verkauft. Im nächsten Jahr fiel sie auf 19 Dollar. Der Zuckerpreis hatte sich nach dem Ersten Weltkrieg ziemlich verändert. Man hätte also nach einem Jahr die Hälfte seines Geldes verloren, wenn man die Aktie zum Börsengang gekauft hätte, aber wenn man diese Aktie heute noch hätte – und alle Dividenden reinvestiert hätte –, wäre sie ungefähr 1,8 Millionen Dollar wert.

Wir hatten Depressionen. Wir hatten Kriege. Der Zuckerpreis ist gestiegen und gefallen. Eine Million Dinge sind passiert. Wie viel fruchtbringender ist es doch, wenn wir darüber nachdenken, ob sich das Produkt halten kann, und über dessen Wirtschaftlichkeit, als sich zu fragen, ob man in die Aktie einsteigen oder aus ihr aussteigen sollte?"[232]

~

„Nehmen wir an, Sie fahren für zehn Jahre weg und Sie wollten eine Investition tätigen. Sie wissen alles, was Sie jetzt wissen und Sie könnten nichts ändern, während Sie weg sind. Über was würden Sie nachdenken?

Ich dachte mir alles Mögliche aus, was die Sicherheit betraf: Wohin, so weit ich wusste, der Markt weiter wachsen würde, wo der Marktführer der Marktführer bleiben würde – ich meine weltweit – und wohin der Umsatz im großen Stil wachsen würde. Ich kenne nichts, das wie Coca-Cola ist."[233]

~

„Charlie [Munger] lenkte meine Aufmerksamkeit auf die Vorzüge großartiger Unternehmen mit einem enorm wachsenden Gewinnpotenzial, aber erst wenn man sich dessen sicher sein kann – nicht wie bei Texas Instruments oder bei Polaroid, wo das Gewinnpotenzial hypothetisch war."[234]

Buffett hat Philip Smith, dem Präsidenten von General Foods, einmal erklärt, warum er die Aktie des Unternehmens kaufte, als sich sonst niemand dafür interessierte:

> *„Sie haben starke Markennamen, Sie haben ein Kurs-Gewinn-Verhältnis von drei, während andere sechs oder sieben haben, und sie haben eine Menge Bargeld. Wenn Sie nicht wissen, was Sie damit tun sollen, dann wird es jemand anders wissen."*[235]

Tatsächlich wurde General Foods von Philip Morris gekauft, das es mit Kraft Food fusionierte. Philip Morris firmiert jetzt als Altria.

> *„Ein großartiges Unternehmen ist dadurch definiert, dass es 25 oder 30 Jahre lang großartig bleibt."*[236]

Ein Grund, hervorragende Unternehmen zu kaufen, (zusätzlich zu starkem Wachstum) ist, dass sich der Anleger nach dem Kauf nur zurückzulehnen und darauf zu vertrauen braucht, dass die Manager des Unternehmens ihre Arbeit machen. Im Jahr 1973 besaß Buffett schon einen guten Batzen von Berkshire, dazu eine Bank in Illinois, eine Wochenzeitung in Omaha, Beteiligungen an einem halben Dutzend Versicherungen, einen Rabattmarkenanbieter, eine Kette für Damenbekleidung und eine Süßwarenfirma. Trotzdem sagte er einem Reporter ohne Überheblichkeit:

> *„Ich kann dabei fast die Hände in den Schoß legen. Ich habe wirklich ein ziemlich leichtes Leben."*[237]

~

> *„Ich sage jedem, der für unser Unternehmen arbeitet, er soll zwei Dinge tun, damit er erfolgreich ist. Das sind: (1) denken wie ein Besitzer und (2)*

uns schlechte Nachrichten sofort mitteilen. Um die guten Nachrichten braucht man sich ja keine Sorgen zu machen."[238]

HALTE DICH AN QUALITÄT

„Es ist viel besser, einen Teil des Hope-Diamanten zu haben als 100 Prozent eines Glassteins."[239]

~

Buffett interessiert sich seit seiner Kindheit, als er Tipps für Pferdewetten mit dem Titel „Stableboy Selections" herausgab, für Pferderennen:

„Es gibt Speed-Handicapper und Class-Handicapper. Der Speed-Handicapper sagt, man soll versuchen herauszufinden, wie schnell ein Pferd laufen kann. Ein Class-Handicapper sagt, dass ein Pferd für 10.000 Dollar ein Pferd für 6.000 Dollar schlägt. Graham sagt: ‚Kaufe alle Aktien, die günstig genug sind, das klappt.‘ Das war der Speed-Handicapper. Andere sagten: ‚Kaufe das beste Unternehmen, das klappt.‘ Das ist Class-Handicapping."[240]

ANMERKUNG: Buffett hat als Speed-Handicapper angefangen, ist dann aber immer mehr zum Class-Handicapping übergegangen.

JUNKBONDS

Auf die Frage, was er von Junkbonds halte, erwiderte Buffett:

„Ich glaube, sie werden ihrem Namen [„Schrottanleihen"] alle Ehre machen."[241]

Als er später gefragt wurde, wieso er in den Jahren 1983 und 1984 Junkbonds von Washington Public Power Supply System (WPPSS, auch als WHOOPS bekannt) kaufte, als die Ratings ein hohes Risiko anzeigten, antwortete Buffett:

„Wir richten uns bei unseren Beurteilungen nicht nach Ratings. Wenn wir wollten, dass Moody's und Standard & Poor's unser Geld verwalten, dann würden wir es ihnen geben."[242]

ANMERKUNG: Die Anleihen, die nicht in Verzug gerieten, wiesen eine steuerfreie Zinsrendite von 16,3 Prozent auf, woraus sich ein Jahresertrag von 22,7 Millionen Dollar ergab.

Seither hat Buffett mit Junkbonds von RJR Nabisco, Chrysler Financial, Texaco, Time Warner und Amazon.com Geld verdient.

„Ich bin kein Techniker. Ich weiß nicht einmal, warum das Licht angeht, wenn ich den Schalter drücke, aber ich weiß, wie ich Junkbonds auswählen muss."[245]

Im Jahresbericht 2002 von Berkshire erklärte Buffett, dass es in mancher Hinsicht ähnlich ist, in Aktien und in Junkbonds zu investieren:

„Beide Aktivitäten verlangen von uns Preis-Wert-Berechnungen und man muss Hunderte von Wertpapieren durchgehen, um die sehr wenigen mit attraktivem Risiko-Ertrags-Verhältnis zu finden."

Allerdings hat er an diese beiden Investmenttypen sehr unterschiedliche Erwartungen. Er erwartet zwar, dass alle seine Aktienkäufe Profit abwerfen, aber bei Junkbonds ist das nicht so:

„Wenn wir Junkbonds kaufen, haben wir es mit Unternehmen zu tun, die viel mehr am Rande stehen. Diese Unternehmen sind normalerweise mit

Schulden beladen und in Branchen aktiv, die durch niedrige Kapitalrenditen gekennzeichnet sind. Zudem ist manchmal die Qualität der Unternehmensleitung fragwürdig. Es kann sogar sein, dass die Interessen des Managements denen der Anleiheninhaber direkt zuwiderlaufen. Deshalb können wir bei Junkpapieren mit gelegentlichen großen Verlusten rechnen. Bis jetzt ist es für uns auf diesem Gebiet allerdings ganz gut gelaufen."[244]

Charlie Munger erklärte, dass Berkshire direkt sowie indirekt über seine Versicherungstöchter viele festverzinsliche Anlagen und Anleihen besitze und es ihn nicht störe, dass Berkshire in etwas investiere, das als „Junk" oder „Schrott" bezeichnet wird.

„So lange Warren das macht, sehe ich es gern", so Munger. „Wir haben damit im Laufe der Jahre ohne großes Risiko oder Aufhebens ein paar 100 Millionen Vorsteuerdollar verdient. Deshalb haben wir diese Extrakategorie."[245]

SCHÄTZE DEN „FRANCHISEWERT"

Buffett bezeichnet den „Franchisewert" [„Franchise" bedeutet hier, dass ein Unternehmen einen Markt im übertragenen Sinne „gepachtet" hat] als einen Graben um die Unternehmensburg. Er benutzt Gillette zur Veranschaulichung:

„Auf der Welt werden pro Jahr 20 bis 21 Milliarden Rasierklingen verbraucht. Davon sind 30 Prozent Gillettes, aber wertmäßig kommen 60 Prozent von Gillette. In manchen Ländern hat das Unternehmen einen Marktanteil von 90 Prozent – in Skandinavien und in Mexiko. Wenn es etwas schon so lange gibt wie die Rasur und wenn man ein Unternehmen findet, das einerseits innovativ ist, was das Entwickeln besserer Rasierer betrifft, und das dazu noch die Vertriebsmacht hat und diese Platz im Denken der Menschen ... Wissen Sie, das ist etwas, das macht man jeden Tag – ich hoffe, Sie machen das jeden Tag – und für 20 Dollar [pro Jahr] bekommt man ein

fantastisches Rasiererlebnis. Männer haben keine Lust, ständig zu wechseln in dieser Situation."[246]

~

„*Man geht ins Bett und fühlt sich sehr wohl mit dem Gedanken an zweieinhalb Milliarden Männer, deren Haare wachsen, während man schläft. Bei Gillette schläft niemand schlecht.*"[247]

ANMERKUNG: Im Jahr 2004 fusionierte Gilette mit Procter & Gamble, sodass Berkshire eine dreiprozentige Beteiligung an P & G bekam.

Wenn Sie das Konzept des Franchisewerts mit Gillette nicht begriffen haben, probieren Sie es einmal mit Hershey-Schokoriegeln:

„*Wenn [man in ein Geschäft geht und] die sagen, ‚Ich habe keine Hershey-Riegel, aber ich habe diese No-Name-Schokolade, die der Besitzer des Geschäfts empfiehlt', und wenn man dann auf die andere Straßenseite geht und einen Hershey-Riegel kauft oder einen Groschen mehr für den [Hershey-]Riegel als für den No-Name-Riegel ausgibt oder so, dann ist das ein Franchisewert.*"[248]

Oder machen Sie den Liebstentest. Es gibt Fälle, da ist ein Schnäppchenpreis nicht das Entscheidende:

„*Man weiß, man kommt nicht am Valentinstag nach Hause und sagt: ‚Ilier Liebste, da sind zwei Pfund Schokolade. Ich habe die günstigste genommen.' Das klappt einfach nicht.*"[249]

Coca-Cola hat von allen Unternehmen des Erdballs den stärksten Franchisewert:

„*Wenn einem einmal im Leben eine gute Geschäftsidee über den Weg läuft, hat man Glück, und im Grunde ist dies [Coca-Cola] das beste große*

Geschäft der Welt. Es ist die mächtigste Marke der Welt geworden und wird zu einem äußerst gemäßigten Preis verkauft. Es ist überall beliebt – der Pro-Kopf-Konsum steigt beinahe jedes Jahr in fast allen Ländern. Es gibt kein zweites Produkt wie dieses."[250]

Der Graben des Franchisewerts bietet starken Schutz:

„Eine Übernahme [von Coca-Cola] wäre wie Pearl Harbor."[251]

Mehr als einmal wurde Buffetts Interesse an Unternehmen geweckt, die vor ernsten finanziellen Schwierigkeiten standen – ein Umstand, der an ihrem Franchisewert nichts änderte:

„Das war so ähnlich wie mit American Express Ende 1963, als es von dem Salatölskandal heimgesucht wurde. Das schädigte das Geschäft mit den Reiseschecks oder mit den Kreditkarten nicht. Es hätte die Bilanz von American Express ruinieren können, aber die Antwort darauf lautete natürlich, dass American Express auch ohne Eigenkapital einen gewaltigen Geldbetrag wert war.

Die GEICO war ebenfalls ohne Eigenkapital einen gewaltigen Geldbetrag wert, außer dass sie am nächsten Tag hätte geschlossen werden können, weil sie kein Eigenkapital hatte, aber ich war zufrieden, dass das Eigenkapital da sein würde. Die Wahrheit ist, dass viele Versicherungsgesellschaften, um sie zu besitzen, das Kapital aufgebracht hätten. Wir hätten es jedenfalls aufgebracht."[252]

ANMERKUNG: Im Jahr 1976 geriet die GEICO in rauhe Gewässer, nachdem sie so schnell gewachsen war; das Unternehmen verlor an Leistungsfähigkeit. Nachdem sich Buffett eingekauft hatte, erholte es sich wieder.

An bestimmten Unternehmen mit Franchisewert verlor Buffett das Interesse. Er war einmal einer der größten Aktionäre von RJR Nabisco

(Besitzer von Reynolds Tobacco), aber er stieß die Aktien Anfang der 1980er-Jahre ab. Angeblich hatte er zwar nichts dagegen, dass Salomon Inc. im Jahr 1988 in RJR Nabisco investierte, aber er machte nicht mit. Er soll gesagt haben:

> *„Ich werde Ihnen sagen, warum mir die Zigarettenbranche gefällt. Die Herstellung kostet einen Penny. Verkauft wird für einen Dollar. Das macht süchtig und die Markentreue ist fantastisch."* [253]

ANMERKUNG: Später sagte Buffett, er habe jemand anderen zitiert, als er dies sagte, und er habe diese Aussage ironisch gemeint. Nichtsdestotrotz enthält sie eine traurige Wahrheit.

RESPEKTIERE DIE PREISGESTALTUNGSMACHT

Ein gutes Unternehmen, so Buffett, genießt Preisflexibilität. Die Preisgestaltungsmacht ist ein enger Cousin des Franchisewerts:

> *„Wenn man See's Candy besitzt und in den Spiegel schaut und sagt, ,Spieglein, Spieglein an der Wand, wie viel verlange ich im Herbst für Süßigkeiten?', und er sagt, ,mehr', dann ist das ein gutes Geschäft."* [254]

Im Jahr 1986 sah Buffett die Probleme voraus, von denen die Fernsehbranche wegen ihrer geringen Preisgestaltungsmacht bald umzingelt sein würde:

> *„Im Prinzip hatte das Fernsehen vor vielen Jahren viel ungenutzte Preisgestaltungsmacht und brauchte sie ganz auf. Wahrscheinlich ist es noch ein bisschen weiter gegangen. Deshalb ist die Möglichkeit der Preisgestaltung nicht mehr im gleichen Maße vorhanden. Ich erkenne im Geschäft*

der Fernsehsender keine Gewinne, die schneller galoppieren als die Inflation.
Jahrelang haben sie diese Gewinne bekommen und einen Lebensstil entwi-
ckelt, der davon gekennzeichnet war. Jetzt erleben wir eine Anpassung."[255]

FINDE EIN UNTERNEHMEN MIT GÜNSTIGEM FLOAT (UND VERSUCHE DANN, DAS UNTERNEHMEN NICHT FALSCH ZU PLATZIEREN)

Buffett lernte schon früh, dass die Gewinne einer Versicherung darauf basieren, dass sie die Prämien gut anlegt, die sich ansammeln, während sie auf die Auszahlung von Ansprüchen wartet. Der Float aus allen Versicherungsfirmen von Berkshire Hathaway beläuft sich auf 6,5
Milliarden Dollar, wovon die GEICO, die jetzt vollständig Berkshire gehört, 3 Milliarden erwirtschaftete. Das überschüssige Geld gehört Berkshire Hathaway zwar nicht, aber es kann es nutzen.

> *„Es war ein großer Fehler [einiger Wertpapieranalysten], den Wert ei-*
> *nes Versicherungsbetriebs nur in seinem Buchwert zu sehen, ohne Rücksicht*
> *auf den Wert des Floats."*[256]

Auch in anderen Branchen gibt es einen Float. Buffett bemerkte dazu:

> *„Blue Chip Stamp war ein solches Unternehmen, bis es eines Tages ver-*
> *schwand. Wo ist es hin? In den Wandschrank? Ich weiß es nicht."*

ANMERKUNG: In den 1950er- und 1960er-Jahren waren Rabattmarken
als Anreiz für den Einkauf in Lebensmittelgeschäften beliebt, aber sie
verloren Boden an die Gutscheine und andere Scherze. Doch bevor Blue
Chip verschwand, hatte Buffett mit der Investition des Floats beträchtliche Profite erzielt. [257]

LERNE, MONOPOLY ZU LIEBEN

Freddie Mac (die Federal Home Loan Mortgage Corporation), ein quasi-staatliches Unternehmen, stellt einen Sekundärmarkt für Eigenheimhypotheken bereit. Freddie Mac und seine Schwesteragentur Fannie Mae (Federal National Mortgage Association) kontrollieren 90 Prozent dieses Geschäfts. Diese Branche ist ein Duopol:

„Das ist nach einem Monopol das Zweitbeste." [258]

~

„Zeitungen sind ein fantastisches Geschäft. Das ist eines der wenigen Geschäfte, die von Natur aus zu einem begrenzten Monopol neigen. Offensichtlich steht es in Konkurrenz zu anderen Formen der Werbung, aber mit nichts exakt Vergleichbarem. Zeigen Sie mir ein zweites Geschäft wie dieses – es gibt keins." [259]

ANMERKUNG: Buffett machte diese Äußerung im Jahr 1986. Durch grundlegende Veränderungen der Demografie, des Einzelhandels und eine starke Zunahme konkurrierender Werbemöglichkeiten, wie zum Beispiel das Internet, verschob Buffett die Zeitungsbranche in die Kategorie „gut, aber nicht großartig" und verlor dann vollständig das Interesse an neuen Zeitungsübernahmen.

In einem Auflagenkrieg zwischen den *Buffalo Evening News* und dem *Courier-Express* reichte letzterer Klage ein und beschuldigte Buffetts Zeitung der Preisabsprache. Ein wunder Punkt war das Gerücht, Buffett habe einmal gesagt, der Besitz eines Zeitungsmonopols sei wie der Besitz einer nicht regulierten Zollbrücke. Als diese Bemerkung vor Gericht zur Sprache kam, sagte Buffett:

„Ich habe gesagt, in einer inflationären Welt wäre der Besitz einer Zollbrücke eine tolle Sache, wenn sie nicht reguliert wäre." [260]

„Warum?", fragte der Anwalt der Gegenpartei.

„Weil man die Kapitalkosten schon aufgewendet hat. Man baut die Brücke in alten Dollars und braucht sie nicht zu ersetzen." [261]

FINDE MANAGER, DIE WIE BESITZER DENKEN

„Ich stelle mir immer vor, dass mir alles dort gehört. Wenn das Management genauso vorgeht, wie ich vorgehen würde, wenn mir der ganze Laden gehören würde, dann gefällt mir das Management." [262]

~

„Die besten Vorstandsvorsitzenden lieben es, ihr Unternehmen zu leiten, und ziehen es nicht vor, zu Treffen von Business Roundtable oder zum Golfspielen zum Augusta National zu gehen." [263]

Buffett sagt oft, da er kein Experte für Süßwarenumsätze, für die Herausgabe von Enzyklopädien, für die Uniformen- oder die Schuhbranche sei (all das besitzt Berkshire), würden ihm Manager gefallen, die eben dies sind. Über H. H. Brown, einen Schuhhersteller und bedeutenden Lederaufkäufer, sagt Buffett:

„Wenn auch nur ein Rind umfällt, dann merken die das schon." [264]

DAS MANGEMENT IST WICHTIG, ABER EIN GUTES UNTERNEHMEN IST NOCH WICHTIGER

„Unsere Schlussfolgerung ist, dass es, von wenigen Ausnahmen abgesehen, so ist: Wenn eine Unternehmensleitung mit brillantem Ruf ein Unternehmen

anpackt, das den Ruf schlechter wirtschaftlicher Fundamentaldaten hat, bleibt normalerweise der Ruf des Unternehmens davon unberührt."[265]

~

„Mir gefällt ein Unternehmen, das auch dann eine Menge Geld bringt, wenn es überhaupt nicht gemanagt wird. Das ist ein Unternehmen für mich."[266]

MEIDE DEN INSTITUTIONELLEN IMPERATIV (DIE NEIGUNG VON UNTERNEHMEN, SICH WIE DIE LEMMINGE ZU VERHALTEN)

„Jedes Unternehmen, das nur nach seinem Führer schielt, wird schnell von ... Studien gestützt, die von dessen Truppen erstellt wurden."[267]

~

„Wenn Mittelmäßigkeit herrscht und man einen Haufen Freunde im Vorstand hat, dann ist das sicher nicht die Art von Test, durch den man ein Footballteam schickt. Wenn der Trainer einer Footballmannschaft elf lausige Spieler auf das Feld schickt, ist er seinen Job los. Der Vorstand verliert nie wegen eines mittelmäßigen Vorstandsvorsitzenden seinen Job. Deshalb gibt es da keine der selbstreinigenden Mechanismen, die es bei allen anderen Jobs gibt."[268]

BEVORZUGE UNTERNEHMEN, DIE IHRE AKTIEN ZURÜCKKAUFEN

Wenn die Aktien eines Unternehmens unter dem inneren Wert gehandelt werden, ist es laut Buffett eine der besten Investitionen, die das Unternehmen machen kann, seine eigenen Aktien zurückzukaufen. Heißt das, dass er Berkshire-Aktien kauft, wenn der Preis unter den inneren Wert fällt?

„Das wäre sinnvoll und ich würde es auch tun, aber nur wenn Berkshire günstiger wäre als andere Aktien, die mich zu diesem Zeitpunkt interessieren." [269]

MACHE DIR KEINE SORGEN UM DIE DIVERSIFIZIERUNG

„Diversifizierung ist eine Absicherung gegen Unwissenheit. Für diejenigen, die wissen, was sie tun, ergibt [sie] sehr wenig Sinn." [270]

~

„Viele große Vermögen der Welt wurden durch den Besitz eines einzigen wunderbaren Unternehmens verdient.
Wenn man das Unternehmen begreift, braucht man nicht sehr viele davon." [271]

Buffett zitiert den Broadway-Impresario Billy Rose, um die Schwierigkeiten der übertriebenen Diversifizierung zu erklären:

„Wenn man einen Harem mit 40 Frauen hat, kennt man keine von ihnen besonders gut." [272]

INVESTIERE LANGFRISTIG

Buffett lehnt das kurzfristige Trading so sehr ab, dass er eine 100-prozentige Besteuerung der Gewinne aus den Aktien vorgeschlagen hat, die man weniger als ein Jahr hält. [273]

„Charlie und ich gehen davon aus, dass wir unsere Aktien sehr lange Zeit halten. Sie werden uns tatsächlich noch hier oben sehen, wenn [wir so alt sind, dass] keiner von uns mehr weiß, wer der andere ist." [274]

*„Wir kaufen gern Unternehmen. Wir verkaufen nicht gern und wir
rechnen damit, dass unsere Beziehungen ein Leben lang halten."*[275]

~

*„Die meisten unserer großen Aktienpositionen werden wir viele Jahre
lang halten und die Bewertungsliste unserer Investmententscheidungen
wird bestimmt von den Geschäftsergebnissen in diesem Zeitraum und
nicht von den Preisen an irgendeinem vorgegebenen Tag. Genauso wie es
beim Kauf eines ganzen Unternehmens töricht wäre, sich über Gebühr auf
die kurzfristigen Aussichten zu konzentrieren, genauso unsolide finden
wir es, wenn man sich beim Kauf von kleinen Stücken eines Unternehmens, also von marktfähigen Stammaktien, von den voraussichtlichen kurzfristigen Gewinnen hypnotisieren lässt."*[276]

Buffett investiert nicht nur selbst auf lange Sicht, sondern er hofft
auch, dass die Berkshire-Aktionäre ihre Aktien so lange wie möglich
halten:

*„Wenn ich einen Club hätte oder in einer Kirche predigen würde, dann
würde ich meinen Erfolg nicht daran messen, wie hoch der Umschlag der
Gemeindemitglieder oder der Clubmitglieder wäre. Mir würde vielmehr der
Gedanke gefallen, dass niemand seinen Platz verlassen will, sodass für nie-
manden sonst Plätze übrig wären."*[277]

Die Übernahme eines Unternehmens kann man sich so vorstellen:

*„Eine Weile ist es wie bei einer Romanze. Man verbringt eine gewisse
Zeit miteinander und dann hat man das erste Rendezvous. Endlich kommt
der große Augenblick. Will man dann am nächsten Tag anfangen, darüber
nachzudenken, ob man verkaufen würde, wenn einem jemand das Zweifache oder Dreifache dafür bieten würde?"*[278]

Buffett sagt, er sei ein „Rip Van Winkle"-Investor:

„Mein Lieblingszeitrahmen für den Aktienbesitz ist ewig." [279]

FASSEN WIR ZUSAMMEN

„Aktien sind einfach. Man braucht bloß Aktien eines großartigen Unternehmens für weniger als den inneren Wert des Unternehmens zu kaufen und dazu höchst integre und fähige Manager. Dann hat man die betreffenden Aktien für immer." [280]

Oder – sagt Buffett – man kann sich an Will Rogers halten. Rogers sagte, man solle sorgfältig den Markt studieren, bevor man eine Aktie kaufe, und dann: „Wenn sich die Aktie verdoppelt, verkaufe sie." Was ist, wenn sie sich nicht verdoppelt? „Wenn sie sich nicht verdoppelt, kaufe sie nicht." [281]

WENN DU DADURCH REICH WIRST, DASS DU IN BUFFETTS FUSSSTAPFEN TRITTST, GIB DER GESELL-SCHAFT IHREN TEIL ZURÜCK

Eine der Eigenschaften, die Buffett, seine Freunde und seine Kollegen einmalig macht, ist ihre Einstellung hinsichtlich ihrer Verantwortlichkeit für andere Menschen, mit denen sie die Erde teilen.

GELDANLAGE IST EINE MÖGLICHKEIT, ZUM ALLGEMEINWOHL BEIZUTRAGEN

„Es sind große Realkapitalgewinne notwendig, die in moderne Produktionsanlagen investiert werden, um große Gewinne für das allgemeine

wirtschaftliche Wohlergehen zu erzielen. Ein großes Arbeitskräftepotenzi
al, große Verbraucherwünsche und große Versprechungen des Staates füh
ren ohne die ständige Schöpfung und Verwendung kostspieligen neuen Ka
pitalvermögens in der gesamten Industrie zu nichts als großer Frustration.
Diese Gleichung haben die Russen genauso gut begriffen wie die Rockefel
lers und in Westdeutschland und Japan wurde sie mit atemberaubendem
Erfolg angewandt.

Hohe Kapitalbildungsraten haben diese Länder in die Lage versetzt,
ihren Lebensstandard in einem höheren Tempo als wir zu steigern, ob
wohl wir in Sachen Energie eine deutlich überlegene Ausgangsposition
hatten."[282]

~

Auch wenn einige Anleger von fremdfinanzierten Übernahmen
profitieren, so sind sie doch nicht immer gut für die Gesellschaft. Um
nur eine Sache zu nennen, dadurch, dass Kapital durch Schulden ersetzt wird, sinken die Steuern des Unternehmens, die für die Finanzierung von Sozialprogrammen verwendet werden könnten:

„Wenn man nun von Boone Pickens und Jimmy Goldsmith und der
ganzen Mannschaft liest, die davon reden, Werte für die Aktionäre zu
schaffen, dann schaffen sie keine Werte, sondern übertragen sie von der
Gesellschaft auf die Aktionäre. Das mag gut oder schlecht sein, aber es
wird jedenfalls kein Wert geschaffen – das ist nicht, wie wenn Henry Ford
das Auto entwickelt oder wie wenn sich Ray Kroc ausrechnet, wie er besser
Hamburger liefern kann als irgendjemand sonst ...

In den letzten Jahren ... wurde ein [Unternehmen] nach dem anderen
von Menschen verwandelt, die dieses Spiel verstanden. Das bedeutet, dass
jeder Bürger eine Spur mehr zu dem beitragen muss, was nötig ist, um die
ganzen Güter und Dienstleistungen zu bezahlen, die der Staat liefert."[283]

UNVERHÄLTNISMÄSSIGE BELOHNUNGEN

Andere Menschen leisten genauso wertvolle Beiträge zur Sicherheit, zur Gesundheit, zum Glück und zum Wohlergehen der Gesellschaft, aber sie verdienen weniger als er, so Buffett:

„Diese Gesellschaft bietet mir enorme Belohnungen für das, was ich dieser Gesellschaft bringe."[284]

~

„Ich persönlich glaube, dass die Gesellschaft für einen ganz erheblichen Teil dessen verantwortlich ist, was ich verdient habe. Wenn Sie mich irgendwo mitten in Bangladesch oder Peru aussetzten, würden Sie merken, wie viel diese Begabung unter diesen Bedingungen hervorbrächte. Ich hätte nach 30 Jahren noch zu kämpfen: Ich arbeite in einem Marktsystem, das zufällig das, was ich tue, sehr gut belohnt – unverhältnismäßig gut. Mike Tyson auch. Wenn man jemanden in zehn Sekunden k.o. schlagen kann und daran zehn Millionen Dollar verdient, dann bezahlt diese Welt sehr viel dafür. Wenn man beim Baseball 0,360 schlagen kann, bezahlt einem die Welt eine Menge dafür. Wenn man ein fabelhafter Lehrer ist, bezahlt einem die Welt nicht viel dafür. Wenn man eine fantastische Krankenschwester ist, bezahlt einem die Welt nicht viel dafür. Bin ich gerade dabei, mir ein vergleichbares Wertesystem auszudenken, das alles irgendwie [um]verteilt? Nein, ich glaube nicht, dass ich das kann. Ich glaube aber, wenn man von diesem Marktsystem enorm gut behandelt wird, in dem einen eigentlich das System mit den Möglichkeiten überhäuft Waren und Dienstleistungen zu kaufen und das nur, weil man eine besondere Begabung hat – vielleicht weil man besondere Rachenmandeln hat, sodass man singen kann und einem alle enorme Summen bezahlen, wenn man im Fernsehen auftritt, oder was auch immer – dann glaube ich, dass die Gesellschaft einen großen Anspruch darauf hat."[285]

„Ich habe kein Problem mit Schuldgefühlen wegen meines Geldes. Ich sehe das so, dass mein Geld eine enorme Anzahl von Berechtigungsscheinen gegenüber der Gesellschaft darstellt. Das ist so, als hätte ich kleine Papierstückchen, die ich gegen Konsum eintauschen kann. Wenn ich wollte, könnte ich 10.000 Menschen engagieren, die während meines restlichen Lebens nichts anderes tun, als jeden Tag ein Bild von mir zu malen. Das Bruttosozialprodukt würde steigen, aber der Nutzen des Produkts wäre null und ich würde diese 10.000 Menschen daran hindern, AIDS zu erforschen, als Lehrer oder als Krankenschwestern zu arbeiten. Ich mache das jedoch nicht. Ich benutze nicht sehr viele von diesen Berechtigungsscheinen. Es gibt nichts Materielles, das ich unbedingt haben will. Ich werde so gut wie alle diese Berechtigungsscheine für gute Zwecke spenden, wenn meine Frau und ich sterben." [286]

In einer Laudatio, die Buffett für den Bauträger Peter Kiewit aus Omaha schrieb (Buffett bewunderte Kiewit, weil er seine Berechtigungsscheine sparte und einen Großteil seines Nachlasses von 200 Millionen Dollar für einen guten Zweck spendete), führte er ein anderes Beispiel dafür an, wie „Berechtigungsscheine" funktionieren:

„Im Prinzip häuft jemand, der weniger ausgibt als er verdient, ‚Berechtigungsscheine' für den späteren Gebrauch an. Er kann diese Prozedur zu einem späteren Zeitpunkt umkehren und mehr konsumieren als er verdient, indem er ein paar der angehäuften Berechtigungsscheine einlöst. Oder er vermacht sie anderen Menschen – entweder zu Lebzeiten in Form von Geschenken oder nach seinem Tod als Erbe.

[William Randolph] Hearst hat beispielsweise viele seiner Berechtigungsscheine für den Bau und den Unterhalt von San Simeon verbraucht. Ebenso wie die Pharaonen beim Bau der Pyramiden hat Hearst gewaltige Menge an Arbeitskraft und Material von anderen gesellschaftlichen Zwecken abgezogen, um seine persönlichen Konsumwünsche zu befriedigen.

Eine Armee von Bediensteten, die seinen persönlichen Launen nach-
kam – wie zum Beispiel der Angestellte in San Luis Obispo, der den größ-
ten Teil seines Lebens damit verbrachte, jeden Tag Eis zu den Bären im
Privatzoo zu schleppen – war nicht für die Produktion anderer Waren
und Dienstleistungen verfügbar, die für die gesamte Gesellschaft nützlich
gewesen wären."[287]

Buffetts Freund Bill Gates sagt, er rechne damit, dass er Microsoft bis
2008 leiten werde, und er verspricht, dass er sich dann darauf konzentrieren werde, wie er sein Vermögen spenden könne. Buffett erwartet, dass
Gates der Gesellschaft einen Berechtigungsschein zurückgeben wird:

„Er wird ab einem gewissen Punkt seine Zeit damit verbringen,
über die Wirkung nachzudenken, die seine Wohltätigkeit haben kann.
Er ist zu fantasievoll, um auf herkömmliche Weise zu spenden."[288]

ZAHLE DEINE STEUERN UND BESCHWERE DICH NICHT

Als Buffett erklärte, dass Berkshire im Jahr 1993 Bundessteuern in
Höhe von 390 Millionen Dollar bezahlte, sagte er:

„Charlie und ich wollen uns absolut nicht über diese Steuern beschwe-
ren. Wir arbeiten in einer marktorientierten Wirtschaft, die unsere Bemü-
hungen weitaus reichlicher belohnt als die Bemühungen anderer, deren Aus-
stoß der Gesellschaft genauso viel oder noch mehr nützt. Die Besteuerung
sollte diese Ungleichheit teilweise beseitigen, und das tut sie auch. Wir
sind aber immer noch außerordentlich gut bedient."[289]

Buffett hat einmal geschrieben, dass eine 100-prozentige Steuer
auf Gewinne aus dem Verkauf von Wertpapieren, die man weniger als

ein Jahr besessen hat – die für alle gilt, auch für institutionelle Anleger –, die Vereinigten Staaten wettbewerbsfähiger machen würde. Wenn die Investoren gezwungen wären, ihre Aktien länger zu behalten, wäre die Industrie stabiler.

„Wir reden viel über Wettbewerbsfähigkeit in der Weltwirtschaft gegenüber Entscheidungsträgern im Ausland, die mit einem Geschäftshorizont von Jahrzehnten arbeiten. Warum sollten wir nicht versuchen, unseren eigenen Horizont zumindest auf ein Jahr zu erweitern?" [290]

Wie so oft, ähnelt Mungers Position der von Buffett, außer dass sie seine republikanischen Neigungen widerspiegelt. Munger erklärt: „Ich befürworte ein gewisses Maß an gesellschaftlichem Eingreifen (Steuern, Gesetze etc.), das ein bisschen Ungleichheit aus dem Kapitalismus herausnimmt, aber ich verabscheue ein System, das die Belohnung von Hochstaplern ermöglicht." So ist Munger zum Beispiel gegen die Entschädigung von Arbeitern für beruflich bedingte Verletzungen und Behinderungen, da es schwer ist, die erschwindelten Ansprüche auszusortieren. [291]

Buffett erhob Einwände gegen die Steuersenkungen von George W. Bush, vor allem gegen die Senkung der Erbschaftsteuer, die er als „Steuersenkung für die Reichen" bezeichnete. Stattdessen befürwortete er Steuersenkungen für Bürger mit niedrigen bis mittleren Einkommen, die das Geld mit höherer Wahrscheinlichkeit für dringende aktuelle Bedürfnisse ausgeben und somit die Wirtschaft ankurbeln würden.

„Ich höre die republikanische Botschaft, wir seien stinkreich und wollten das nicht mehr hinnehmen. Das erscheint mir nicht sehr sinnvoll. Ich bezahle einen geringeren Steuersatz als meine Sekretärin … und das halte ich offen gesagt für verrückt." [292]

Buffetts Aufsatz, in dem er Bushs Steuersenkungen kritisierte, wurde im Mai 2003 in der *The Washington Post* abgedruckt. Zwei Wochen später hielt die Staatssekretärin für Steuerpolitik eine Rede zur Verteidigung der Pläne und fügte hinzu: „Das bedeutet, dass ein gewisses Orakel aus dem Mittelwesten, das, wie man sagen muss, auf den Steuergesetzen spielt wie auf einer Fiedel, seine Gewinne getrost behalten kann." Buffett mutmaßte, dass er jenes gewisse Orakel sei. In seinem nächsten Brief an die Aktionäre antwortete er darauf mit einem Volley-Schlag:

> *„Leider bringt mich mein ,Fiedelspiel' nicht in die Carnegie Hall – und nicht einmal in ein Highschool-Konzert. Berkshire schickt dem Finanzministerium zu Ihrem und meinem Nutzen 3,3 Milliarden Steuern für das Einkommen des Jahres 2003. Diese Summe entspricht 2,5 Prozent der Einkommensteuer, die im Steuerjahr 2003 von allen US-Unternehmen bezahlt wurde."*[293]

Buffett erklärte, dass Berkshire nur rund ein Prozent der Kapitalisierung des US-Aktienmarkts stelle und zu den zehn größten Steuerzahlern unter den Unternehmen zähle. Natürlich musste Buffett dies mit einem Scherz abschließen:

> *„Ich wünsche mir allerdings, dass mir Frau Olson etwas Anerkennung für die Fortschritte zollt, die ich schon gemacht habe. Im Jahr 1944 habe ich mein erstes Formular 1040 eingereicht und mein Einkommen als 13-jähriger Zeitungsausträger angegeben. Die Steuererklärung war drei Seiten lang. Nachdem ich angemessene Abzüge für betriebliche Aufwendungen wie beispielsweise ein Fahrrad für 35 Dollar beantragt hatte, belief sich mein Steuerbescheid auf sieben Dollar. Ich schickte dem Finanzamt meinen Scheck und es zog ihn – kommentarlos – ein. Wir lebten in Frieden miteinander."*[294]

Im Jahr 2006 bezahlte Berkshire Hathaway 4,4 Milliarden Dollar an Bundeseinkommensteuer und die Steuererklärung umfasste 9.386 Seiten:

> *„Im letzten Steuerjahr hat der US-amerikanische Staat 2,6 Billionen Dollar beziehungsweise 7 Milliarden Dollar pro Tag ausgegeben. Somit hat Berkshire mehr als einen halben Tag lang die Begleichung aller Bundesausgaben übernommen, die von der Sozialversicherung und Medicare bis zu den Kosten für unsere Streitkräfte reichen. Hätte es nur 600 Steuerzahler wie Berkshire gegeben, hätte niemand sonst in Amerika überhaupt Einkommensteuer oder Lohnsteuer zu bezahlen brauchen."*[295]

~

> *„Ich glaube zwar, dass ich zu wenig Steuern bezahlen muss, aber ich leiste keine freiwilligen Zahlungen."*[296]

Nichtsdestotrotz sagen sowohl Buffett als auch Bill Gates, sie wären bereit, zum Wohle der Nation eine größere Steuerlast zu tragen. Laut Buffett bräuchte das derzeitige Steuersystem eine stärkere Progression. Er wies darauf hin, dass viele Soldaten, die im Irak kämpften, einen höheren Prozentsatz an Steuern bezahlten als er.

> *„Offen gesagt halte ich das für sehr ungerecht."*[297]

GIB SO GROSSZÜGIG, WIE DU EMPFÄNGST

Die Fußballweltmeisterschaft lief, als Buffett bekanntgab, dass er der Bill and Melinda Gates Foundation (BMG) 31 Milliarden Dollar spenden und dadurch den Topf der Stiftung auf 60 Milliarden Dollar auffüllen würde. Trotz des Fußballeifers der Italiener und trotz ihres Sieges beherrschten Buffett und Gates – die beiden reichsten Männer der

Welt – die Nachrichten. Italien und die ganze Welt standen voller Ehrfurcht vor Buffetts Fähigkeit und Bereitschaft, so viel für einen guten Zweck zu spenden.

Die Widmung von 85 Prozent seines Vermögens für wohltätige Zwecke (weitere sechs Milliarden gingen an mehrere Stiftungen der Familie Buffett) ist die freigebigste Spende in der Geschichte der Vereinigten Staaten. Sie stellt das Vermächtnis der prominentesten Wohltäter weit in den Schatten: des Eisenbahnbarons Andrew Carnegie und des Ölmagnaten John D. Rockefeller.

In Dollar gerechnet belief sich Carnegies Treuhandvermögen 2006 auf 4,1 Milliarden Dollar und Rockefellers auf 7,6 Milliarden Dollar. Der *Christian Science Monitor* begrüßte die Zusammenarbeit von Buffett und Gates als Morgenrot eines neuen „Goldenen Zeitalters der Philanthropie".

Carol Loomis, Auslandskorrespondentin der Zeitschrift *Fortune*, fragte Buffett, ob es denn nicht „ein bisschen ironisch [sei], dass der zweitreichste Mann der Welt dem reichsten Mann der Welt zahllose Milliarden spende". Buffett sagte dazu:

> *„Wenn man das so ausdrückt, klingt es ziemlich komisch. In Wahrheit spende ich es jedoch über ihn – und, was wichtig ist, auch über Melinda – und nicht an ihn."* [298]

Jahrelang ertrug Buffett die Kritik, er sei mit seinem Geld zu knauserig. Er hätte so viel, aber er gebe den Bedürftigen zu wenig. In früheren Jahren hatten Buffett und seine Frau Susie zwar eine Stiftung, die gemeinnützige Arbeit finanzierte, aber es schien nie genug.

Buffett war damals noch nicht bereit. Er war noch mit dem Aufbau und der Konsolidierung der Macht und Stärke von Berkshire beschäftigt. Darüber hinaus hat Buffett es nie als seinen Job angesehen, sein Geld zu spenden. Er dachte sich, wenn er besser darin wäre, Geld zu verdienen als Geld auszugeben, dann würde er ein Vermögen bilden und einen größeren Haufen aufbauen, den er später spenden könnte:

> *„Ich dachte mir, jemand, der in hohem Tempo Geld anhäuft, ist besser dafür geeignet, sich um gute Werke zu kümmern, die in 20 Jahren getan werden, während sich Menschen, die es langsamer ansammeln, logischerweise um aktuelle gute Werke kümmern."* [299]

Das Schicksal funkte dazwischen, als Susie starb und sich Warrens Pläne zerschlugen, die Stiftungsarbeit in ihre Hände zu geben.

> *„Wenn ich vor Susie gestorben wäre und sie angefangen hätte, unser Vermögen zu verteilen, wäre [die Buffett Foundation] zu einem viel größeren Umfang angewachsen. Dann merkte ich, dass es eine fantastische Stiftung gab, die bereits groß war und die mein Geld jetzt produktiv einsetzen konnte."* [300]

Buffetts Entscheidung, Gates seiner eigenen Stiftung vorzuziehen, war einerseits ein originelles Konzept und passte andererseits zu seinen Geschäftspraktiken. Er gründet nie neue Unternehmen, entweder investiert er in bereits existierende Projekte oder er kauft erfolgreiche Unternehmen komplett. Buffett sagte zu den Gates:

> *„Ich hoffe, dass die Expansion der BMG-Stiftung eher in die Tiefe als in die Breite wirkt. Ich vertraue euch einige außerordentlich wichtige, aber unterfinanzierte Projekte an und glaube, dass diese Politik die höchste Wahrscheinlichkeit bietet, dass ihr eure äußerst wichtigen Ziele erreicht."* [301]

Da so viel Geld im Spiel ist, dürfte diese Zusammenarbeit sehr spektakulär werden. Buffetts Beitrag macht BMG fast sechsmal so groß wie die nächstgrößte private gemeinnützige Organisation der Vereinigten Staaten, die Ford Foundation. BMG hat sogar ein größeres

Budget und mehr Mittel als die Weltgesundheitsorganisation (WHO).
Wenn die Gates Foundation ein Land wäre, dann würden ihre Vermögenswerte die 55zigst-größte Volkswirtschaft der Welt bilden und wäre
größer als das Ölscheichtum Kuwait. Allein im ersten Jahr wird Buffetts Beitrag die jährlichen Spenden von BMG um 1,5 Milliarden Dollar
erhöhen. Wenn der Wert der Aktien von Berkshire Hathaway weiter
steigt, könnte der Vergabebetrag um Millionen höher liegen.

„Es wurde noch nie versucht, eine Stiftung von 60 Milliarden Dollar zu managen", bemerkte Joel J. Orosz, angesehener Professor für
Philantropic Studies an der Grand Valley State University in Grand Ra-
pids, Michigan. „Eine Stiftung dieser Größe und jetzt mit diesem Einfluss natürlich, hatten wir noch nie."[302]

Bill und Melinda Gates sagten, sie stünden ehrfurchtsvoll vor Buffetts Entscheidung und würden sich darauf freuen, ihn im Vorstand
zu haben. „Warren besitzt nicht nur eine erstaunliche Intelligenz,
sondern auch einen starken Gerechtigkeitssinn. Warrens Weisheit
wird uns dazu verhelfen, dass wir unsere Aufgabe besser erledigen
und dass sie gleichzeitig mehr Spaß macht."[303]

Buffett hat schon immer gesagt, er wolle, dass die Menschen, die
sein Vermögen verteilten, wagemutig seien:

*„Ich möchte, dass sich meine Treuhänder von oben herabbegeben und eini-
gen Projekten widmen, die keine sie automatisch finanzierenden Fürsprecher
haben, die aber für die Gesellschaft wichtig sind. Ich sage ihnen, wenn sie anfangen, diesem Krankenhaus eine halbe Million und jenem College eine halbe Million zu geben, dann komme ich zurück und spuke bei ihnen. Wenn sie aber eine
Unmenge Geld für etwas ausgeben, das ein Flop wird, dann segne sie Gott."[304]*

Der Kulturschock durch die Spende wird durch die Tatsache gemildert, dass Buffetts Beiträge zu den verschiedenen Stiftungen über einen
Zeitraum von 20 Jahren verteilt werden.

Obwohl die Möglichkeit der mächtigen Partnerschaft zwischen Buffett und Gates, Schmerzen, Leid, Verlust und Not auf dieser Welt zu lindern, erstaunlich ist, so ist sie doch umstritten. Der *Guardian* fasste einige Punkte so zusammen: „Für viele afrikanische Gesundheitsminister hat es inzwischen eine höhere Priorität, ihre Pläne der Gates Foundation anzupreisen, als bei westlichen Ländern um Hilfe zu ersuchen. Ist eine solche Machtkonzentration gut? Werden Gates und Buffett andere Bemühungen verdrängen? Tatsächlich alarmiert die Größe diejenigen, die eine Privatisierung der allgemeinen Gesundheitsversorgung durch die Hintertür befürchten.

„Niemand stellt die Motive von Gates – oder Buffett – infrage", fuhr der *Guardian* fort. „Aber manche Aktivisten befürchten, ihre Freigebigkeit könnte andere öffentliche Anstrengungen irrelevant machen. Wissenschaftliche Zeitschriften haben sich mit dem Gedanken auseinandergesetzt, dass die stärkere Unterstützung gewisser Richtungen im Vergleich zu anderen durch die Gates Foundation die Forschungsprioritäten verzerren könnte. Könnten sich private Stiftungen, da sie nicht öffentlich Rechenschaft über ihre Entscheidungsfindung und ihre Prioritäten ablegen müssen, vielleicht nachteilig auf das Allgemeinwohl auswirken? Es gibt auch Bedenken, die Stiftung würde Bemühungen unterhöhlen, die Rolle des Staates zu vergrößern – auch wenn eine größere Rolle des Staates nicht immer eine gute Sache ist."[305]

In dem Artikel erkannte der *Guardian* an, dass sich Regierungen nicht immer auf das größere Wohl konzentrieren und selbst unberechenbar sein können, was die Unterstützung würdiger Zwecke betrifft. Die Kontroverse um die staatliche Finanzierung der Stammzellenforschung ist ein Beispiel dafür, wie langsam und schmerzvoll die Erreichung öffentlicher Übereinstimmung sein kann. Außerdem können sich die staatlichen Prioritäten verschieben. Der Haushalt für die U.S. National Institutes of Health (NIH) wuchs Ende des 20. Jahrhunderts und in den ersten Jahren des 21. Jahrhunderts. Im Jahr 2006 stagnierte die Finanzierung durch den Bund bei rund 28 Milliarden Dollar pro Jahr. Das *The Wall Street Journal* berichtet, dass die Bush-Regierung vorhabe, die Finanzierung noch weiter zu senken, sodass der Haushalt für die NIH zum ersten Mal seit den 1970er-Jahren schrumpfe.

Die kritische Antwort des *Guardian* war allerdings schwach im Vergleich zu der einiger konservativer Gruppen: „Zu schade, dass Buffett und seine Familie beschlossen haben, sich an so vielen gesellschaftlichen ,Zwecken' zu versuchen", schrieb das Capital Research Center. „Ein Teil seines Geldes geht an Wohltätigkeitsorganisationen, die gewisse Tierarten schützen, ein Teil geht an radikale Umweltschutzorganisationen, die Unternehmen einschüchtern, weil sie gewisse Baumarten nicht schützen und einiges geht an Gruppen, deren Mission darin besteht, die menschliche Spezies dadurch zu dezimieren, dass sie Frauen vor der Aussicht auf Kinder und Geburt ,bewahren'. Zu schade, dass Buffett so reich ist, dass er selbst dann, wenn er nur einen kleinen Teil seines Vermögens in den Familienmischmasch persönlicher Interessen leitet, Milliarden Dollar an lohnenswerte und nicht lohnenswerte Wohltätigkeitsorganisationen spendet. Man kann das als Ruhm und Schande der Philanthropie bezeichnen."[306]

GEDANKEN ÜBER WOHLTÄTIGE SPENDEN

Als Buffett die zusätzliche Bereitstellung von Mitteln für die Susan Thompson Buffett Foundation und für die Stiftungen anderer Familienmitglieder ankündigte, lieferte er auch ein paar Gedanken (aber keine Anordnungen), wie man das Geld am besten einsetzen könnte:[307]

- Konzentriert euch auf relativ wenige Aktivitäten, das kann viel verändern.

- Konzentriert euch auf Bedürfnisse, die ohne eure Unterstützung nicht erfüllt würden. Vermeidet im Gegenzug kleine Spenden an eine Vielzahl von Organisationen, die andere Finanzierungsquellen haben und die wahrscheinlich auch ohne eure Hilfe vorankommen.
- Zieht in Betracht, an wichtigen Projekten mit euren Geschwistern zusammenzuarbeiten.
- Schenkt eurem Heimatort Aufmerksamkeit, aber macht euch eine breitere Perspektive zu eigen.
- Beurteilt Projekte danach, wie sie euren Zielen entsprechen und welche Erfolgsaussichten sie haben, nicht nach der Person, von der die Anfrage kommt.
- Rechnet damit, dass ihr Fehler macht. Man erreicht nichts, wenn man immer den sicheren Weg geht.

WAS MACHT DIE BILL AND MELINDA GATES FOUNDATION?

Warren Buffetts dramatische und unerwartete Partnerschaft mit der Familie Gates war ein einfallsreicher Schachzug, der aus einer Menge von Gründen von Bedeutung ist. Zunächst einmal hatten sich Bill und Melinda bereits den Ruf erworben, dass sie mit ihren Spendenprogrammen die Welt umgestalten wollten.

Dadurch dass Buffetts Geld in ihre Hände gelegt wurde, wurde klar, wofür es ausgegeben werden wird. Es geht nicht ans Ballett, an die Philharmonie oder an die Oper. Es geht nicht an eine große Business School, die Buffetts Namen an einen

›››

Hörsaal schreibt. Das Geld wird für die Verbesserung der Weltgesundheit verwendet, für Bildung und für die Beseitigung des Hungers, anders gesagt, es geht an soziale Zwecke. Es wird auf dem gesamten Erdball ausgegeben, aber vor allem in Nord- und Südamerika sowie in Ländern der Dritten Welt. Die Gates Foundation ist von dem einfachen Glauben geleitet, dass „jedes Leben gleich viel wert ist". Bill Gates sagt, dass ein Teil des Stiftungsgeldes dafür eingesetzt wird, jedem amerikanischen Kind eine erstklassige Ausbildung zu ermöglichen. „Ist das zu unseren Lebzeiten zu schaffen? Ich bin optimistisch und sage: ‚absolut.'"[308]

Außerdem zielt die Stiftung auf die drei vernichtendsten Krankheiten der Welt ab: Malaria, HIV/AIDS und Tuberkulose. „Ich würde sagen, wir träumen davon, dass zu unseren Lebzeiten ein AIDS-Impfstoff entwickelt wird", so Melinda Gates.[309]

„Mit Warren Buffetts Geld können wir unsere Bemühungen vertiefen", sagt Melinda Gates. „Anstatt in einem Land können wir in fünf arbeiten. Dank [Warrens] Geld können wir unsere globalen Gesundheitsbemühungen ausweiten."[310]

Die BMG-Stiftung ist zwar dafür bekannt, dass sie die großen Probleme in Angriff nimmt, zum Beispiel HIV/AIDS, Impfungen für Kinder in der Dritten Welt, den Hunger und das sinkende Bildungsniveau in den Vereinigten Staaten, aber die Stiftung hat auch ein Herz für den akut bedürftigen „kleinen Mann". Nach dem verheerenden Erdbeben auf Java im Mai 2006 spendete BMG 500.000 Dollar an Save the Children für Hilfsmaßnahmen. Sie ersetzt Bibliotheken an der Golfküste, die von dem Hurrikan Katrina zerstört wurden. In früheren Jahren hat BMG sogar einen neuen Baseballplatz in einer kleinen Stadt

›››

in Nebraska gebaut, wo die Kinder außer Ballspielen nicht viel
Beschäftigung hatten.

Einige Ergebnisse der früheren Aktivitäten von BMG sind
bereits dokumentiert. Schätzungen zufolge wurden durch die
Arbeit der Global Alliance for Vaccines and Immunization
(GAVI), die im Jahr 2000 mit der Hilfe der Stiftung gegründet
wurde, 1,7 Millionen Todesfälle verhindert.

Zwar bekommt Gates für sein „Social Engineering" ein ge-
rütteltes Maß an Kritik ab, aber die meisten bewundern seine Anstrengungen.

Seine Wohltätigkeit verschaffte Microsoft den ersten Platz
in einer Erhebung von Harris Interactive/*The Wall Street Journal*
zu den besten und schlechtesten Unternehmen.

WIRD SICH BUFFETTS SPENDE AUF DAS UNTERNEHMEN AUSWIRKEN?

Laut Buffett wird diese Verteilung von Berkshire-Aktien an gemeinnützige Organisationen so gut wie keine Auswirkungen auf den Aktienkurs haben:

> *„Jeder, der mich kennt, weiß, dass ich Berkshire so gut wie möglich ma-
> chen will, und dieses Ziel bleibt bestehen. Ich würde nichts anders ma-
> chen, weil ich die Dinge anders machen kann."*[312]

In dem Brief, in dem Buffett seine Erben über die zusätzliche Finanzierung ihrer Stiftungen informierte, versicherte er ihnen, dass
Berkshire Hathaway eine mächtige Maschine bleiben würde:

„Ich betrachte Berkshire als idealen Vermögenswert das langfristige Wohlergehen einer Stiftung zu untermauern."[313]

Buffetts dominierende Aktienposition wirkte immer stabilisierend, da er so viele Aktien hielt und so wenige verkaufte. Der Umschlag von Berkshire-Aktien beträgt in einem typischen Jahr nur 15 Prozent, was für eine Large-Cap-Aktie sehr wenig ist. Da Buffett die Bereitstellung seiner Spenden so organisiert hat, dass sie sich über 20 Jahre verteilen, wird er den Griff um das Unternehmen so langsam lockern, dass sich die Anleger und die Wall Street darauf einstellen können. Selbst wenn alle gespendeten Aktien jedes Jahr verkauft würden, dann würde der Umschlag nur auf 17 Prozent ansteigen. Außerdem wies Buffett darauf hin, dass die Liquidität der Aktie steige, wenn seine und Susies Aktien ins Spiel kämen, was den wahren Marktwert von Berkshire erkennbarer mache.

DAS LETZTE WORT

Verlage, Buchhändler, Anleger, Fans und Nachahmer warten schon lange auf ein Buch, das Buffett selbst schreiben würde. Im Jahr 1973 begann Buffett, mit einer Koautorin über dieses Projekt zu sprechen – mit der *Fortune*-Auslandskorrespondentin und Autorin Carol J. Loomis. Im Jahr 1989 schrieb er in einem Brief an Loomis:

„Der große Bremshaken – abgesehen von der üblichen starken Dosis Aufschieberitis – ist die Tatsache, dass ich, falls ich je ein Buch schreibe, haben will, dass es nützlich ist. Das bedeutet gute Ideen – und zwar Ideen, die noch nicht vorgetragen wurden. Meine wichtigsten Ideen stammen direkt von Ben Graham und er hat sie viel besser formuliert, als ich das je könnte.

Wenn das Buch biografisch sein soll, finde ich, dass ich noch eine Weile warten sollte. Ich bin optimistisch genug anzunehmen, dass die interessantesten Kapitel erst noch kommen werden."[314]

Auch wenn Loomis immer noch eine gute Freundin von Buffett und die maßgebliche öffentliche Stimme zu Berkshire Hathaway ist, sind die Hoffnungen auf eine Biografie im Laufe der Zeit geschwunden. Im Jahr 1997 erlaubte Buffett dem Juraprofessor Lawrence A. Cunningham von der Yeshiva University, die Briefe aus den Jahresberichten neu zu verpacken und zu veröffentlichen. Dank *The Essays of Warren Buffett: Lessons for Corporate America* (Cardoza Law Review, 1997) erhält man Zugang zu der Botschaft, ohne dass man sich durch Stapel von Unterlagen durcharbeiten muss.

Dann gab es eine neue Entwicklung. Alice D. Schroeder, Versicherungsanalystin bei Paine Webber, bekam im Jahr 1999 für einen Bericht über das Unternehmen einen noch nie dagewesenen Zugang zu Buffett und zu Managern von Berkshire-Unternehmen. Dieser Bericht wurde gewissermaßen ein Bestseller. Nicht lange danach kam die Ankündigung, Schroeder würde ein Buch über Buffett schreiben und den gleichen Zugang zu ihm bekommen. Das Buch mit dem Titel *Warren Buffett – Das Leben ist ein Schneeball* soll im Jahr 2008 erscheinen [was inzwischen geschehen ist]. Buffett wird an dem Buch nicht mitschreiben und die Tatsache, dass Schroeder eher Analystin als Journalistin oder Schriftstellerin ist, vermittelt den Eindruck, dass das Buch weniger persönlich, sondern eher unternehmensorientiert sein wird. Trotzdem freuen sich Buffett-Jünger darauf.

DER BUCHWERT VON BERKSHIRE IM VERGLEICH ZUM S & P 500

Jährliche Veränderung in Prozent

Jahr	Buchwert von Berkshire (1)	S & P 500 einschließlich Dividenden (2)	Relatives Ergebnis (1) – (2)
1965	23,8	10	13,8
1966	20,3	-11,7	32
1967	11	30,9	-19,9
1968	19	11	8
1969	16,2	-8,4	24,6
1970	12	3,9	8,1
1971	16,4	14,6	1,8
1972	21,7	18,9	2,8
1973	4,7	-14,8	19,5
1974	5,5	-26,4	31,9
1975	21,9	37,2	-15,3
1976	59,3	23,6	35,7
1977	31,9	-7,4	39,3
1978	24	6,4	17,6
1979	35,7	18,2	17,5
1980	19,3	32,3	-13
1981	31,4	-5	36,4

Fortsetzung nächste Seite

DER BUCHWERT VON BERKSHIRE IM VERGLEICH ZUM S & P 500

Jährliche Veränderung in Prozent

Jahr	Buchwert von Berkshire (1)	S & P 500 einschließlich Dividenden (2)	Relatives Ergebnis (1) – (2)
1982	40	21,4	18,6
1983	32,3	22,4	9,9
1984	13,6	6,1	7,5
1985	48,2	31,6	16,6
1986	26,1	18,6	7,5
1987	19,5	5,1	14,4
1988	20,1	16,6	3,5
1989	44,4	31,7	12,7
1990	7,4	-3,1	10,5
1991	39,6	30,5	9,1
1992	20,3	7,6	12,7
1993	14,3	10,1	4,2
1994	13,9	1,3	12,6
1995	43,1	37,6	5,5
1996	31,8	23	8,8
1997	34,1	33,4	0,7
1998	48,3	28,6	19,7

Fortsetzung nächste Seite

DER BUCHWERT VON BERKSHIRE IM VERGLEICH ZUM S & P 500

Jährliche Veränderung in Prozent

Jahr	Buchwert von Berkshire (1)	S & P 500 einschließlich Dividenden (2)	Relatives Ergebnis (1) – (2)
1999	0,5	21	-20,5
2000	6,5	-9,1	15,6
2001	-6,2	-11,9	5,7
2002	10	-22,1	32,1
2003	21	28,7	-7,7
2004	10,5	10,9	-0,4
2005	6,4	4,9	1,5
2006	18,4	15,8	2,6
Kumulierter jährlicher Gewinn 1965–2006	21,4 %	10,4 %	11 %
Gesamter Gewinn 1964–2006	361.156 %	6.479 %	

DER AKTIENKURS VON BERKSHIRE HATHAWAY
STICHPROBEN DER AKTIENKURSENTWICKLUNG
1962–2007

Jahr	Aktienkurs in US-Dollar
1962	7,56
1965	12
1977	120
1981	500
1988	4.200
1989	8.550
1996	38.000
1998	80.000
2000 (Höhepunkt der Internet-/ Technologieblase)	40.800
2002	72.750
2007	108.000

CHRONOLOGIE

DIE CHRONIK VON WARREN BUFFETT UND BERKSHIRE HATHAWAY

1869 – Sidney Buffett eröffnete im Dundee-Viertel von Omaha im Bundesstaat Nebraska das Lebensmittelgeschäft Buffett & Sons. Es wurde von drei Generationen Buffetts betrieben, bis es im Jahr 1959 geschlossen wurde. Sowohl Warren Buffett als auch sein Partner Charlie Munger haben als Jugendliche dort gearbeitet, allerdings nicht zur gleichen Zeit. Sie lernten sich erst kennen, als sie erwachsen waren.

1888 – Das Unternehmen Hathaway Manufacturing wurde in New Bedford in Massachusetts als Baumwollspinnerei eröffnet. Hettie Green, die als Hexe der Wall Street bekannt war, gehörte dem Vorstand des Unternehmens an. Im Jahr 1955 fusionierte Hathaway mit Berkshire Fine Spinning Associates und wurde zu Berkshire Hathaway.

1930 – Warren Edward Buffett wurde am 30. August in Omaha als Sohn des Aktienbrokers Howard Buffett und seiner Frau Leila geboren.

1941 – Der elfjährige Warren kauft zusammen mit seiner Schwester Doris seine ersten Aktien – sechs Vorzugsaktien von Cities Service für 38 Dollar pro Stück. Buffett verkaufte bei 40 Dollar und später stieg die Aktie auf 200 Dollar.

1943 – Warren sagte einem Freund, mit 30 würde er Millionär sein oder vom höchsten Gebäude Omahas herunterspringen.

1945 – Warren arbeitete eine ausgefeilte Zeitungsausträgerroute aus, die ihm rund 175 Dollar im Monat einbrachte. Mit 14 investierte er 1.200 Dollar in Ackerland in Nebraska.

1947 – In seiner Highschool-Zeit kaufte Buffett mit einem Freund einen Flipperautomaten und stellte ihn in einem Friseursalon auf. Das Unternehmen expandierte auf drei Automaten und wurde später für 1.200 Dollar verkauft.

1949 – Buffett verließ die Wharton School of Business der University of Pennsylvania und schrieb sich an der University of Nebraska in Lincoln ein.

1950 – Nachdem er das College in drei Jahren abgeschlossen und seine Ersparnisse auf 9.800 Dollar vergrößert hatte, bewarb sich Buffett an der Harvard Business School. Er wurde abgelehnt und schrieb sich an der Columbia University ein, wo er bei den Legenden Benjamin Graham und David Dodd studierte.

1951 – Nachdem er erfahren hatte, dass sein Professor Ben Graham dem Vorstand der GEICO angehörte, fuhr Buffett zur GEICO-Zentrale und bekam dank seiner Hartnäckigkeit von dem späteren Präsidenten des Unternehmens eine Privatstunde über die Versicherungsbranche.

1951 – Nachdem er an der Columbia University seinen Master of Business Sciences gemacht hatte, bewarb er sich bei Ben Graham um eine Stelle in dessen Investmentfirma. Graham deutete an, es sei keine gute Zeit, in die Firma einzutreten, und wies ihn ab. Buffett kehrte nach Omaha zurück und arbeitete in der Firma seines Vaters. Warren kaufte eine Texaco-Tankstelle, aber aus dieser Investition wurde nichts. Außerdem machte er einen Dale-Carnegie-Rhetorikkurs und hielt an der University of Nebraska Abendkurse in Investment.

1952 – Warren und Susan Thompson, Tochter eines ortsansässigen College-Professors, heirateten. Susie war an der Northwestern University die Zimmergenossin von Warrens Schwester gewesen.

1954 – Warren hielt engen Kontakt mit Ben Graham. Graham änderte seine Meinung und bot Warren eine Stelle an. Warren, Susie und die Babys zogen nach New York.

1956 – Graham setzte sich zur Ruhe und schloss das Unternehmen Graham-Newman. Inzwischen hatte Buffett 140.000 Dollar angesammelt. Er kehrte nach Omaha zurück und gründete mit 100 Dollar eigenem Geld und 105.000 Dollar von Freunden und Verwandten seine eigene Beteiligungsgesellschaft. Graham verwies viele ehemalige Klienten an Buffett.

1959 – Buffett wurde mit dem ebenfalls aus Omaha stammenden Charles T. Munger bekanntgemacht. Er und Munger wurden bald Partner und schließlich wurde Charlie der Vizevorsitzende von Berkshire.

1962 – Buffett Partnerships begann, Aktien von Berkshire Hathaway zu kaufen. Berkshire war ein bedeutender Akteur im Textilbereich gewesen, aber mit dieser Branche ging es abwärts. Berkshire wurde für etwa acht Dollar pro Aktie und damit deutlich unter seinem Vermögenswert gehandelt.

1965 – Buffett übernahm die Kontrolle über Berkshire und ernannte Ken Chase zum neuen Präsidenten.

1967 – Berkshire bezahlte seine erste und letzte Dividende: zehn Cent pro Aktie.

1969 – Obwohl 1968 Buffetts erfolgreichstes Jahr war, sagte er, er könne keine passenden Schnäppchen mehr finden. Er schloss die Beteiligungsgesellschaft und liquidierte die Vermögenswerte. Zu den ausgezahlten Vermögenswerten zählten auch Aktien von Berkshire. Kurz danach begann er, Berkshire in die Holdinggesellschaft zu verwandeln, die es heute ist.

1970 – Buffett verfasste seinen ersten alljährlichen Brief an die Aktionäre.

1970 – Buffett nahm Kontakt mit Katharine Graham auf und sagte ihr, dass er dabei sei beträchtliche Anteile der *The Washington Post* Company zu kaufen, dass er aber kein feindlicher Käufer sei. Das war der Beginn einer langen Freundschaft.

1977 – Susan Buffett zog nach San Francisco, um ein eigenes Leben zu führen. Das Paar ließ sich nie scheiden, es reiste häufig gemeinsam und ging gemeinsam zu familiären Anlässen. Außerdem saß Susie bis zu ihrem Tod im Vorstand von Berkshire Hathaway.

1979 – Buffetts Vermögen wuchs auf 620 Millionen Dollar an und zum ersten Mal erschien er in der Forbes-400-Liste der reichsten Amerikaner. Er begann, in ABC zu investieren, den Fernsehsender, der jetzt zu Disney gehört.

1988 – Buffett fing an, Coca-Cola-Aktien zu kaufen, die dann zu einer Kernposition von Berkshire wurden.

1992 – Den größten Teil des Jahres verbrachte Buffett in New York als Vorsitzender von Salomon Brothers. Er stand vor der beängstigenden Aufgabe, Probleme im Zusammenhang mit illegalen Anleihengeschäften zu lösen und Salomon Brothers zu retten.

1993 – Buffett war Nummer eins in der Liste der reichsten Menschen der Welt der Zeitschrift *Forbes*. Bill Gates war Nummer zwei.

1995 – Berkshire schrieb auf seine Investition in USAir 258,5 Millionen Dollar ab.

1996 – Buffett beschloss, B-Aktien von Berkshire Hathaway auszugeben, um Opportunisten abzuhalten, Investmentfonds für Menschen aufzulegen, die es sich nicht leisten konnten, für eine einzige Aktie 38.000 Dollar oder mehr zu bezahlen.
Berkshire richtete unter **www.berkshirehathaway.com** eine Internetseite ein.

1998 – Buffett häufte 129,7 Millionen Unzen Silber an und damit 30 Prozent der weltweiten oberirdischen Vorräte. Die meisten Silber-Futures kaufte er für 4,32 Dollar pro Unze, also zum niedrigsten Preis seit 650 Jahren. Bis 2007 verdoppelte sich der Silberpreis. Berkshire übernahm die riesige Rückversicherungsgesellschaft General Re.

2000 – Berkshire Hathaway wurde als „Lowtech"-Aktie verspottet, während die Anleger ganz heiß auf Hightech- und Internetunternehmen waren. Der überhitzte Markt, der als die Große Blase bekannt wurde, endete am 10. März. Der Nasdaq Composite wurde an jenem Tag zu seinem bis heute gültigen Hoch von 5.132 Punkten gehandelt. Berkshire Hathaway kostete am gleichen Tag 40.800 Dollar, das war der niedrigste Preis seit 1997.

2001 – Die Versicherungsabteilung von Berkshire Hathaway machte infolge der Terroranschläge auf das World Trade Center am 11. September 2,2 Milliarden Dollar Verlust.

2004 – Susan T. Buffett starb an einem Schlaganfall nach einer Behandlung gegen Mundkrebs. Sie hinterließ 2,6 Milliarden Dollar, größtenteils in Berkshire-Aktien.

2005 – Die Versicherungsabteilung von Berkshire Hathaway machte infolge der Hurrikans Katrina, Rita und Wilma 2,5 Milliarden Dollar Verlust.

2006 – Buffett spendete den größten Teil seines Vermögens für wohltätige Zwecke – 85 Prozent der Bill and Melinda Gates Foundation und weitere Beträge den Stiftungen seiner drei Kinder. Das Geld wird über einen Zeitraum von 20 Jahren verteilt werden. Das ist die größte gemeinnützige Spende in der Geschichte der Vereinigten Staaten. Berkshire Hathaway erlebte mit 16,9 Milliarden Dollar den Rekordjahresgewinn aller US-Unternehmen, wenn man Gewinne durch Fusionen nicht mitzählt. An seinem Geburtstag heiratete er seine langjährige Lebensgefährtin Astrid Menks.

FUSSNOTEN

EINFÜHRUNG

1. „The New Establishment 50", in: *Vanity Fair*, Oktober 1995, S. 280.
2. Ebenda.
3. „In from the Cold", in: *The Economist*, 23. Mai 1992, S. 86.
4. Gates, Bill: „What I learned from Warren Buffett",
   in: *Harvard Business Review*, Januar/Februar 1996.
5. Reilly, Bob: „The Richest Man in America",
   in: *USWest*, Herbst 1987, S. 2.

ÜBER DAS LEBEN

1. Davis, L. J.: „Buffett Takes Stock", in: *New York Times Magazine*,
   1. April 1990, S. 16 (später durch einen Brief Buffetts an die
   Verfasserin geändert).
2. Reilly, Bob: „The Richest Man in America",
   in: *USWest*, Herbst 1987, S. 2.

3. Davis, L. J.: „Buffett Takes Stock", in: *New York Times Magazine*, 1. April 1990, S. 16.

4. Reilly, Bob: „The Richest Man in America", in: *USWest*, Herbst 1987, S. 2.

5. McMorris, Robert: „Unparsimonious Billionaire Puzzled by Warren Buffett", in: *Omaha World-Herald*, 3. Dezember 1987, S. B1.

6. Grant, Linda: „Striking Out at Wall Street", in: *U.S. News & World Report*, 20. Juni 1994, S. 58.

7. Orr, William D. und Holloway-Eiche, Pamela: *First Gentleman's Cookbook*, Lincoln, NE, William D. Orr 1987, S. 178.

8. Hughey, Ann: „Omaha's Plain Dealer", in: *Newsweek*, 1. April 1985, S. 56.

9. *Forbes 400*, 24. Oktober 1988, S. 155.

10. *New York Times*, 20. Mai 1990, zitiert in: Kilpatrick, Andrew: *Of Permanent Value: The Story of Warren Buffett*, Birmingham, AL, AKPE 1994, S. 568 (deutsch: *Warren Buffett. Von bleibendem Wert*, München, FinanzBuch 2002).

11. Dorr, Robert: „Investor Warren Buffett Views Making Money as ‚Big Game'", in: *Omaha World-Herald*, 24. März 1985, S. 1.

12. Kilpatrick, Andrew: *Of Permanent Value: The Story of WarrenBuffett*, Birmingham, AL, AKPE 1994, S. 81 (deutsch: *Warren Buffett. Von bleibendem Wert*, München, FinanzBuch 2002).

13. Churbuck, David C.: „Games Grown-ups Play", in: *Forbes*, 19. Dezember 1994, S. 308.

14. Gates, Bill: *The Road Ahead*, New York, Viking Press 1995, S. 207–208 (deutsch: *Der Weg nach vorn*, Hamburg, Hoffmann und Campe 1995).

15. Video für die Hauptversammlung von Berkshire Hathaway 1996.

16 „Billionaires", in: *Forbes 400*, 18. Oktober 1993, S. 112.

17. Hauptversammlung von Berkshire Hathaway 1995.

18. Davis, L. J.: „Buffett Takes Stock", in: *New York Times Magazine*, 1. April 1990, S. 16.

19. Warren Buffett, 1986 bei einer Managementkonferenz von Capital Cities/ABC.

20. Buffett, Warren: „Oil Discovered in Hell", in: *Investment Decisions*, Mai 1985, S. 22.

21. Gersten, Alan: „Buffett Faces Shareholders", in: *Omaha World-Herald*, 21. Mai 1986, S. 27.

22. Hauptversammlung von Berkshire Hathaway 1991.

23. Interview von Sue Baggarly mit Warren Buffett in WOWT-TV, Channel 6, Omaha, 14. Oktober 1993.

24. Rasmussen, Jim: „Billionaire Talks Strategy with Students", in: *Omaha World-Herald*, 2. Januar 1994, S. 17S.

25. Warren Buffett auf der Hauptversammlung 2000 von Berkshire Hathaway.

26. Hauptversammlung von Berkshire Hathaway 1995.

27. Hauptversammlung von Berkshire Hathaway 1991.

28. Loomis, Carol J.: „The Inside Story of Warren Buffett", in: *Fortune*, 11. April 1988, S. 26.

29. Warren Buffett, Rede am Emory Business College im November 1980, zitiert in: Kilpatrick, Andrew: *Of Permanent Value: The Story of Warren Buffett*, Birmingham, AL, AKPE 1994 (deutsch: *Warren Buffett. Von bleibendem Wert*, München, FinanzBuch 2002).

30. Bauer, Patricia E.: „The Convictions of a Long-Distance Investor", in: *Channels*, November 1986, S. 22.

31. *Forbes 400*, 28. Oktober 1985, S. 118.

32. Reilly, Bob: „The Richest Man in America", in: *USWest*, Herbst 1987, S. 2.

33. Bauer, Patricia E.: „The Convictions of a Long-Distance Investor", in: *Channels*, November 1986, S. 22.

34. „The Oracle of Omaha Visits SBPM", in: *GW Business News*, 2003, www.gwu.edu/business.

35. Warren Buffett auf der Shaw Industries Convention, 30. März 2001.

36. Rothchild, John: „How Smart is Warren Buffett?", in: *Time*, 3. April 1995, S. 54.

37. Kennon, Joshua: „Warren Buffett Timeline", in: *Investing for Beginners*, About.com.

38. Dorr, Robert: „Buffetts Have Become 1st Billionaires in State", in: *Omaha World-Herald*, 28. Juli 1985, S. 1.

39. Gersten, Alan: „Buffett Ranks 8th as ‚Biggest Stakeholder'", in: *Omaha World-Herald*, 16. Juli 1986, S. 29.

40. „Billionaires", in: *Forbes 400*, 18. Oktober 1993, S. 112.

41. Buchwald, Art: „The Burden of Being Second Best", in: *Los Angeles Times*, 20. Juli 1995, S. E4.

42. Lowenstein, Roger: *Buffett: The Making of an American Capitalist*, New York, Random House 1995, S. 111 (deutsch: *Buffett: Die Geschichte eines amerikanischen Kapitalisten*, Kulmbach, Börsenmedien AG 2009, S. 198).

43. Colodny, Mark M.: „Warren Buffett's Tuffest Critic", in: *Fortune*, 3. Juni 1991, S. 211.

44. Kilpatrick, Andrew: *Of Permanent Value: The Story of Warren Buffett*, Birmingham, AL, AKPE 1994 (deutsch: *Warren Buffett. Von bleibendem Wert*, München, FinanzBuch 2002).

45. Ebenda, S. 386.

46. McCormack, Kathy: „Buffett's Crisis Control: Lay It Out as You See It", in: *San Diego Union*, 3. September 1992 (später durch einen Brief Buffetts an die Verfasserin geändert).

47. Smith, Liz: „Lifestyles' Catches Elusive Billionaire", in: *New Jersey Star Ledger*, 4. November 1992.

48. „Warren Buffett Talks Business", TV-Sendung auf PBS,

produziert von der University of North Carolina,
Center for Public Television, Chapel Hill 1995.

49. Ebenda.

50. Warren Buffett auf der Hauptversammlung
von Berkshire Hathaway 2002.

51. Lowenstein, Roger: *Buffett: The Making of an American Capitalist*,
New York, Random House 1995, S. 46 (deutsch: *Buffett:
Die Geschichte eines amerikanischen Kapitalisten*,
Kulmbach, Börsenmedien AG 2009, S. 92).

52. Grant, Linda: „Striking Out at Wall Street",
in: *U.S. News & World Report*, 20. Juni 1994, S. 58.

53. Train, John: *The Money Masters*, New York, Harper & Row 1980,
S. 5 (deutsch: *Die Formeln der Erfolgreichsten!*, München,
FinanzBuch 2006).

54. Fromson, Brett Duval: „Are These the New Warren Buffetts?",
in: *Fortune, 1990 Investor's Guide*, S. 98.

55. Reilly, Bob: „The Richest Man in America",
in: *USWest*, Herbst 1987, S. 2.

56. Rasmussen, Jim: „Billionaire Talks Strategy with Students",
in: *Omaha World-Herald*, 2. Januar 1994, S. 17S.

57. Botts, Beth et al.: „The Corn-fed Capitalist",
in: *Regardie's*, Februar 1986.

58. Interview mit der Autorin am 25. Mai 1993.

59. Interview mit Sue Baggarly, WOWT-TV, Omaha, 14. Oktober 1993.

60. Hauptversammlung von Berkshire Hathaway 1994.

61. Suskind, Ron: „Legend Revisited: Warren Buffett's Aura as
Folksy Sage Masks Tough, Polished Man",
in: *The Wall Street Journal*, 8. November 1991, S. 1.

62. Kilpatrick, Andrew: *Of Permanent Value: The Story of Warren Buffett*,
Birmingham, AL, AKPE 1994, S. 65 (deutsch: *Warren Buffett.
Von bleibendem Wert*, München, FinanzBuch 2002).

63. „Investor Buffett's Speculations Reap Artistic Returns",
   in: *Omaha World-Herald*, 30. Mai 1985, S. 1.

64. Hauptversammlung von Berkshire Hathaway 1996.

65. Grant, Linda: „The $4-Billion Regular Guy",
   in: *Los Angeles Times Magazine*, 7. April 1991, S. 36.

66. Aus einem Video, das für die Hauptversammlung von Berkshire
   Hathaway 1996 produziert und dort gezeigt wurde.

67. Kilpatrick, Andrew: *Of Permanent Value: The Story of Warren Buffett*,
   Birmingham, AL, AKPE 1994, S. 72 (deutsch: *Warren Buffett.*
   Von bleibendem Wert, München, FinanzBuch 2002).

68. Rede von Warren Buffett vor der New York Society of Security
   Analysts, 6. Dezember 1994.

69. Lenzner, Robert: „Warren Buffett's Idea of Heaven: I don't have
   to work with people I don't like",
   in: *Forbes 400*, 18. Oktober 1993, S. 112.

70. McMorris, Robert: „Leila Buffett Basks in Value of Son's Life,
   Not Fortune", in: *Omaha World-Herald*, 16. Mai 1987, S. 17.

71. Bauer, Patricia E.: „The Convictions of a Long-Distance Investor",
   in: *Channels*, November 1986, S. 22.

72. Kaufman, Bill: „Meet Warren Buffett's Daddy",
   in: *The American Enterprise*, Juli/August 2003, S. 48.

73. Lenzner, Robert: „Warren Buffett's Idea of Heaven: I don't have
   to work with people I don't like",
   in: *Forbes 400*, 18. Oktober 1993, S. 40.

74. Tysver, Robynn: „Warren Buffett Hits Campaign Trail",
   in: *San Diego Union-Tribune*, 16. Oktober 1994, S. I-1.

75. *Chicago Tribune*, 20. November 2003, S. 1.

76. „The Money Men: How Omaha Beats Wall Street",
   in: *Forbes*, 1. November 1969, S. 82.

77. Buffett, Warren: „What We Can Learn from Phil Fisher",
   in: *Forbes*, 19. Oktober 1987, S. 40.

78. Deutschman, Alan: „Bill Gates' Next Challenge",
   in: *Fortune*, 28. Dezember 1992, S. 31.
79. Ebenda.
80. Interview mit der Autorin, Omaha, 25. Mai 1993.
81. SEC File No. HO-784, Blue Chip Stamps et al./Warren Buffett,
   Brief an Charles N. Huggins, 13. Dezember 1972.
82. CNBC-Interview vor der Hauptversammlung von
   Berkshire Hathaway 1999.
83. Aus einem Video, das für die Hauptversammlung von
   Berkshire Hathaway 1996 produziert und dort gezeigt wurde.
84. Buffett, Warren: „The 3 Percent Solution",
   in: *The Washington Post*, 14. September 1993, S. A21.
85. *Forbes 400*, 19. Oktober 1992, S. 93.
86. Hauptversammlung von Berkshire Hathaway 1992.
87. Huey, John: „The World's Best Brand",
   in: *Fortune*, 31. Mai 1993, S. 44.
88. Loomis, Carol J.: „The Inside Story of Warren Buffett",
   in: *Fortune*, 11. April 1988, S. 26.
89. Hauptversammlung von Berkshire Hathaway 1987.
90. Loomis, Carol J.: „The Inside Story of Warren Buffett",
   in: *Fortune*, 11. April 1988, S. 26.
91. Dorr, Robert: „Furniture Mart Handshake Deal",
   in: *Omaha World-Herald*, 15. September 1993, S. E1.
92. Botts, Beth et al.: „The Corn-fed Capitalist",
   in: *Regardie's*, Februar 1986, S. 53.
93. Ebenda, S. 45.
94. „Warren Buffett Talks Business", TV-Sendung auf PBS,
   produziert von der University of North Carolina,
   Center for Public Television, Chapel Hill 1995.
95. Kanner, Bernice: „Aw Shucks, It's Warren Buffett",
   in: *New York Magazine*, 22. April 1985, S. 52.

96. Kelly, Michael: „Mrs. B. Cruises into Year 100",
    in: *Omaha World-Herald*, 17. Dezember 1992, S. 17F.

97. Grant, Linda: „The $4-Billion Regular Guy",
    in: *Los Angeles Times Magazine*, 7. April 1991.

98. Kanner, Bernice: „Aw Shucks, It's Warren Buffett",
    in: *New York Magazine*, 22. April 1985, S. 52.

99. Hayes, John R.: „The Oversight Was Understandable",
    in: *Forbes*, 26. April 1993.

100. Kilpatrick, Andrew: *Of Permanent Value:*
     The Story of Warren Buffett, Birmingham, AL, AKPE 1994, S. 429
     (deutsch: *Warren Buffett. Von bleibendem Wert*,
     München, FinanzBuch 2002).

ÜBER FREUNDE

1. Reilly, Bob: „The Richest Man in America",
   in: *USWest*, Herbst 1987, S. 2.

2. Ebenda.

3. Smith, Adam: *Supermoney*, New York, Random House 1972, S. 198.

4. „Ah-nold teams up with Buffett", CNNMoney.com,
   13. August 2003.

5. „The Oracle of Omaha visits SBPM", in: *GWBusiness News*, 2003,
   www.gwu.edu/business.

6. Said, Carolyn: „Actor gets expert help on finance: Warren Buffett,
   ‚Sage of Omaha', is world's second-richest man,
   crackerjack investor", in: *San Francisco Chronicle*,
   14. August 2005, www.sfgate.com.

7. Webseite des Gouverneursamts von Arnold Schwarzenegger,
   „Workers' Compensation Reform", http://gov.ca.gov.

8. Davis, L. J.: „Buffett Takes Stock",
   in: *New York Times Magazine*, 1. April 1990, S. 16.

9. Dorr, Robert: „Ex-Omahan Traded Law for Board Room",
in: *Omaha World-Herald*, 31. August 1977, S. B1.

10. Loomis, Carol J.: „The Inside Story of Warren Buffett",
in: *Fortune*, 11. April 1988, S. 26.

11. Lenzner, Robert und Fondiller, David S.:
„The Not-So-Silent Partner", in: *Forbes*, 22. Januar 1996, S. 78.

12. Hauptversammlung von Berkshire Hathaway 1996.

13. Train, John: *The Midas Touch*, New York, Harper & Row 1987, S. 70.

14. Kilpatrick, Andrew: *Of Permanent Value: The Story of Warren Buffett*,
Birmingham, AL, AKPE 1994, S. 489 (deutsch: *Warren Buffett.
Von bleibendem Wert*, München, FinanzBuch 2002).

15. Lenzner, Robert: „Warren Buffett's Idea of Heaven:
I don't have to work with people I don't like",
in: *Forbes 400*, 18. Oktober 1993.

16. Lenzner, Robert und Fondiller, David S.:
„The Not-So-Silent Partner", in: *Forbes*, 22. Januar 1996, S. 78.

17. Fromson, Brett Duval: „And Now, a Look at the Old One",
in: *Fortune, 1990 Investor's Guide*, S. 98.

18. Lenzner, Robert: „Warren Buffett's Idea of Heaven:
I don't have to work with people I don't like",
in: *Forbes 400*, 18. Oktober 1993, S. 40.

19. Dorr, Robert: „Buffett's Right-hand Man",
in: *Omaha World-Herald*, 10. August 1986, S. 1.

20. Lenzner, Robert und Fondiller, David S.:
„The Not-So-Silent Partner", in: *Forbes*, 22. Januar 1996, S. 78.

21. Hauptversammlung von Berkshire Hathaway 1995.

22. Hauptversammlung von Berkshire Hathaway 1996
(später durch einen Brief Buffetts an die Autorin geändert).

23. Lowenstein, Roger: *Buffett: The Making of an American Capitalist*,
New York, Random House 1995, S. 75 (deutsch: *Buffett: Die Geschichte
eines amerikanischen Kapitalisten*, Kulmbach, Börsenmedien AG 2009).

24. Dorr, Robert: „Ex-Omahan Traded Law for Board Room",
    in: *Omaha World-Herald*, 31. August 1977, S. B1.
25. Loomis, Carol J.: „The Inside Story of Warren Buffett",
    in: *Fortune*, 11. April 1988, S. 26.

ÜBER DIE FAMILIE

1. Suskind, Ron: „Legend Revisited: Warren Buffett's Aura as Folksy
   Sage Masks Tough, Polished Man",
   in: *The Wall Street Journal*, 8. November 1991, S. 1.
2. Winston, Kim: „Most Inspiring Person of the Year 2006 –
   Warren Buffett", Beliefnet, www.beliefnet.com.
3. Tysver, Robynn: „Warren Buffett Hits Campaign Trail",
   in: *San Diego Union-Tribune*, 16. Oktober 1994, S. I-1.
4. „Exclusive: Buffett Kids React to Dad's Donation",
   in: *Good Morning America*, ABC News, 29. Juni 2006.
5. Lenzner, Robert: „Warren Buffett's Idea of Heaven: I don't have
   to work with people I don't like", in: *Forbes 400*, 18. Oktober 1993, S. 40.
6. „Warren Buffett Talks Business", TV-Sendung auf PBS,
   produziert von der University of North Carolina,
   Center for Public Television, Chapel Hill 1995.
7. „Exclusive: Buffett Kids React to Dad's Donation",
   in: *Good Morning America*, ABC News, 29. Juni 2006.
8. Kelly, Michael: „Susan Funny Like Her Dad",
   in: *Omaha World-Herald*, 26. Mai 1996, S. B1.
9. Hauptversammlung von Berkshire Hathaway 1992.
10. *Outstanding Investor Digest*, 6. März 1989, S. 4.
11. Loomis, Carol J.: „A Conversation with Warren Buffett",
    in: *Fortune*, 25. Juni 2006.
12. Bailey, Jeff: „Buffett Children Emerge as a Force in Charity",
    in: *New York Times*, 2. Juli 2006.

13. Smith, Adam: „The Modest Billionaire",
    in: *Esquire*, Oktober 1988, S. 103.
14. Kelly, Michael: „Susan Funny Like Her Dad",
    in: *Omaha World-Herald*, 26. Mai 1996, S. B1.
15. Dorr, Robert: „Investor Warren Buffett Views Making Money
    as ‚Big Game'", in: *Omaha World-Herald*, 24. März 1985, S. 1.
16. Grant, Linda: „The $4-Billion Regular Guy",
    in: *Los Angeles Times Magazine*, 7. April 1991, S. 36.
17. Brief an Susan A. Buffett von Warren E. Buffett,
    26. Juni 2006, an mehreren Stellen im Internet veröffentlicht.
18. Milton, Pat: „Buffett Gift to Help Improve Education",
    Associated Press, Juni 2006.
19. Kincaid, Cliff: „The Media Adore Warren Buffett",
    Accuracy in Media, 2006, www.aim.org.media_monitor.
20. McClellan, Jonathan und Huberty, Robert: „Warren Buffett's
    Philanthropy", in: *Foundation Watch*, Capital Research Center,
    Oktober 2006, S. 1.
21. „Ah-nold teams up with Buffett", CNNMoney.com, 13. August 2003.
22. Suskind, Ron: „Legend Revisited: Warren Buffett's Aura as
    Folksy Sage Masks Tough, Polished Man",
    in: *The Wall Street Journal*, 8. November 1991, S. 1.
23. *Outstanding Investor Digest*, 6. März 1989, S. 8.
24. *Outstanding Investor Digest*, 23. Juni 1989, S. 16.
25. Train, John: *The New Money Masters*, New York,
    Harper & Row 1989, S. 55 (deutsch: *Die Formeln der Erfolgreichsten!*,
    München, FinanzBuch 2006).
26. Gates, Bill: *The Road Ahead*, New York, Viking Press 1995,
    S. 240–241 (deutsch: *Der Weg nach vorn*, Hamburg,
    Hoffmann und Campe 1995).
27. Train, John: *The Midas Touch*, New York,
    Harper & Row 1987, S. 2.

28. Elsner, David: „It Works: Buying $1 for 40 cents",
    in: *Chicago Tribune*, 8. Dezember 1985, S. 1.

29. Kanner, Bernice: „Aw Shucks, It's Warren Buffett",
    in: *New York Magazine*, 22. April 1985, S. 52.

30. Loomis, Carol J.: „The Inside Story of Warren Buffett",
    in: *Fortune*, 11. April 1988, S. 26.

31. Suskind, Ron: „Legend Revisited: Warren Buffett's Aura as
    Folksy Sage Masks Tough, Polished Man",
    in: *The Wall Street Journal*, 8. November 1991, S. 1.

32. Kilpatrick, Andrew: *Of Permanent Value:
    The Story of Warren Buffett*, Birmingham, AL, AKPE 1994, S. 40
    (deutsch: *Warren Buffett. Von bleibendem Wert*,
    München, FinanzBuch 2002).

33. Suskind, Ron: „Legend Revisited: Warren Buffett's Aura as Folksy
    Sage Masks Tough, Polished Man", in: *The Wall Street Journal*,
    8. November 1991, S. 1.

34. Ebenda.

35. Dorr, Robert: „Investor Warren Buffett Views Making Money as
    ‚Big Game'", in: *Omaha World-Herald*, 24. März 1985, S. 1.

36. Pagel, Al: „Susie Sings for More than Her Supper",
    in: *Omaha World-Herald*, 17. April 1977.

37. Ebenda.

38. Ebenda.

39. Ebenda.

40. Schudel, Matt: „Susan T. Buffett, 72, Dies: Wife of Billionaire
    Investor", in: *The Washington Post*, 30. Juli 2004, S. B6.

41. Botts, Beth et al.: „The Corn-fed Capitalist", in: *Regardie's*,
    Februar 1986, S. 45.

42. Suskind, Ron: „Legend Revisited: Warren Buffett's Aura as Folksy
    Sage Masks Tough, Polished Man", in: *The Wall Street Journal*,
    8. November 1991, S. 1.

43. McClellan, Jonathan und Huberty, Robert: „Warren Buffett's Philanthropy", in: *Foundation Watch*, Capital Research Center, Oktober 2006, S. 4.
44. Warren Buffett, Brief an den Vorstand der Susan Thompson Buffett Foundation, 26. Juni 2006.
45. McMorris, Robert: „Unparsimonious Billionaire Puzzled by Warren Buffett", in: *Omaha World-Herald*, 3. Dezember 1987, S. B1 (später durch einen Brief Buffetts an die Autorin geändert).
46. McMorris, Robert: „Leila Buffett Basks in Value of Son's Life, Not Fortune", in: *Omaha World-Herald*, 16. Mai 1987, S. 17.
47. Interview mit Sue Baggarly, WOWT-TV Omaha, 14. Oktober 1993.
48. McMorris, Robert: „Leila Buffett Basks in Value of Son's Life, Not Fortune", in: *Omaha World-Herald*, 16. Mai 1987, S. 17.
49. Ebenda.
50. Ebenda.
51. Sandler, Linda: „Buffett's Savior Role Lands Him Deals Others Can't Get", in: *The Wall Street Journal*, 14. August 1989, S. C1.
52. McMorris, Robert: „Unparsimonious Billionaire Puzzled by Warren Buffett", in: *Omaha World-Herald*, 3. Dezember 1987, S. B1.
53. Suskind, Ron: „Legend Revisited: Warren Buffett's Aura as Folksy Sage Masks Tough, Polished Man", in: *The Wall Street Journal*, 8. November 1991, S. 1.
54. Lewis, Michael: „The Temptation of St. Warren", in: *The New Republic*, 17. Februar 1992, S. 23.

ÜBER DIE ARBEIT

1. Interview der Autorin mit Warren Buffett, Omaha, 25. Mai 1993.
2. Warren Buffett, Rede an der Columbia Graduate School of Business, 27. Oktober 1993.

3. Reilly, Bob: „The Richest Man in America",
   in: *USWest*, Herbst 1987, S. 2.

4. Lowenstein, Roger: *Buffett: The Making of an American Capitalist*,
   New York, Random House 1995, S. 20
   (deutsch: *Buffett: Die Geschichte eines amerikanischen Kapitalisten*,
   Kulmbach, Börsenmedien AG 2009, S.48).

5. Davis, L. J.: „Buffett Takes Stock", in: *New York Times Magazine*,
   1. April 1990, S. 16.

6. Tysver, Robynn: „Warren Buffett Hits Campaign Trail",
   in: *San Diego Union-Tribune*, 16. Oktober 1994, S. I-1.

7. Davis, L. J.: „Buffett Takes Stock", in: *New York Times Magazine*,
   1. April 1990, S. 16.

8. Dorr, Robert: „Investor Warren Buffett Views
   Making Money as ‚Big Game'",
   in: *Omaha World-Herald*, 24. März 1985, S. 1.

9. „Eye", in: *Women's Wear Daily*, 10. Oktober 1985, S. 10.

10. *Forbes 400*, 22. Oktober 1990, S. 122.

11. Liang, Jonathan: „Investor Who Piled Up $100 Million in the
    '60s Piles Up Firms Today",
    in: *The Wall Street Journal*, 31. März 1977, S. 27.

12. Hauptversammlung von Berkshire Hathaway 1988.

13. Grant, Linda: „The $4-Billion Regular Guy",
    in: *Los Angeles Times Magazine*, 7. April 1991, S. 34.

14. „How Omaha Beats Wall Street", in: *Forbes*,
    1. November 1969, S. 82 (später durch einen Brief Buffetts an die
    Autorin geändert).

15. Kanner, Bernice: „Aw Shucks, It's Warren Buffett",
    in: *New York Magazine*, 22. April 1985, S. 52.

16. Train, John: *The Midas Touch*, New York, Harper & Row 1987, S. 5.

17. Davis, L. J.: „Buffett Takes Stock", in: *New York Times Magazine*,
    1. April 1990, S. 16.

18. „Expert on Investing Plans to Slow Down",
    in: *Omaha World-Herald*, 25. Februar 1968, S. 1
    (später durch einen Brief Buffetts an die Autorin geändert).
19. Smith, Adam: *Supermoney*, New York,
    Random House 1972, S. 182.
20. Vise, David A. und Coll, Steve: „Buffett-watchers Follow Lead of
    Omaha's Long-term Stock Investor",
    in: *The Washington Post*, 2. Oktober 1987, S. D1.
21. „How to Live with a Billion",
    in: *Fortune*, 11. September 1989, S. 50.
22. Davis, L. J.: „Buffett Takes Stock",
    in: *New York Times Magazine*, 1. April 1990, S. 16.
23. Rasmussen, Jim: „Billionaire Talks Strategy with Students",
    in: *Omaha World-Herald*, 2. Januar 1994, S. 17S.
24. Ebenda, S. 24.
25. „ABC Affiliates Hear Network's Fall Strategy",
    in: *Broadcasting*, 9. Juni 1986, S. 22.
26. „Warren Buffett Talks Business", TV-Sendung auf PBS,
    produziert von der University of North Carolina,
    Center for Public Television, Chapel Hill 1995.
27. van Dyne, Larry: „The Bottom Line on Katharine Graham",
    in: *The Washingtonian*, Dezember 1985, S. 204.
28. Bauer, Patricia E.: „The Convictions of a Long-Distance Investor",
    in: *Channels*, November 1986, S. 22.
29. Ebenda, S. 24.
30. Hauptversammlung von Berkshire Hathaway 1991.
31. Bauer, Patricia E.: „The Convictions of a Long-Distance Investor",
    in: *Channels*, November 1986, S. 22.
32. Kilpatrick, Andrew: *Of Permanent Value: The Story of Warren Buffett*,
    Birmingham, AL, AKPE 1994, S. 367 (deutsch: *Warren Buffett. Von
    bleibendem Wert*, München, FinanzBuch 2002).

33. Ebenda, S. 102.
34. Hughey, Ann: „Omaha's Plain Dealer", in: *Newsweek*, 1. April 1985, S. 56.
35. Rasmussen, Jim: „Brother, Can You Spare a Million?", in: *Omaha World-Herald*, 10. Oktober 1993, S. 1A.
36. Associated Press: „Warren Buffett, Used Car Salesman?", 13. Februar 2007.
37. Hauptversammlung von Berkshire Hathaway 1989.
38. Lowenstein, Roger: *Buffett: The Making of an American Capitalist*, New York, Random House 1995, S. 286 (deutsch: *Buffett: Die Geschichte eines amerikanischen Kapitalisten*, Kulmbach, Börsenmedien AG 2009, S.479).
39. *Forbes 400*, 19. Oktober 1992, S. 93.
40. Dorr, Robert: „Buffett Plans to Shut Down Finance Firm", in: *Omaha World-Herald*, 2. Juni 1969.

WIE MAN EIN UNTERNEHMEN FÜHRT

1. „Buffett Report Makes *Times* List", in: *Omaha World-Herald*, 22. April 1985, S. B1.
2. „Warren Buffett Talks Business", TV-Sendung auf PBS, produziert von der University of North Carolina, Center for Public Television, Chapel Hill 1995.
3. Ebenda.
4. Matthews, Gordon: „Wells' Stock Continues to Climb on Speculation Buffett Is Buying", in: *American Banker*, 10. November 1992, S. 16.
5. „Omahan Mum on His Ideas for Grinnell's Investments", in: *Omaha World-Herald*, 18. Juli 1980.
6. Salomon, Inc.: A report by the chairman on the company's standing and outlook, in: *New York Times*, 29. Oktober 1991.

7. Ebenda.

8. Hauptversammlung von Berkshire Hathaway 1991.

9. Ebenda.

10. Hauptversammlung von Berkshire Hathaway 1992.

11. Hauptversammlung von Berkshire Hathaway 1991.

12. Gersten, Alan: „Buffett Faces Shareholders",
    in: *Omaha World-Herald*, 21. Mai 1986, S. 27.

13. Hauptversammlung von Berkshire Hathaway 1994.

14. Hauptversammlung von Berkshire Hathaway 1991.

15. Dorr, Robert: „Early Faith Made Many ‚Buffett Millionaires'",
    in: *Omaha World-Herald*, 5. Mai 1986, S. 1.

16. Dobrzynski, Judith H.: „Warren's World",
    in: *Business Week*, 10. Mai 1993, S. 30.

17. Salomon, Inc.: A report by the chairman on the company's
    standing and outlook, in: *New York Times*, 29. Oktober 1991.

18. Reilley, Patrick J.: „Closing Down Buffett's Buffet",
    in: *Foundation Watch*, Capital Research Center, Januar 2004, S. 4.

19. „Now Hear This", in: *Fortune*, 10. Januar 1994, S. 20.

20. Hauptversammlung von Salomon Brothers, New York, Mai 1992.

21. Ebenda.

22. Hull, Jeff: „Insights on Warren Buffett – the Man, the Mogul,
    the Mentor", Video Ventures, Inc., 2003.

23. Train, John: *The Money Masters*, New York, Harper & Row 1980,
    S. 23 (deutsch: *Die Formeln der Erfolgreichsten!*, München,
    FinanzBuch 2006).

24. Ebenda.

25. *Outstanding Investor Digest*, 24. Mai 1991.

26. Loomis, Carol J.: „The Inside Story of Warren Buffett",
    in: *Fortune*, 11. April 1988, S. 26.

27. Warren Buffett, Brief an die Aktionäre, Jahresbericht 2005
    von Berkshire Hathaway, S. 79.

28. „Warren Buffett Talks Business", TV-Sendung auf PBS,
produziert von der University of North Carolina,
Center for Public Television, Chapel Hill 1995.
29. Hagstrom, Robert G. Jr.: *The Warren Buffett Way*,
New York, John Wiley & Sons, Inc., 1994, S. v.
30. Lenzner, Robert: „Warren Buffett's Idea of Heaven:
I don't have to work with people I don't like",
in: *Forbes 400*, 18. Oktober 1993, S. 112.
31. Loomis, Carol J.: „The Inside Story of Warren Buffett",
in: *Fortune*, 11. April 1988, S. 26.
32. en.thinkexist.com/quotes/alice_schroeder.
33. Warren Buffett, Brief an Mr. und Mrs. William H. Gates III,
26. Juni 2006, im Internet weit verbreitet.

ÜBER GELDANLAGE

1. Loomis, Carol J.: „The Inside Story of Warren Buffett",
in: *Fortune*, 11. April 1988, S. 26.
2. „The Forbes Four Hundred Billionaires",
in: *Forbes 400*, 27. Oktober 1986.
3. Warren Buffett, Brief an die Aktionäre, Jahresbericht 2005 von
Berkshire Hathaway, S. 20.
4. Rede von Warren Buffett vor der New York Society of Security
Analysts, 6. Dezember 1994.
5. Lenzner, Robert: „Warren Buffett's Idea of Heaven:
I don't have to work with people I don't like",
in: *Forbes 400*, 18. Oktober 1993, S. 40.
6. Hauptversammlung von Berkshire Hathaway 1988.
7. Buffett, Warren E.: „How Inflation Swindles the Investor",
in: *Fortune*, 5. Mai 1977, S. 250.
8. Ebenda.

9. „Warren Buffett Is in Stocks Anyway",
   in: *Fortune*, Mai 1977, S. 253.

10. Buffett, Warren: „Investing in Equity Markets",
    zitiert nach der Mitschrift eines Seminars an der Columbia
    University Business School vom 13. März 1985, S. 25.

11. Dorr, Robert: „Investor Warren Buffett Views Making Money as
    ‚Big Game'", in: *Omaha World-Herald*, 24. März 1985, S. 1.

12. Smith, Adam: *Supermoney*, New York, Random House 1972, S. 181.

13. Davis, L. J.: „Buffett Takes Stock", in: *New York Times Magazine*,
    1. April 1990, S. 16.

14. Warren Buffett, Korrespondenz mit Benjamin Graham,
    17. Juli 1970.

15. Rede von Warren Buffett vor der New York Society of Security
    Analysts, 6. Dezember 1994.

16. Ebenda.

17. Interview Buffetts mit der Autorin in Omaha, 25. Mai 1993.

18. Hauptversammlung von Berkshire Hathaway 1992.

19. Rede von Warren Buffett vor der New York Society of Security
    Analysts, 6. Dezember 1994.

20. Hauptversammlung von Berkshire Hathaway 1995.

21. Rede von Warren Buffett vor der New York Society of Security
    Analysts, 6. Dezember 1994.

22. Graham, Benjamin: *The Intelligent Investor*, New York,
    Harper & Row 1973, S. 216
    (deutsch: *Intelligent investieren*, München, FinanzBuch 2005).

23. Graham, Benjamin und Dodd, David: *Security Analysis*,
    New York, McGraw-Hill 1940, S. 43 (deutsch: *Die Geheimnisse der
    Wertpapieranalyse*, München, FinanzBuch 2009).

24. Graham, Benjamin: „Current Problems in Security Analysis",
    Vorlesungsskripte September 1946 bis Februar 1947,
    New York Institute of Finance, S. 102.

25. Lenzner, Robert: „Warren Buffett's Idea of Heaven:
    I don't have to work with people I don't like",
    in: *Forbes 400*, 18. Oktober 1993, S. 40.
26. Bianco, Anthony: „Why Warren Buffett Is Breaking
    His Own Rules", in: *Business Week*, 15. April 1985, S. 134.
27. William Ruane, Interview mit der Autorin im Juni 1993.
28. Rede von Warren Buffett vor der New York Society
    of Security Analysts, 6. Dezember 1994.
29. Ebenda.
30. Bauer, Patricia E.: „The Convictions of a Long-Distance
    Investor", in: *Channels*, November 1986, S. 22.
31. Warren Buffett, Interview mit der Autorin in Omaha,
    25. Mai 1993.
32. Warren Buffett, Interview mit der Autorin in Omaha,
    25. Mai 1993 und Interview mit Charles Brandes im Mai 1993.
33. Pare, Terence P.: „Yes, You Can Beat the Market",
    in: *Fortune*, 3. April 1995, S. 69
    (später durch einen Brief Buffetts an die Autorin geändert).
34. Davis, L. J.: „Buffett Takes Stock", in: *New York Times Magazine*,
    1. April 1990, S. 16.
35. Grant, Linda: „The $4-Billion Regular Guy",
    in: *Los Angeles Times Magazine*, 7. April 1991, S. 36.
36. Hauptversammlung von Berkshire Hathaway 1996.
37. Ebenda.
38. Spiro, Leah Nathans und Greising, David: „Why Amex Wooed
    Warren Buffett", in: *Business Week*, 19. August 1991, S. 97.
39. „Look at All Those Beautiful, Scantily Clad Girls Out There!",
    in: *Forbes*, 1. November 1974.
40. Train, John: *The Midas Touch*, New York, Harper & Row 1987, S. 79.
41. Warren Buffett, Brief an die Aktionäre im Jahresbericht 2001
    von Berkshire Hathaway.

42. Warren Buffett, Brief an die Aktionäre im Jahresbericht 2005 von Berkshire Hathaway, S. 20.
43. „Look at All Those Beautiful, Scantily Clad Girls Out There!", in: *Forbes*, 1. November 1974.
44. Bauer, Patricia E.: „The Convictions of a Long-Distance Investor", in: *Channels*, November 1986, S. 22.
45. *Forbes 400*, 1. Oktober 1985, S. 82.
46. Hauptversammlung von Berkshire Hathaway 1994.
47. Ebenda.
48. „Face Behind the Figures", in: *Forbes*, 4. Januar 1988.
49. Kommentar von Warren Buffett auf der Hauptversammlung 1992 von Berkshire Hathaway (zitiert nach: Ross, Herb: „How to Buffett against the Perils of Perots", in: *Westfield Leader*, 6. August 1992).
50. Lenzner, Robert: „Warren Buffett's Idea of Heaven: I don't have to work with people I don't like", in: *Forbes 400*, 18. Oktober 1993, S. 40.
51. Davis, L. J.: „Buffett Takes Stock", in: *New York Times Magazine*, 1. April 1990, S. 16.
52. Buffett, Warren: „You Pay a Very High Price in the Stock Market for a Cheery Consensus", in: *Forbes*, 6. August 1979, S. 25.
53. Lenzner, Robert: „Warren Buffett's Idea of Heaven: I don't have to work with people I don't like", in: *Forbes 400*, 18. Oktober 1993, S. 40.
54. Davis, L. J.: „Buffett Takes Stock", in: *New York Times Magazine*, 1. April 1990, S. 16.
55. Warren Buffett, Brief an die Aktionäre im Jahresbericht 2005 von Berkshire Hathaway, S. 75.
56. Grant, Linda: „The $4-Billion Regular Guy", in: *Los Angeles Times Magazine*, 7. April 1991, S. 34.
57. *Forbes 400*, 13. September 1982, S. 116.

58. Warren Buffett, Brief an die Aktionäre im Jahresbericht 2003 von Berkshire Hathaway, S. 5.

59. Warren Buffett, Brief an die Aktionäre im Jahresbericht 2003 von Berkshire Hathaway, S. 5.

60. Warren Buffett, Brief an die Aktionäre im Jahresbericht 2003 von Berkshire Hathaway, S. 6.

61. Warren Buffett, Brief an die Partner, 20. Januar 1966.

62. Rasmussen, Jim: „Hometown Deal Pleases Buffett", in: *Omaha World-Herald*, 21. Oktober 1992, S. 16.

63. Hauptversammlung von Berkshire Hathaway 1996.

64. Smith, Adam: „The Modest Billionaire", in: *Esquire*, Oktober 1988, S. 103.

65. Buffett, Warren: *Nightly Business Report*, PBS, 13. Dezember 1994.

66. Elsner, David: „It Works: Buying $1 for 40 cents", in: *Chicago Tribune*, 8. Dezember 1985, Section 7, S. 1.

67. Gersten, Alan: „Buffett Faces Shareholders", in: *Omaha World-Herald*, 21. Mai 1986, S. 27.

68. Hughey, Ann: „Omaha's Plain Dealer", in: *Newsweek*, 1. April 1985, S. 56.

69. Kilpatrick, Andrew: *Of Permanent Value: The Story of Warren Buffett*, Birmingham, AL, AKPE 1994, S. 568 (deutsch: *Warren Buffett. Von bleibendem Wert*, München, FinanzBuch 2002).

70. Buffett, Warren: „What We Can Learn from Phil Fisher", in: *Forbes*, 19. Oktober 1987, S. 40.

71. Pare, Terence P.: „Yes, You Can Beat the Market", in: *Fortune*, 3. April 1995.

72. Brief von Warren Buffett vom 15. April 1994, vermittelt von Walter Schloss.

73. Diskussion zwischen Warren Buffett und Walter Schloss bei der New York Society of Security Analysts, 6. Dezember 1994.

74. Kilpatrick, Andrew: *Of Permanent Value: The Story of Warren Buffett*,

Birmingham, AL, AKPE 1994, S. 62 (deutsch: *Warren Buffett. Von bleibendem Wert*, München, FinanzBuch 2002).

75. Hauptversammlung von Berkshire Hathaway 1995.

76. Mallory, Maria: „Behemoth on a Tear", in: *Business Week*, 3. Oktober 1994.

77. Buffett, Warren E.: „How Inflation Swindles the Investor", in: *Fortune*, 5. Mai 1977, S. 250.

78. Lenzner, Robert: „The Secrets of Salomon", in: *Forbes*, 23. November 1992, S. 123.

79. Buffett, Warren: „You Pay a Very High Price in the Stock Market for a Cheery Consensus", in: *Forbes*, 6. August 1979, S. 15.

80. Buffett, Warren E.: „The Security I Like Best", in: *Commercial and Financial Chronicle*, 6. Dezember 1951.

81. Hull, Jeff: „Insights on Warren Buffett – the Man, the Mogul, the Mentor", Video Ventures, Inc., 2003.

82. Rasmussen, Jim: „Billionaire Talks Strategy with Students", in: *Omaha World-Herald*, 2. Januar 1994, S. 17S.

83. Ebenda.

84. Ebenda.

85. Warren Buffett, Brief an die Aktionäre im Jahresbericht 1990 von Berkshire Hathaway.

86. Warren Buffett, Brief an die Aktionäre im Jahresbericht 2006 von Berkshire Hathaway, S. 8.

87. Warren Buffett, Brief an die Aktionäre im Jahresbericht 2005 von Berkshire Hathaway, S. 19.

88. Brief von Warren Buffett an den demokratischen Kongressabgeordneten aus Michigan John Dingell, Vorsitzender des Unterausschusses des Repräsentantenhauses für Aufsicht und Ermittlungen *oversight and investigations*, März 1982.

89. Ebenda.

90. „Look at All Those Beautiful, Scantily Clad Girls Out There!",
   in: *Forbes*, 1. November 1974.

91. Fromson, Brett Duval: „Are These the New Warren Buffetts?",
   in: *Fortune, 1990 Investor's Guide*, S. 81.

92. Smith, Adam: „The Modest Billionaire",
   in: *Esquire*, Oktober 1988, S. 103.

93. Brief von Warren Buffett an den demokratischen
   Kongressabgeordneten aus Michigan John Dingell, Vorsitzen-
   der des Unterausschusses des Repräsentantenhauses für
   Aufsicht und Ermittlungen *oversight and investigations*, März 1982.

94. Fromson, Brett Duval: „Warm Tip from Warren Buffett:
   It's Time to Buy Freddie Macs",
   in: *Fortune*, 19. Dezember 1988, S. 33.

95. Hauptversammlung von Berkshire Hathaway 1993.

96. Grant, Linda: „Striking Out at Wall Street",
   in: *U.S. News & World Report*, 20. Juni 1994, S. 58.

97. Lenzner, Robert und Fondiller, David S.: „Meet Charlie Munger",
   in: *Forbes*, 22. Januar 1996.

98. Buffett, Warren E.: „How to Solve Our Trade Mess without
   Ruining Our Economy", in: *The Washington Post*, 3. Mai 1987, S. B1.

99. Hauptversammlung von Berkshire Hathaway 1996.

100. Coffee, John C. Jr., Lowenstein, Louis und Ackerman, Susan (Hg.):
   Knights, Raiders, and Targets, New York,
   Oxford University Press 1988, S. 11–27.

101. Pouschine, Tatiana mit Torcellini, Carolyn: „Will the Real
   Warren Buffett Please Stand Up", in: *Forbes*, 19. März 1990, S. 92.

102. „Warren Buffett Talks Business", TV-Sendung auf PBS,
   produziert von der University of North Carolina,
   Center for Public Television, Chapel Hill 1995.

103. „Warren Buffett's $2-Billion Song and Dance",
   in: *Fortune*, 4. März 1996.

104. Strauss, Gary: „Buffett's a Buddy to Targeted Firms",
     in: USA Today, 9. August 1989.
105. Grant, Linda: „Striking Out at Wall Street",
     in: U.S. News & World Report, 20. Juni 1994, S. 58.
106. Grant, Linda: „The $4-Billion Regular Guy",
     in: Los Angeles Times Magazine, 7. April 1991.
107. Häufig zitiert. Die Autorin hörte diesen Kommentar auf der
     Hauptversammlung von Berkshire Hathaway in Omaha
     im Jahr 1994.
108. Buffett, Warren E.: „How Inflation Swindles the Investor",
     in: Fortune, 5. Mai 1977, S. 250.
109. Dorr, Robert: „Investor Warren Buffett Views Making Money
     as ‚Big Game'", in: Omaha World-Herald, 24. März 1985, S. 1.
110. Buffett, Warren: „Investing in Equity Markets", zitiert nach der
     Mitschrift eines Seminars an der Columbia University Business
     School vom 13. März 1985, S. 19.
111. Grant, Linda: „Striking Out at Wall Street",
     in: U.S. News & World Report, 20. Juni 1994, S. 58.
112. Smith, Adam: „The Modest Billionaire",
     in: Esquire, Oktober 1988, S. 103.
113. Grant, Linda: „Striking Out at Wall Street",
     in: U.S. News & World Report, 20. Juni 1994, S. 58.
114. Fogarty, James: „Buffett Questioned in IBM Suit",
     in: Omaha World-Herald, 24. Januar 1980, S. C1.
115. Buffett, Warren: „Investing in Equity Markets", zitiert nach der
     Mitschrift eines Seminars an der Columbia University Business
     School vom 13. März 1985, S. 25.
116. Grant, Linda: „The $4-Billion Regular Guy",
     in: Los Angeles Times Magazine, 7. April 1991, S. 36.
117. Grant, Linda: „Striking Out at Wall Street",
     in: U.S. News & World Report, 20. Juni 1994, S. 58.

118. Vise, David A. und Coll, Steve: „Buffett-Watchers Follow Lead of Omaha's Long-term Stock Investor", in: *The Washington Post*, 2. Oktober 1987, S. D1.

119. Buffett, Warren: „Reforming Casino Society", in: *Financial World*, 20. Januar 1987, S. 138, Neuabdruck aus der *The Washington Post*.

120. Lewis, Michael: „The Temptation of St. Warren", in: *The New Republic*, 17. Februar 1992, S. 22.

121. Lenzner, Robert und Fondiller, David S.: „The Not-So-Silent Partner", in: *Forbes*, 22. Januar 1996, S. 78.

122. „Warren Edward Buffett", in: *Forbes 400*, 21. Oktober 1991, S. 151.

123. Hauptversammlung von Berkshire Hathaway 1995.

124. Dorr, Robert: „Buffett Quickly Unloaded First Three Stock Shares", in: *Omaha World-Herald*, 5. Dezember 1968.

125. Warren Buffett, Brief an die Aktionäre im Jahresbericht 2006 von Berkshire Hathaway, S. 17.

126. Hauptversammlung von Berkshire Hathaway 1988.

127. „Warren Buffett Talks Business", TV-Sendung auf PBS, produziert von der University of North Carolina, Center for Public Television, Chapel Hill 1995.

128. Reuters: „Arnold & Buffett's Loaded Elephant Gun", 24. September 2002.

129. Kommentar von Warren Buffett zu der Beteiligung von Berkshire an PetroChina Company Limited, www.Berkshirehathaway.com.

130. Ebenda.

131. „Look at All Those Beautiful, Scantily Clad Girls Out There!", in: *Forbes*, 1. November 1974.

132. Rasmussen, Jim: „Billionaire Talks Strategy with Students", in: *Omaha World-Herald*, 2. Januar 1994, S. 17S.

133. Buffett, Warren: „Investing in Equity Markets", zitiert nach der

Mitschrift eines Seminars an der Columbia University Business
School vom 13. März 1985, S. 28–29.

134. Lenzner, Robert: „Warren Buffett's Idea of Heaven:
I don't have to work with people I don't like",
in: *Forbes 400*, 18. Oktober 1993, S. 40.

135. Associated Press und *New York Times* News Services:
„Buffett Buys Out the Rest of GEICO",
in: *San Diego Union-Tribune*, 26. August 1995, S. C1.

136. „The Appeal of a Lousy Business", in: *Forbes*, 19. März 1990, S. 96.

137. Ebenda.

138. Hauptversammlung von Berkshire Hathaway 1995.

139. Charlie Munger auf der Wesco-Hauptversammlung 2002.

140. *Bloomberg News*, 21. Oktober 2002.

141. Hauptversammlung von Berkshire Hathaway 1993.

142. Rasmussen, Jim: „Billionaire Talks Strategy with Students",
in: *Omaha World-Herald*, 2. Januar 1994, S. 17S.

143. Kilpatrick, Andrew: *Of Permanent Value: The Story of
Warren Buffett*, Birmingham, AL, AKPE 1994, S. 1153
(deutsch: *Warren Buffett. Von bleibendem Wert*,
München, FinanzBuch 2002).

144. „Warren Buffett Talks Business", TV-Sendung auf PBS,
produziert von der University of North Carolina,
Center for Public Television, Chapel Hill 1995.

145. Reilly, Bob: „The Richest Man in America",
in: *USWest*, Herbst 1987, S. 2.

146. „How Omaha Beats Wall Street", in: *Forbes*, 1. November 1969, S. 82.

147. „Warren Buffett Talks Business", TV-Sendung auf PBS,
produziert von der University of North Carolina,
Center for Public Television, Chapel Hill 1995.

148. Lowenstein, Roger: *Buffett: The Making of an American Capitalist*,
New York, Random House 1995, S. 234 (deutsch: *Buffett: Die*

Geschichte eines amerikanischen Kapitalisten, Kulmbach, Börsenmedien AG 2009, S.393).

149. Rede von Warren Buffett vor der New York Society of Security Analysts, 6. Dezember 1996.

150. „Warren Buffett Talks Business", TV-Sendung auf PBS, produziert von der University of North Carolina, Center for Public Television, Chapel Hill 1995.

151. Hauptversammlung von Berkshire Hathaway 1991.

152. Dorr, Robert: „Buffett's Ad Seeks Businesses to Purchase", in: *Omaha World-Herald*, 18. November 1986, S. C1.

153. „Warren Buffett Triples Profits", in: *New York Post*, 14. Mai 1994, S. D1.

154. Warren Buffett, Hauptversammlung von Berkshire Hathaway 1992.

155. Hulbert, Mark: „Be a Tiger, Not a Hen", in: *Forbes*, 25. Mai 1992, S. 298.

156. Hauptversammlung von Berkshire Hathaway 1996.

157. Hauptversammlung von Berkshire Hathaway 1984.

158. „Warren Buffett Talks Business", TV-Sendung auf PBS, produziert von der University of North Carolina, Center for Public Television, Chapel Hill 1995.

159. *The Wall Street Journal*, 30. September 1987, S. 17.

160. Dorr, Robert: „Buffett's Ad Seeks Businesses to Purchase", in: *Omaha World-Herald*, 18. November 1986, S. C1.

161. Pare, Terence P.: „Yes, You Can Beat the Market", in: *Fortune*, 3. April 1995.

162. Lowenstein, Roger: *Buffett: The Making of an American Capitalist*, New York, Random House 1995, S. 132 (deutsch: *Buffett: Die Geschichte eines amerikanischen Kapitalisten*, Kulmbach, Börsenmedien AG 2009, S. 231).

163. Anzeige im *The Wall Street Journal*, 17. November 1986, S. 16.

164. Hauptversammlung von Berkshire Hathaway 1989.
165. Rede von Warren Buffett vor der New York Society
     of Security Analysts, 6. Dezember 1994.
166. Hauptversammlung von Berkshire Hathaway 1993.
167. Rede von Warren Buffett vor der New York Society
     of Security Analysts, 6. Dezember 1994.
168. Davis, L. J.: „Buffett Takes Stock",
     in: *New York Times Magazine*, 1. April 1990, S. 16.
169. Rede von Warren Buffett vor der New York Society
     of Security Analysts, 6. Dezember 1994.
170. Loomis, Carol J.: „The Inside Story of Warren Buffett",
     in: *Fortune*, 11. April 1988, S. 26.
171. Hauptversammlung von Berkshire Hathaway 1991.
172. Hauptversammlung von Berkshire Hathaway 1996.
173. Greenberg, Alan C.: *Memos from the Chairman*,
     New York, Workman Publishing 1996
     (deutsch: *Von Büroklammern und anderen Erfolgsgeheimnissen*,
     München, FinanzBuch 2007).
174. Bauer, Patricia E.: „The Convictions of a Long-Distance
     Investor", in: *Channels*, November 1986, S. 22.
175. Ebenda.
176. „Lights! Camera! Cash Flow!",
     in: *Fortune*, 6. September 1993, S. 11.
177. Gersten, Alan: „Buffett Faces Shareholders",
     in: *Omaha World-Herald*, 21. Mai 1986, S. 27.
178. Hauptversammlung von Berkshire Hathaway 1994.
179. Hauptversammlung von Berkshire Hathaway 1996.
180. Warren Buffett, Rede an der Harvard University,
     1998, zitiert nach en.wikipedia.org.
181. Dobrzynski, Judith H.: „Warren's World",
     in: *Business Week*, 10. Mai 1993, S. 30.

182. Dorr, Robert: „Buffett Says Firm's Performance
    ,Is Certain to Decline'", in: *Omaha World-Herald*, 22. Mai 1985, S. C1.
183. Weiss, Gary und Greising, David: „Proof! Wall Street's Sorcerers
    Lose Their Magic", in: *Business Week*, 27. Januar 1992, S. 74.
184. Bejet, Claude: „Coke and Candy",
    in: *Forbes*, 19. Juni 1995, S. 152.
185. „The New Establishment 50", in: *Vanity Fair*,
    Oktober 1995, S. 280.
186. Hauptversammlung von Berkshire Hathaway 1996.
187. Ebenda.
188. Ebenda.
189. Ebenda.
190. Rede von Warren Buffett vor der New York Society of Security
    Analysts, 6. Dezember 1994.
191. Davis, L. J.: „Buffett Takes Stock",
    in: *New York Times Magazine*, 1. April 1990, S. 16.
192. „Buffett Wins Berkshire Approval for Cheaper Stock,
    Urges Patience", in: *Los Angeles Times*, 7. Mai 1996, S. D3.
193. Ebenda.
194. Kates, Ann: „Berkshire Hathaway Joins NYSE",
    in: *USA Today*, 8. November 1988.
195. Lalli, Frank: „Buffett's New Stock: Looks great ...
    but is less filling", in: *Money*, April 1996, S. 94.
196. Abelson, Reed: „Market Place",
    in: *New York Times*, 8. Mai 1996, S. D4.
197. Lalli, Frank: „Buffett's New Stock: Looks great ...
    but is less filling", in: *Money*, April 1996, S. 94.
198. Hamilton, Walter: „Investor's Corner",
    in: *Investors Business Daily*, 23. Februar 1996.
199. Ebenda.
200. Ebenda.

201. Abelson, Alan: „Manchurian Capitalist",
     in: *Barron's*, 22. April 1996, S. 1.

202. Berko, Malcolm: „If Buffett Won't Buy Shares, Why Should You?",
     in: *San Diego Business Journal*, 15. Juli 1996, S. 41.

203. Warren Buffett, Brief an die Aktionäre im Jahresbericht 2006
     von Berkshire Hathaway, S. 3.

204. Kommentar von Irving Kahn vor der New York Society
     of Security Analysts, 6. Dezember 1996.

205. Buffett, Warren: „Oil Discovered in Hell",
     in: *Investment Decisions*, Mai 1985, S. 22.

206. Gersten, Alan: „Buffett Tells Shareholders What He Seeks
     in Firms", in: *Omaha World-Herald*, 21. Mai 1986, S. D1.

207. Hauptversammlung von Berkshire Hathaway 1987.

208. Warren Buffett, Brief an die Aktionäre,
     Jahresbericht 2003 von Berkshire Hathaway, S. 11.

209. Warren Buffett, Brief an die Aktionäre,
     Jahresbericht 2005 von Berkshire Hathaway, S. 10.

210. Ebenda, S. 11.

211. *The Wall Street Journal*, 2. August 2002.

212. *Business Week*, 5. Juli 1999.

213. Rede von Warren Buffett vor der New York Society
     of Security Analysts, 6. Dezember 1994.

214. „Warren Buffett Talks Business", TV-Sendung auf PBS,
     produziert von der University of North Carolina,
     Center for Public Television, Chapel Hill 1995.

215. Ebenda.

216. *Time* Online, 28. September 2002.

217. Warren Buffett, Brief an die Aktionäre,
     Jahresbericht 2006 von Berkshire Hathaway, S. 13.

218. *Time* Online, 28. September 2002.

219. Hauptversammlung von Berkshire Hathaway 1992.

220. Hauptversammlung von Berkshire Hathaway 1994.

221. „Warren Edward Buffett", in: *Forbes 400*, 21. Oktober 1991, S. 151.

222. *Institutional Investor*, September 1991, zitiert nach: Kilpatrick, Andrew: *Of Permanent Value: The Story of Warren Buffett*, Birmingham, AL, AKPE 1994, S. 310 (deutsch: *Warren Buffett. Von bleibendem Wert*, München, FinanzBuch 2002).

223. Kilpatrick, Andrew: *Of Permanent Value: The Story of Warren Buffett*, Birmingham, AL, AKPE 1994, S. 310 (deutsch: *Warren Buffett. Von bleibendem Wert*, München, FinanzBuch 2002).

224. Grant, Linda: „How Buffett Cleaned Up Salomon", in: *U.S. News & World Report*, 20. Juni 1994, S. 64.

225. Hauptversammlung von Berkshire Hathaway 1991.

226. Hauptversammlung von Berkshire Hathaway 1995.

227. „Warren Buffett Talks Business", TV-Sendung auf PBS, produziert von der University of North Carolina, Center for Public Television, Chapel Hill 1995.

228. „How Omaha Beats Wall Street", in: *Forbes*, 1. November 1969, S. 88.

229. Hauptversammlung von Berkshire Hathaway 1996.

230. Ebenda.

231. Gates, Bill: „What I learned from Warren Buffett", in: *Harvard Business Review*, Januar/Februar 1996, S. 148.

232. Warren Buffett, Hauptversammlung von Berkshire Hathaway 1992.

233 Turner, Melissa: *The Atlanta Constitution*, zitiert nach: Kilpatrick, Andrew: *Of Permanent Value: The Story of Warren Buffett*, Birmingham, AL, AKPE 1994, S. 198 (deutsch: *Warren Buffett. Von bleibendem Wert*, München, FinanzBuch 2002).

234. Lenzner, Robert: „Warren Buffett's Idea of Heaven: I don't have to work with people I don't like", in: *Forbes 400*, 18. Oktober 1993, S. 40.

235. Kanner, Bernice: „Aw Shucks, It's Warren Buffett",
in: *New York Magazine*, 22. April 1985, S. 52.

236. Hauptversammlung von Berkshire Hathaway 1996.

237. Thornton, Sam: „Warren Buffett, Omahan in Search
of Social Challenges", in: *Lincoln (Nebraska) Journal and Star*,
18. März 1973, S. 6F.

238. Hauptversammlung von Berkshire Hathaway 1995.

239. Hauptversammlung von Berkshire Hathaway 1995.

240. Davis, L. J.: „Buffett Takes Stock",
in: *New York Times Magazine*, 1. April 1990.

241. Dorr, Robert: „Buffett Says Firm's Performance
‚Is Certain to Decline'", in: *Omaha World-Herald*,
22. Mai 1985 , S. C1.

242. Dorr, Robert: „Buffett Acknowledges Risk Factor in His
Purchase of WPPSS Bonds", in: *Omaha World-Herald*,
15. April 1985.

243. Warren Buffett bei einem NetJets-Verkaufsabend in Chicago
am 14. November 2001, zitiert nach: Kilpatrick, Andrew:
Of Permanent Value: The Story of Warren Buffett, Birmingham, AL,
AKPE 1994, S. 749 (deutsch: *Warren Buffett. Von bleibendem Wert*,
München, FinanzBuch 2002).

244. Warren Buffett, Brief an die Aktionäre im Jahresbericht 2002
von Berkshire Hathaway.

245. Charles Munger auf der Wesco-Hauptversammlung 2002 in
Pasadena, Kalifornien.

246. „Warren Buffett Talks Business", TV-Sendung auf PBS,
produziert von der University of North Carolina,
Center for Public Television, Chapel Hill 1995.

247. Ebenda.

248. Ebenda.

249. Ebenda.

250. Huey, John: „The World's Best Brand", in: *Fortune*, 31. Mai 1993, S. 44.

251. „Now Hear This", in: *Fortune*, 10. Januar 1994, S. 21.

252. Buffett, Warren: „Investing in Equity Markets", zitiert nach der Mitschrift eines Seminars an der Columbia University Business School vom 13. März 1985, S. 11–12.

253 Burrough, Bryan und Helyar, John: *Barbarians at the Gate*, New York, Harper & Row 1990 (deutsch: *Die Nabisco-Story*, Frankfurt/Berlin, Ullstein 1993).

254: Rasmussen, Jim: „Billionaire Talks Strategy with Students", in: *Omaha World-Herald*, 2. Januar 1994, S. 17S.

255: Bauer, Patricia E.: „The Convictions of a Long-Distance Investor", in: *Channels*, November 1986, S. 22.

256. Hauptversammlung von Berkshire Hathaway 1996.

257. Ebenda.

258. Fromson, Brett Duval: „Warm Tip from Warren Buffett: It's Time to Buy Freddie Macs", in: *Fortune*, 19. Dezember 1988, S. 33.

259. Ebenda.

260. *Courier-Express v. Evening News*, Zeugenaussage von Warren Buffett, S. 50–52.

261. Ebenda.

262. Rasmussen, Jim: „Billionaire Talks Strategy with Students", in: *Omaha World-Herald*, 2. Januar 1994, S. 17S.

263. *Fortune*, 11. April 1991.

264. Hauptversammlung von Berkshire Hathaway 1992.

265. Lenzner, Robert: „Warren Buffett's Idea of Heaven: I don't have to work with people I don't like", in: *Forbes 400*, 18. Oktober 1993, S. 40.

266. Rasmussen, Jim: „Billionaire Talks Strategy with Students", in: *Omaha World-Herald*, 2. Januar 1994, S. 17S.

267. Grant, Linda: „The $4-Billion Regular Guy", in: *Los Angeles Times Magazine*, 7. April 1991, S. 36.

268. Lenzner, Robert: „Warren Buffett's Idea of Heaven: I don't have to work with people I don't like", in: *Forbes 400*, 18. Oktober 1993, S. 40.

269. Sinngemäße Wiedergabe von Warren Buffetts Äußerung bei der Hauptversammlung von Berkshire Hathaway 1991.

270. Hauptversammlung von Berkshire Hathaway 1996.

271. Rede von Warren Buffett vor der New York Society of Security Analysts, 6. Dezember 1996.

272. Grant, Linda: „The $4-Billion Regular Guy", in: *Los Angeles Times Magazine*, 7. April 1991, S. 36.

273. Vise, David A. und Coll, Steve: „Buffett-Watchers Follow Lead of Omaha's Long-term Stock Investor", in: *The Washington Post*, 2. Oktober 1987, S. D1.

274. Hauptversammlung von Berkshire Hathaway 1996.

275. Gersten, Alan: „Buffett Faces Shareholders", in: *Omaha World-Herald*, 21. Mai 1986, S. 27.

276. Dorr, Robert: „Newspaper Holdings Kind to Omaha Investor Buffett", in: *Omaha World-Herald*, 16. April 1978, S. 6J.

277. „Warren Buffett Talks Business", TV-Sendung auf PBS, produziert von der University of North Carolina, Center for Public Television, Chapel Hill 1995.

278. Rasmussen, Jim: „Billionaire Talks Strategy with Students", in: *Omaha World-Herald*, 2. Januar 1994.

279. Grant, Linda: „Striking Out at Wall Street", in: *U.S. News & World Report*, 20. Juni 1994, S. 58.

280. Kilpatrick, Andrew: *Of Permanent Value: The Story of Warren Buffett*, Birmingham, AL, AKPE 1994, S. 568 (deutsch: *Warren Buffett. Von bleibendem Wert*, München, FinanzBuch 2002), Zitat aus *Forbes*, 6. August 1990.

281. McMorris, Robert: „Investor Buffett Tells Secret: Follow Will Rogers' Advice", in: *Omaha World-Herald*, 31. Mai 1985, S. B1.

282. Buffett, Warren E.: „How Inflation Swindles the Investor",
    in: *Fortune*, 5. Mai 1977, S. 250.

283. Warren Buffett auf einer Managementkonferenz von
    Capital Cities/ABC im Jahr 1988.

284. Hauptversammlung von Berkshire Hathaway 1996.

285. „Warren Buffett Talks Business", TV-Sendung auf PBS,
    produziert von der University of North Carolina,
    Center for Public Television, Chapel Hill 1995.

286. „Warren Buffett – The Pragmatist",
    in: *Esquire*, Juni 1988, S. 159.

287. Buffett, Warren E.: „Kiewit Legacy as Unusual as His Life",
    in: *Omaha World-Herald*, 20. Januar 1980, S. 1.

288. Isaacson, Walter: „In Search of the Real Bill Gates",
    in: *Time*, 13. Januar 1997, S. 57.

289. Jahresbericht 1994 von Berkshire Hathaway.

290. Buffett, Warren: „Reforming Casino Society",
    in: *Financial World*, 20. Januar 1987, S. 139,
    Neuabdruck aus der *The Washington Post*.

291. Hauptversammlung von Berkshire Hathaway 1996.

292. Warren Buffett, Rede an der Columbia University
    am 27. September 2000.

293. Warren Buffetts Brief an die Aktionäre im
    Jahresbericht 2003 von Berkshire Hathaway.

294. Ebenda.

295. Buffett, Jahresbericht 2006 von Berkshire Hathaway, S. 19.

296. Buffett, Hauptversammlung von Berkshire Hathaway 1998.

297 The Buffettblog.buffettspot.com, 2005.

298 Loomis, Carol J.: „A Conversation with Warren Buffett",
    in: *Fortune*, 25. Juni 2006.

299. Ebenda.

300. „Warren Buffett to Give about $3B to Susan Thompson Buffett

Foundation, More than $30B to the Gates Foundation",
in: *Abortion News*, 28. Juni 2006.

301. Warren Buffett, Brief an Mr. und Mrs. William H. Gates III,
26. Juni 2006, im Internet verbreitet.

302. Milton, Pat: „Buffett Gift to Help Improve Education",
Associated Press, Juni 2006.

303. Ebenda.

304. *Financial Times*, 17. Mai 1999.

305. Corbyn, Zoe: „Too Much of a Good Thing",
in: *Guardian*, 22. Mai 2007.

306. Ebenda.

307. McClellan, Jonathan und Huberty, Robert:
„Warren Buffett's Philanthropy", in: *Foundation Watch*,
Capital Research Center, Oktober 2006, S. 2.

308. Warren Buffett, Brief an die Kinder von Buffett,
über diverse Internetseiten verbreitet, 26. Juni 2006.

309. Loomis, Carol J.: „The global force called the Gates
Foundation", in: *Fortune*, 25. Juni 2006.

310. Harris, Dan: „Buffett-Gates Team: Construction of a Charity
Empire?", ABC News, 26. Juni 2006.

311. Chase, Marilyn: „Melinda Gates, Unbound",
in: *The Wall Street Journal*, 11. Dezember 2006, S. B1.

312. Okie, Susan M. D.: „Global Health – The Gates-Buffett Effect",
in: *New England Journal of Medicine* 355, no. 11,
14. September 2006, S. 1084–1088.

313. Loomis, Carol J.: „A Conversation with Warren Buffett",
in: *Fortune*, 25. Juni 2006.

314. Warren Buffett, Brief an den Vorstand der Susan
Thompson Buffett Foundation, 26. Juni 2006.

315. Warren Buffett, Brief an die Autorin, 23. Oktober 1989.

— GENEHMIGUNGEN —

Folgende Organisationen und Personen haben ihre Genehmigung für Zitate erteilt, die in diesem Buch erscheinen:

Adam Smith für Zitate aus *Supermoney*

The Associated Press

Warren Buffett

Channels

Auszüge aus *Forbes Magazine* mit Genehmigung von *Forbes Magazine* © FORBES, Inc.

Fortune Magazine, © 1977, 1988, 1990, 1990 Time, Inc., Alle Rechte vorbehalten

Investment Decisions

Of Permanent Value: The Story of Warren Buffet, © 1994 von Andrew Kilpatrick, nachgedruckt mit Genehmigung des Autors

Buffett: The Making of an American Capitalist von Roger Lowenstein, nachgedruckt mit Genehmigung von Random House, © 1995

Los Angeles Times

Microsoft Corporation

New York Magazine

New York Times Magazine

Omaha World-Herald

Outstanding Investor Digest

PBS Nightly Business Report

Regardie's

U.S. News & World Report © 20. Juni 1994

U.S. West Magazine

„Legend Revisited: Warren Buffett's Aura ..."
nachgedruckt mit Genehmigung von *The Wall Street Journal,*
© 1996 Dow Jones & Company, Inc., Alle Rechte weltweit vorbehalten

Warren Buffett Talks Business, Text nachgedruckt mit Erlaubnis
der PBS-Fernsehsendung, produziert vom
North Carolina Center for Public Television, 1995

The Washington Post

Worth

288 Seiten
gebunden mit SU
ISBN: 978-3-941493-43-8
22,90 €

Hier spricht Jack Welch

Jack Welch machte aus dem trägen Elektronik-Hersteller General
Electric entgegen aller Widerstände im Handumdrehen ein Welt-
klasse-Unternehmen, das seinen Investoren grandiose Gewinne be-
scherte. Noch heute horcht die Welt auf, wenn er über Erfolgsrezepte
für Geschäft und Privatleben plaudert. Janet Lowe präsentiert in
diesem Buch seine Erkenntnisse und Visionen, die Welch durch eine
außerordentliche Karriere geleitet haben und mit denen er der weltweiten Geschäftswelt seinen Stempel aufgedrückt hat.

MEHR VON JANET LOWE ...

HIER SPRICHT
Google

Weisheiten von den erfolgreichsten
Selfmade-Milliardären der Welt

JANET LOWE

304 Seiten
gebunden mit SU
ISBN: 978-3-941493-44-5
22,90 €

Hier spricht Google

Was als Forschungsprojekt von zwei Studenten begann, revolutioniert heute unsere Welt. In „Hier spricht Google" entfaltet sich die unglaubliche Erfolgsstory eines der wichtigsten Unternehmen unserer Zeit. Janet Lowe diskutiert, was die Erfinder der genialen Suchmaschine, Sergey Brin und Larry Page, antreibt, welches Leben sie angesichts eines Vermögens von jeweils 16 Milliarden Dollar führen und wie sie Google mit ihren Ideen und Entschlossenheit an vorderster Front des technologischen Fortschritts halten.